JN082415

# アートがひらく地域のこれから

## クリエイティビティを生かす社会へ

野田邦弘
小泉元宏
竹内　潔
家中　茂
編著

ミネルヴァ書房

# はしがき
## ―生のための戦術と技法―

私たちは，情報が溢れているにもかかわらず，重要なものが見えにくい時代を生きている。マスメディア，ポータルサイト，そしてSNS。さまざまなメディアを通じて，あらゆる情報にどこからでもアクセスできるようで，見えない情報や，それを生み出す人々の関係性が，私たちの想像力の外側に追いやられてしまっている。本書は，モノや人の移動が以前よりも格段に容易になり，世界が「狭く」なったグローバル化と情報化が進む現代社会において，見失われがちな人間社会の営みの一端をあぶり出し，私たちがあたりまえと思っている芸術文化やクリエイティビティに関する常識を揺るがしていくことを目指している。かつてイヴァン・イリイチは，産業主義的社会において失われる人間性に着眼しながら，他者や自然との関係性のなかで，個々が自由を享受し，創造性を発揮していくことの重要性を述べた。そのことを「人間的な相互依存のうちに実現された個的自由」という意味のコンヴィヴィアリティ（“自立共生”，あるいは“共愉”とも呼ぶ）という言葉で表している。現在，国家，企業，NGOなどあらゆる社会的諸主体が，社会的・経済的な競争に打ち勝つために，文化を利己主義的に用いる状況が顕著になっていることが指摘されているなかで，このようなコンヴィヴィアリティのための創造力が危機に立たされていると私たちは考えている。ゆえに本書が特に指摘していきたいことは，私たちがより多様な生を含んだコンヴィヴィアリティに満ちた社会を想像・実現していくための，そして差し迫る環境問題や社会課題といった種々の問題を人々の集合的な知によって解決していくためにも重要な，人々の「創造力」を見いだすために，調査研究や政策，あるいは社会的・文化的実践が，いかなる視座を持ちうるかということである。

本書におけるクリエイティビティとは，既存の社会・文化的枠組みや権力・

常識を，新たに組み替える力のことを指す。そのことを，中央集権的な文化振興や情報発信システムを持つ日本において見逃されがちな，「地域」や「郊外」といった視点からの具体的な事例を織り込みながら考察していく。それによって，創造力を資源とした新たな産業とも言われる創造産業（クリエイティブ産業）や芸術文化の振興において見逃されがちな，「見えない」創造性や人々の関係性の重要性を指摘していく。それだけではない。クリエイティビティは，芸術や文化といった領域で試みられるのみならず，人々の社会的実践やさまざまな知識生産のなかにも立ち現れている。ゆえに本書は，いわゆる限界芸術（アマチュアが作りアマチュアが消費する芸術）の領域，さらには，より広大な知識生産の場である市民知，民衆知の領域も含めた，地域における多様な人々のクリエイティビティに焦点化する。それによって，文化の消費者や受容者としてのみ見なされがちな市民のあいだに含まれるクリエイティビティの様相や，それら市民のクリエイティビティを引き出すための技法としてのアートの実践の一端が明らかになっていくだろう。

日常や歴史上の「盲点」のあいだに置き忘れられた，「ありふれた」，顧みられることのないクリエイティビティ，しかし重要な関心を向けられるべき事象や，それらのクリエイティビティを引き出す技法，あるいはクリエイティビティを生み出す人々の関係性に目を向けることで，タッチパネルのなかに閉ざされた「社会」とは別の想像力を持って，人々の生が社会を揺り動かす可能性を検討する必要があると私たちは考えている。ゆえに本書が扱う事例は，既存の文化施設や文化事業の在り方を脱構築する人々の関係性に支えられたクリエイティビティの話から，「漁師を仕立てる」ためのクリエイティビティまで，多岐にわたっている。さらに各事例の紹介に加え，それらの実践を見えにくくする社会背景や社会構造の課題をあぶり出したり，それら「周縁的」なクリエイティビティをめぐるマネジメントや政策的課題を議論したりすることも重要な論点となるだろう。

ただし，本書で扱う諸事例は，決して見本のようなものではなく，ある実践の過程の記録であり，ひとつの可能性を示すものに過ぎないことは強調しておきたい。それでもなお，本書が指摘する，地域での諸実践は，文化を通じた新たな社会形成にとっての重大な見落としの一部であり，人々の視点を変えるきっかけとなりうるため，私たちはそれらを本書で取り上げていきたいと思うのだ。

本書は，3章の総論部分（第Ⅰ部）と，9章にわたる事例研究（第Ⅱ部，第Ⅲ部），およびコラム12編によって成り立っている。総論部分では，文化研究や社会学，知識生産，文化政策研究の視座から，本書が対象とするクリエイティビティの枠組みや，前提となる背景を提示することを試みる。その上で，各事例研究では，見過ごされがちな人々による実践の様相を具体的に示していく。特に第Ⅱ部では，より芸術文化政策やアートマネジメントに関わるクリエイティビティの領域について指摘し，また第Ⅲ部では，より市民知や人々の関係性に関わるクリエイティビティの領域における事例を扱っていく（ただし，第Ⅰ部・第Ⅱ部・第Ⅲ部ともに，それぞれが重なる要素を持っている部分も多々ある）。そしてコラムでは，実践者による手稿やインタビューをもとに，地域における実際の活動に対する意識や情熱，実情が語られる。

これら私たちが指摘する各主題は，一見，つながりがないようにも思われるかもしれない。しかし，その重要な共有点のひとつは，現代社会には私たちには見えにくい生や，人々の関係性，暮らしや生のための戦術や技法があって，それらに注意深く目を向ける必要がある，という主張にある。と同時に，それらが，新たな人々の生や地域のあり方を想像し，構築するきっかけをもたらしうる，という可能性を私たちは信じている。本書が，読者にとって自らのクリエイティビティを通じて「ありえるかもしれないもうひとつの地域の可能性」を築くための一助となることを願っている。

編者一同

# アートがひらく地域のこれから
## —クリエイティビティを生かす社会へ—

【目次】

## 第Ⅱ部　つくるためのクリエイティビティ——事例編1

## *Column*

# 第Ⅰ部

## アート・知識生産・文化政策

### ―理論編―

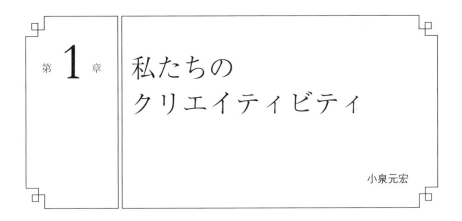

# 第1章 私たちのクリエイティビティ

小泉元宏

## 1 「稼ぐ」ためのクリエイティビティ

第Ⅰ部は，本書をはじめるにあたっての骨組みを示していくが，特に本章では，そのテーマとなる，見失われがちなクリエイティビティの領域に焦点を当てるべき必要性の前提と，その有効性について，地域学と社会学，および文化研究の視点からの考察を示していく。それによって今日，私たちが思い描くクリエイティビティとは別のクリエイティビティを見出すことの社会的意味の一端が示されるはずである。

今日，クリエイティビティは新経済を牽引するための究極的な資源のひとつとみなされている。2020年の東京オリンピックに向けた演出として行われた，2016年リオデジャネイロ・オリンピックの閉会式での日本側の演出は，そのことをよく示していた。大手広告代理店のクリエイターらが制作した閉会式演出では，はじめに映像で，次回の東京オリンピックに向けて，日の丸を模した赤いボールが受け渡されていくようすが描かれていた。映像のなかで有名スポーツ選手や元選手らに混じって「日の丸」のような赤いボールを受け渡していくのは，「キャプテン翼」や「パックマン」，「ドラえもん」，「ハローキティ」といったキャラクターたちである。そして彼らがパスしていったボールは，最後に安倍晋三首相に渡される。国会議事堂を出発した安倍は，ボールをリオの閉会式会場まで届けようとするも時間が足りないと見るや，「スーパーマリオ」に変身し，渋谷駅前のスクランブル交差点から，（ドラえもんが用意した，マリオシリーズによく登場する）緑の巨大な土管を通って，リオの会場まで移動する。カウントダウンが進むなか，暗闇からリオの会場に設置された土管の上に登場した安倍は，「スーパーマリオ」のコスプレを脱いで自らの姿を現し，無事，「日の丸」ボールをリオの会場に届けることに成功する。これらリオデジャネイロ・オリンピック閉会式の日本による演出全体は，（ライゾマティクスリサーチによる拡張現実や，椎名林檎による楽曲など，クリエイター陣の高い能力によって）人々の感情を揺さぶる演出となっていたわけだが，明らかに，この「安倍マリオ」をはじめとした演出には，国家による文化資源の活用というねらいが示されていた。アメリカの経済ニュースメディア CNBC は，この「安倍マリオ」の登場について，政治・経済アナリストらの意見を集約しながら次のように報じている。「東京が2020年大会をホストするための入札に勝利したとき，それは『クールジャパン』を活用するための最良の機会と見なされたのだ」と。すなわちこれは，安倍首相による長期政権をにらんでの政治パフォーマンスであっただけでなく，国家と資本が協同して経済的利益に資する「国の文化」を世界に PR したワンシーンであった。それによって世界の人々，そして誰よりも日本の人々は，「そうか，これが日本の新しい文化なのだ」と認識させられたのである。

かつて芸術や文化は，経済活動において周縁的な立ち位置に置かれていたが[(1)]，ジョン・ハートレーは，現在のクリエイティビティの領域は新経済としての期待を担う立場にあるという。ハートレーはそのことを，従来の音楽，映画などの文化産業と比べ，クリエイティビティを材料としながら形作られる諸領域を中心に，より拡大した概念である“創造産業の時代”の到来と見る（Hartley ed. 2005）。創造産業には，広告・出版・放送，アート・建築，映画，音楽，舞台芸術，ファッション，工芸，デザイン，ソフトウェア，ゲームなど，創造性がもたらす付加価値によって，他のサービスや製品との差別化を図ることができる産業が代表例として含まれることが多い。リチャード・フロリダによれば，創造産業に従事するようなクリエイティビティを持ったクリエイティブ階級（創造階級，クリエイティブクラス）の人々こそが，現代社会に活気をもたらし，また都市が競争を優位に進めるための決定的な源泉となっている，という（Florida 2002＝2008, 2012＝2014）。クリエイティビティを社会的に発揮できる，すなわち経済的利益に結びつけることができる人々の産業活性化における特別性を主張するのだ(2)。

このような創造性を用いた産業の社会における立ち位置の変化を捉えた指摘が，研究者による空論でないことは，実際の政策を見れば明らかである。国家単位での動きを見れば，例えば英国政府が1990年代後半以降，既存の工業・産業の衰退，停滞に対して進めてきたクールブリタニア政策による，ブリットポップやファッション，観光政策を通じたグローバルな経済戦略は，国家による創造産業への着目の一例であった。あるいは2000年代以降，アジア金融危機からの立ち直りを目指す韓国政府が進めてきた，K-POP，ドラマ，コスメなどの輸出推進による韓流政策も同様である。さらには，2010年前後から製造業に陰りが見えるなかで日本政府が進めてきた，文化観光やアニメ・マンガ，ゲーム，ファッション，食，地域産品の輸出推進策であるクールジャパン政策も，こうしたクリエイティビティを用いた産業＝創造産業への国家による着目をよく表す事例である。これらの政策では，一部の「特徴的な」文化の魅力をアピールすることで「国の文化」を代表させ，国益を得るために文化が発信されていく。このような動きは，国家が，軍事力や経済力などのハードパワーによらず，ソフトパワーと呼ばれる文化や政治的価値観によってグローバル社会のなかでの魅力や意見力を高めようとするための施策の一例であるとともに，何よりも創造産業を国家レベルで推進しながら経済力の強化を図ろうとする政策の代表例である。

だが創造産業の台頭は観光促進や国際交流などに結びつく契機となる一方で，人々の遊びや実験の気持ち，あるいは生活のなかの必要性や工夫からはじまった文化やアートを，社会的主体が利潤を得るための道具へと変え，さらには特定の文化以外の民主的な実践を見えにくくしてしまうこともある。岩渕功一が，

1990年代以降，国家が文化を恣意的に用いる「ブランド・ナショナリズム」を強化しつつある文化・政治状況について指摘してきたように（岩渕 2016），今日の文化をめぐる状況は，社会的主体が自らをブランド化し，効果的に「稼ぐ」ためのクリエイティビティの活用という戦略的特徴を明確に持つことによって特徴付けられる。内閣府が2015年に設立した「クールジャパン戦略推進会議」は高らかにうたう。「『クールジャパン戦略推進会議』は，クールジャパンに関連する官民の活動を俯瞰し，2020年東京オリンピック・パラリンピックまでとその後の展開を見据えて，地方を含め我が国がクールジャパンで効果的に『稼ぐ』ための戦略を推進するための会議です」と。このような経済的合理性を目指す戦略のなかで，種々の民主的な文化実践，例えば創造産業における消費者としてのみ見なされがちな市民のあいだに含まれるクリエイティビティの様相は見失われてしまうのである。

そして見逃せないのは，私たちをとりまく現代のクリエイティビティ重視の世界が，自らのものと信じて疑わない「私の趣味や嗜好性」，あるいは「私の情動」までをも，すべて産業が生む利潤の方向へと仕向けていくことだ。イタリアの哲学者パオロ・ヴィルノは，社会において創造される人間的能力のすべてを労働へと動員とするポストフォーディズム型生産様式という現代社会の特徴について言及している。ヴィルノは次のように述べる。

> ポストフォーディズムの資本主義社会における「人間的自然」の顕現には，〈潜在力〉自体がそのまま商品，むしろ戦略的商品になるという決定的な特徴があります。（Virno 2003＝2008：89）

すなわち，肉体的能力としての労働が商品化するかつてのフォーディズムに対して，ポストフォーディズムの時代においては，人々の精神的，あるいは認知的，言語的な能力まで，すべてが労働へと直結させられる。例えば就職活動において学生は，企業が必要とする経済的利益に資する「創造性」や「個性」を示そうと，課外活動の時間を費やしてインターンなどを含めた就職活動に励み，必要とされる人材像を，自らが望む生き方として演じていく。同様に，国家など社会的諸主体による創造産業の振興策は，重要と指し示されたクリエイティビティの領域に向けて，人々が自ら望んで，すべての力を差し出そうとする状況を生んでいくのである。ミシェル・フーコーは，近代の権力構造を「生 - 権力」と呼んだ。近代以前の権力は，定められた規則に人々が従うことを強いるためのものであった。しかし近代における権力とは，人々の「生」そのものに介入し，管理しようとする。近代において人々の生は，いわば無自覚的に，特定の目的に向けて方向付けられていくのである。フーコーの指摘した権力は，今日，より徹底したものとなっている。私たちが「いいね！」ボタンを通じてSNS で示す自らの感情から，自ら聴きたいと思って選んでいるはずの音楽に至るまで，「私」の情動は（必要とされる人材像に対する無意識の強制のなかで）制御され，情動を商品化する資本主義における利益の方向に仕向けられてしまっている。

## 2　地域社会における生 - 権力

ここまで，グローバルな資本・権力のネットワークのなかでの，特に国家によるクリエイティビティへの着目の全体主義化について強調してきたが，現代の地域社会における生 - 権力のありようを捉えようとするとき，関心を向けるべき対象は，それに限られるものではないことは明らかである。なぜなら文化やクリエイティビティを用いて他者との差異を生み出そうとする身振りは，今日，国家によるものだけではないからだ。特に，都市や地域における社会的諸主体によってもまた，創造都市への着目や，地域におけるアートイベントなど文化事業を通じた地域活性化ないし観光振興というねらいを通じて，示されていることに注意を向ける必要がある。先述の「クールジャパン戦略推進会議」が，「……地方を含め我が国がクールジャパンで効果的に『稼ぐ』ための戦略を推進するための会議です」とその理念を描いているように，地域もまた，クリエイティビティを用いて「稼ぐ」ための重要な主体となっているのである。

2000年代，2010年代と年を重ねるごとに，日本の地域社会では「効果的な地域戦略が必要だ」という考えが確実に強まってきた。2015年，初代の内閣府特命担当大臣（地方創生担当），いわゆる地方創生大臣の在任中に，石破茂は「地域の個性を核に自立へ」と題して次のように主張している。

> 今まではどちらかというと「格差のないように」「一律に」というのが施策の理念だった部分が否めませんが，今回はもう正々堂々と各々の地域の個性を最大限に発揮し，それぞれの地域にしかないものを核として自立していく，ということを理念としていきます。（事業構想大学院大学 2015）

その後，石破は，安倍との政争のなかで国務大臣を退くが，ここで明らかにされている経済的な意味での「自立」を促すための都市・地域間競争の論理は，（少子・高齢化対策の口実と重なりながら）いまや公然と認められる地域社会存立の前提条件となっている。それは，ゆるキャラという地域性の記号をまとったマスコットを用いた地域間競争や，過剰な地域産品のブランド化に象徴的に示されているといえよう。

ここには重要な問題が潜んでいる。すなわち，本来は「文化産業の強化による都市の活性化」と並んで，「文化的多様性への理解」を重要な理念として掲げていた（ユネスコや研究者らが示す）創造都市のような都市・地域活性化や多文化共生への理念，すなわち人々のコンヴィヴィアリティを重んじる指向性が，「自立」を促す競争の論理のなかで，産業や観光活性化ばかりに目がいきがちなものへと変化させられることだ。それによって特定の文化が，多様な文化や社会的繁栄の源泉ともなりうるグラスルーツな文化実践を見逃し，さらには排除する主体ともなってしまう。例えば近年，日本を含む東アジア地域などで隆盛している，地域社会の各所でアート活動が展開するアートプロジェクトや芸術祭においても，ときに都市のアイデンティティ確立や地域活性化といった政策的目標に沿って芸術実践が選別され，それ以外の実践が排除されることへの危惧が示されている（Koizumi 2016，藤田編 2016）。第９章で筒井宏樹が指摘しているように，本来，人々の偶然の出会いや関係性によって支えられ，ひとつひとつが異なる文脈のなかで生成してきた結果，新たな価値観を地域にもたらしてきたはずの文化事業が，いまや地域の観光振興や経済的な意味での活性化の定型のように捉えられ，ときに特定のアートが地域再生の救世主のようにみなされてしまうのである。その結果，目的に合わない社会的・文化的諸実践は，地域社会から後景化してしまう。このような支配的なまなざしに対抗するような実践を，文化事業の枠組みの中で進めるアーティストたちの存在も，むろん見逃すべきではないことを私は指摘しておきたい。だが，対抗的な実践を行う人々よりも，地域の人々や行政から「来て欲しい」と心から歓迎されるのは，近視眼的な観光振興など直接的な地域活性化の利益に資する創造的人材としてのアーティストたちなのである。

いま，私たちが地域学的に地域社会のクリエイティビティを見るためには，国家権力（や多国籍企業，マスメディア）に加え，地域を生きる人々の実践を縛り付ける生－権力の重要な主体ともなりうる地方行政など社会的主体の動き，さらには，私たち自身が抱き，期待する地域像にも，批判の目を向けていくことが重要である。それらへの批判的考察を通じて，権力構造を組み替えていく戦略がいかに機能しうるかを検討することこそが必要とされているのだ。

## 3　期待される「地域」を打ち返す
### ——滞在複合スペース「たみ」の実践——

生－権力によって規定される文化的諸実践は，商品化された記号としての表象に満ちており，私たちの「文化」や「地域」イメージを規定しているが，それとは対照的に，生－権力を脱構築するクリエイティビティの力が存在すること，それを捉える必要があることを私は主張しておきたい。権力構造に介入するためには，為政者に働きかけることであったり，経済界における力を持ったりすることが重要ではないか，と考えられるかもしれない。しかしそのような直接的な「政治」的働きかけ——それらは権力闘争などによって目論見とは別の力へと容易に回収されやすい――の姿勢とは異なる，個々のクリエイティビティに基づく日常的実践のなかにこそ，見出される可能性がある。かつて1960年代前後に「状況の構築」というテーマを掲げながら，日常生活を変革する実践を進めていったシチュアシオニスト（シチュアシオニスト・インターナショナル）たちのような実践のなかに，である。私は文化的領域を，経済・政治的領域から引き離そう，と主張しているのではない。むしろ，文化的領域と社会的領域が重なるような場における実践のなかにこそ，地域に期待される生－権力を脱構築させるための，小さな，しかし人々の関係性と日常的な実践によって支えられる確かなクリエイティビティが存在することを見る必要があると述べているのだ。主に本書の後半で描き出される各事例のなかには，そのような実践が各所に示されているわけだが，本章でもひとつの興味深い事例を通じて，その一端を示しておくこととしたい。

2012年10月に「複合滞在スペースたみ」という店名の小さな鉄のモビール看板をつけたスペースが，鳥取県東伯郡湯梨浜町の松崎地区にオープンした。「たみ」は，岡山県出身の三宅航太郎と，大阪府出身の蛇谷りえが中心となって運営しているシェアハウス，ゲストハウス，カフェが一体となった複合滞在スペースである。「たみ」の活動は，かつて国鉄の職員宿舎などとして使われていた２階建ての建物を彼らが買い取り，改築して行われている。１階には三宅と蛇谷が，友人や地域住民と DIY で作ったカフェやゲストハウスが，２階にはシェアハウスやイベントスペースがある。ゲストハウスの宿泊料は１泊3,000円と，近隣の旅館の３分の１程度である。またアーティスト・イン・レジデンス活動での使用時などには無料となったり，ときには宿泊費が投げ銭制になったりすることもある。シェアハウスは５部屋あり，間取りにもよるが家賃は月約30,000円程度である。

「たみ」は，三宅と蛇谷が代表を務める「合同会社うかぶ（うかぶ LLC）」の主要事業である。「たみ」やうかぶ LLC の設立は，2009年に行われた瀬戸内国際芸術祭の期間中，三宅と蛇谷，ミュージアム研究者の小森真樹が岡山市内

**図1－1**　うかぶ LLC 共同代表の三宅航太郎と蛇谷りえ
出所：筆者撮影

で独自に開いた滞在スペース「かじこ」の活動を契機としている。「かじこ」では，通常のゲストハウス機能のほかに，滞在中に何かしらのイベントを開催すると宿泊費が無料になる，といった実験的試みが行われ，通常，高い滞在費をかけないと芸術祭を訪れることができない若手アーティストらにとっての滞在場所，そして活動・交流の拠点として機能した。その経験をもとに，三宅・蛇谷が鳥取で2012年に始めた活動が，うかぶ LLC である（図1－1）。うかぶ LLC は，営利目的ではなく，事業を通じた社会的目的の達成を掲げる会社組織，いわゆる社会的企業（ソーシャル・エンタープライズ）の形式を取りながら，恒常的で，より自立的な活動を目指している。

うかぶ LLC の理念を蛇谷・三宅は次のように掲げる。

1. あたらしい風景を自由に見るための土台であり，舟である
2. 個人の持つ可能性を拡張することで，社会をいかに生きるか探求する場所である
3. 留まることなく，常に変化しつづける時間である

これらの社会的な理念に基づき，うかぶ LLC は，「たみ」の運営に加え，パブやホステル機能を持つ都市型の滞在スペース「Y Pub＆Hostel」（鳥取市）の運営，さらには印刷媒体を中心としたデザイン企画・制作や，アートプロ

ジェクトの企画・コーディネート・マネジメント業務などを手がけている。

うかぶLLCの主要事業のひとつである「たみ」の建物前を通る松崎地区の中心通りには，ふだん人通りはあまりない。少し離れた場所には高度経済成長期に出来た幹線道路があり，中心通りには，その幹線道路へと出る車のエンジン音が響く程度である。ゆえに今では信じがたいが，この地域はかつて，近世から続く旧・山陰街道有数の宿場町だった。特に大正期に温泉が発見されて以降は，複数の芝居小屋やストリップ劇場が立つほど賑わい，舟渡しのための竹などを扱う三八市という秋市も盛大に開かれていた。しかし戦後，日本の文化・経済の一極集中を推し進めた高度経済成長や，それに伴う若年層流出，さらに警察による宿場町の「猥雑な」文化活動への手入れと，地域住民の「自粛」（と，戦前生まれのある地域住民は表現する）などによって，町は徐々に衰退していった。現在，中心通りであっても，一部の店舗を除き，商店向けの作りとなっている家々の1階部分のシャッターは閉じられ，かつての喧噪の名残を見てとることはできない。

「たみ」のすぐ近くにある東郷湖は，かつて「東郷池」と呼ばれていた。「池」が「湖」と呼ばれるようになった理由を聞くと，昭和10年代に生まれて以来，この地域に住んでいる男性は，「観光イメージが良いという理由で，呼び名が変わった」と語る。町の名前も同様だ。池の南側に位置する松崎地域はかつて松崎村と呼ばれ，後に東郷町と改称した。この東郷町は，2004年に羽合町，泊村と合併し，湯梨浜町の一部となった。「湯梨浜」とは，地域の観光資源である温泉の「湯」，地域産品である二十世紀梨の「梨」，同じく観光資源である砂浜の「浜」を合わせて新しくつけられた造語である。池の通称同様，町名まで「町の特色をイメージ」した，観光・産業振興のためのわかりやすい名称に変わったのだ。

このような観光・産業振興を目論む地域社会のなかで「たみ」の活動が重要なのは，「たみ」に行き交う人々の発見や気づきが，「鳥取」や「湯梨浜」といった地域が持つ「地域イメージ」や「観光イメージ」を裏切る，新たな地域活動や関係性をもたらしているからである。滞在スペースに来る国内外からの旅人やアーティスト，シェアハウスに暮らす人々，カフェを訪れる地域住民などが，生活温泉や着飾らない食などの地域文化，そしてたみで行われるさまざまな活動などを介しながら新たな関係性を結ぶ。そのなかで行われる積極的な（あるいはときに気軽な）コミュニケーション行為によって，「地域の人々」対「地域外の人々」といった二項対立的な構図を超えた人々の関係性が築かれる。異なる生を送る人々が関係性を交わらせることを楽しむコンヴィヴィアリティの感覚を通じて，新たな「地域」が浮かび上がり，そこに新しい活動が生起するのだ。

私が「たみ」にはじめて関わったのは，蛇谷や三宅，学生たちと共同ではじめた研究会を開いたときだった。2011年，「たみ」ができる前の準備小屋で鍋パーティーなどを重ねつつ，数名の当時のゼミ生たちとともに，一般参加可能なオープンな研究会を開くことを蛇谷・三宅と相談した。幹事を任された学生たちは，大学の研究室から鉄道で40分ほど離れた場所に連れて行かれ，当初は戸惑いを隠せないようすだった。しかし，蛇谷によって「にんげん研究会」と名付けられたその研究会は，ときに閉鎖的になりがちであったり，逆にリードする主体が見えなくなったりしつつも，新たに加わっていった他の研究室の学生・教員やシェアハウス住民，地域住民らのアイデアを取り入れ，メンバーが徐々に入れ替わりながら，勉強会や食事会，上映会，アートイベントなど，遊び的・表現的な要素を含んだ独自のものへと変わっていった。それは，「地域」が実際は実体を持たない想像上の産物であり，本来は流動的なものであるのと同様に，可変的なコミュニティをめぐる小さな場となっていった（図１-２）。

「にんげん研究会」は「たみ」の活動のひとつの例に過ぎない。「たみ」では他にも，地域の造り酒屋と組んで麹を用いた暮らしに関する講座が開かれたり，おでんパーティーや卓球パーティーが開かれたり，あるいは舞踊や演劇，音楽イベントなどが行われたり，ときには表現をめぐる規制を考えるための場が開かれたりもする。また，近隣地区の「わいわいカンパニー」という数名の住民からなる任意団体とともに，かつて地域を象徴する定期市だった「三八市」への関わりを持つなど，地域を舞台とした楽しい「実験」もさまざまに重ねてき

**図1－2**　にんげん研究会でのまちあるき
出所：筆者撮影

た。その結果，地域に新たな活動拠点ができたり（例えば，元シェアハウス住民であるモリテツヤが対抗文化を中心に扱う古本屋「汽水空港」を営んだり，教科科目の教授だけに終わらない「おとなとこどものまなびば」である松崎ゼミナールが映画監督・中森圭二郎によって作られたり），触発された人々が他所で活動を始めたり（例えば，新たなゲストハウスができたり，各所で農業プロジェクトを始めたり）するような動きも見られるようになっている。毛利嘉孝は，ゼロ年代以降の日本のDIY 的実践の動きについて，「70年代の消費社会，80年代末のバブル経済，そして90年代の『失われた10年』とは異なる，新しいポジティヴな生活と文化が登場しつつある」と指摘する（毛利 2008)。「たみ」は，人々による遊び感覚を伴った実践を取り入れながら，それによって，私たちが期待する地域イメージとは異なる「地域」を DIY 的な精神のもとで創造していくのだ。

「たみ」の活動について，共同代表の三宅航太郎はこう述べる。「カフェもしたくないし，ゲストハウスもしたくもないし，シェアハウスもしたくないでやってる。カフェとかゲストハウスとかシェアハウスは目的じゃない。手段としてやってる感じ」と。むろん，これは彼らがいやいや活動をしているということではない。三宅・蛇谷にとっての「たみ」は，先述した「うかぶ LLC」の理念に見られる「あたらしい風景」を彼らや人々が自由に見るために，「個人の持つ可能性を拡張」し，「社会をいかに生きるか探求する場所」を作り続けるための日常的な「実験」の場であり，そのような場を仕掛けることにこそ三宅・蛇谷の関心があるのだ。彼らは言う。「たみでは，宿泊やカフェ利用，催しなどを通じて，たみに訪れる人々やたみに想いを馳せる人々が，本当に自分の必要なものを見つめ，新たな暮らしを創造する機会を提供していくことを目指します。もし，あなたが望めば，膨大なお金や技術を用いずに自分の必要なものごとを自由に選んだり，探したり，つくったりすることができるかもしれません」と。

このような実践について，先述の「わいわいカンパニー」メンバーの一人で，青果業，生花業を営む昭和20年代生まれの女性は，「たみ」が来てから地域活動に関わる人が増えた，と語る。他方で，当初から「たみ」の活動を知る，電器店を経営する昭和一桁世代の男性は，「正直，期待はずれ。もっと派手なもの，例えばわかりやすい看板なんかを作らないとだめだ」と語る。地域住民もまた一枚岩ではない。しかし，地域住民に違和感や議論をもたらしたことも含め，「たみ」の実践が，地域内外のまなざしによって与えられてきた固定的な地域イメージに揺さぶりをかけていることの重要性を見る必要があるはずだ。ここには，利己的に文化をソフトパワーとして利用する，あるいは「地域活性化」のための道具として文化を利用するようなまなざしや，地域の「内側」の人々が「外側」からの「まなざし」に合わせて期待される地域を演出していくような地域づくりのあり方とは異なる，多様な人々の関係性とクリエイティビティに支えられた主体的な「地域」形成への萌芽を見て取ることできるからである。

## *4*　「見たいもの」以外のものを見るための共愉

本書で私たちは，より多様な生を含み，コンヴィヴィアリティに満ちた社会を想像・実現していくための「創造力」を見いだすために，何を考えねばならないかを論じていく。そのなかで本章は，私たちが期待しないようなクリエイティビティ，見失われがちなクリエイティビティの領域に焦点を当てるべき必要性があることを指摘してきた。それは，国家や企業，自治体などあらゆる社会的諸主体が，競争を有利に進めるために文化的領域を利己主義的に用いる現在，私たち自身もまた無自覚的に，社会的主体が期待する目的に向けて，社会や地域を認識しているためである。そしてそのような生－権力に抗うために，与えられた，あるいはすでに自らが抱いている地域へのイメージを疑い，それとは異なるクリエイティビティのあり方を探っていくことの重要性を，複合滞在スペース「たみ」の実践を例に挙げながら述べてきた。

「たみ」のような，十分に傾聴すべき実践は，「見たいもの」以外のものを見ていくための視座，あるいは実践として，私たちに大きな示唆を与えてくれる。ただしそれは「見本」ではないことを指摘しておきたい。私は「たみ」の実践が，地域学的な実践の雛形であるとか，バランスよく進められている理想像であるとか，そのように指摘したいのではない。あくまで，ひとつの「成功」例として重要なヒントを与えてくれるが，だからと言って彼らの方策はあらゆる地域，環境にあてはまるものではない。「たみ」がうまくいっているとすれば，それは，いまの時代がどのような状況にあり，いまその場においていかなる実践が必要なのかを，人々とともに常に考え続けてきたからこそである。

しかしそれでも，期待される地域像を脱構築するためのクリエイティビティを発揮する諸活動には，共通した活動への意識を見出すことができるようだ。それは「たみ」にも見られるように，クリエイティブ階級と呼ばれる一部の人々の特権的な才能よりも，より集合的かつ共創的な創造力を重視する姿勢であり，また，既存の文化をめぐる空間や制度を前提とせず，自らの手で地域社会のなかに活動の場を人々とともに自律的に築いていく意識である。これらは，与えられる文化から，自らが人々と共に作り出すコンヴィヴィアリティ（共愉）に満ちた文化への転換の動きとも言い換えられるだろう。今日，新たな産業を牽引するために必要とされている「クリエイティビティ」への着目のなかで，地域に期待されるまなざしは，私たちの地域への見方そのものを規定している。だが，私たちが想像する「地域」を超えて新たな地域を創造するためのクリエイティビティが，多様な人々のネットワークと，自らが新たな仕組みを築いていこうとするオルタナティブな姿勢のなかから出現しつつあることに，いま私たちは目を向けなければならない。

注

(1) 文化およびその粋(すい)を集めて作られた芸術と産業化との関係性にかんする研究の多くでは，それらがいかに相反する関係にあるかが議論されてきた。レイモンド・ウィリアムズが指摘したように，そもそも「芸術」の原語の "art" とは，古来，人々の種々の技術や技芸を指す言葉だった。しかし資本主義的商品生産が増大するなかで，モノの使用価値を，金銭的な交換価値に限定したり帰したりする動きが盛んになる。そこで人間が持つある種の技術や概念を，資本主義的商品生産が生む変化から守るために，今日的な意味を持つ "art" 概念が生まれていった（Williams 1976＝2011）。またウィリアムズは，「創造性 creative, creativity」という語も，もともとは神による創世（creation, creature）という概念からスタートしているものの，徐々に「人間の行為」を指すものとして使用されるようになり，近代以降は，芸術という語と補完して使われるようになっていったことを指摘している。つまりアートやクリエイティビティといった言葉は，近代化の過程を経て，「人間だからこそ」の卓越した行為という点に重きが置かれている語となっていった。なおウィリアムズは今日において創造性という語が汎用されていることを批判的に捉えているが，本書では，他に適当な語がみつからないため，便宜的にその語を用いていく。

(2) 文化経済やアートマネジメントの領域では，芸術・文化の生産性が低いことを前提とした指摘や議論がなされてきた。例えばウィリアム・ボーモルとウィリアム・ボーエンが指摘した「ボーモルのコスト病」は，その古典的代表例のひとつである。ベートーベンの弦楽四重奏を演奏するために必要な音楽家の数は1800年と現代とで変わっていないのに対して，自動車製造や小売などの産業では，技術革新によって絶えず生産性が上昇する。すなわち文化などの領域は，いつまでもほとんど生産性が上昇せず，相対的には生産性が下がっていく（Baumol and Bowen 1966）。こうした芸術・文化と社会との水と油のような関係性を捉えた議論は，現在でもアートマネジメントの前提として，芸術を通じたアウトリーチ活動や，文化による企業支援などの議論の前提となっている。

文献

Baudrillard, Jean, 1981, *Simulacres et Simulation*, Galilée.（＝1984，竹原あき子訳

『シミュラークルとシミュレーション』法政大学出版局。）
Baumol, William J. and Bowen, William G., 1966, *Performing Arts, the Economic Dilemma : A Study of Problems Common to Theater Opera, Music and Dance*, Twentieth Century Fund.（＝1994，池上惇・渡辺守章監訳『舞台芸術——芸術と経済のジレンマ』芸団協出版部。）
Bourdieu, Pierre, 1979, *La Distinction : Critique Sociale du Jugement*, Éditions de Minuit.（＝1990，石井洋二郎訳『ディスタンクシオンⅠ・Ⅱ』藤原書店。）
Chandran, Nyshka, 2016, "Super Abe was a taste of Tokyo's 2020 Olympic campaign," CNBC International（https: //www. cnbc. com/2016/08/22/super-abe-was-a-taste-of-tokyos-2020-olympic-campaign.html, December 30, 2018）.
Debord, Guy, 1967, *La Sosiètè du spectacle*, Buchet-Chastel.（＝2003，木下誠訳『スペクタクルの社会』筑摩書房。）
Foucault, Michel, 1975, *Surveiller et punir : Naissance de la prison*, Gallimard.（＝1977，田村俶訳『監獄の誕生——監視と処罰』新潮社。）
Florida, Richard, 2002, *The Rise of the Creative Class*, Basic Books.（＝2008，井口典夫訳『クリエイティブ資本論——新たな経済階級の台頭』ダイヤモンド社。）
Florida, Richard, 2012, *The Rise of the Creative Class : Revisited*, Basic Books.（＝2014，井口典夫訳『新クリエイティブ資本論——才能が経済と都市の主役となる』ダイヤモンド社。）
藤田直哉編，2016，『地域アート　美学／制度／日本』堀之内出版。
Habermas, Jürgen, 1962, *Strukturwandel der Öffentlichkeit*, Luchterhand.（＝1973，細谷貞雄訳『公共性の構造転換』未來社。）
Hartley, John, ed., 2005, *Creative Industries*, Wiley-Blackwell.
Horkheimer, Max and Adorno, Theodor W., 1947, *Dialektik der Aufklärung : Philosophische Fragmente*, Fischer.（＝2007，徳永洵訳『啓蒙の弁証法』岩波書店。）
Illich, Ivan, 1973, *Tools for Conviviality*, Harper and Row.（＝2015，渡辺京二・渡辺梨佐訳『コンヴィヴィアリティのための道具』筑摩書房。）
事業構想大学院大学，2015，「地域の個性を核に自立へ」『月刊事業構想』（https://www.projectdesign.jp/201504/challenge-vitalizinglocal/002015.php, 2019. 1. 3）。
岩渕功一，2016，『トランスナショナル・ジャパン——ポピュラー文化がアジアをひらく』岩波現代文庫。
かじこ（小森真樹，蛇谷りえ，三宅航太郎），2013，『かじこ——旅する場所の108日の記録』かじこ。
小泉元宏，2013，「モリテツヤとたみ」『地球Ｂ通信 BOOKSTORE——移住編—の世界』vol. 2，地球Ｂ。
Koizumi, Motohiro, 2016, “Creativity in a Shrinking Society : A Case Study of the Water and Land Niigata Art Festival,” *Cities*, 56 : 141-147.
毛利嘉孝，2009，『はじめての DIY――何でもお金で買えると思うなよ！』ブルースインターアクションズ。
内閣府，2015，「クールジャパン戦略推進会議（第３期）」（https://www.cao.go.jp/cool_japan/kaigi/senryakusuishin/senryakusuishin.html, 2019. 1. 3）。
中森圭二郎，2013，「BOOKSTORE――移住編」DIY ドキュメンタリー第１弾，地球Ｂ．（DVD）
Nye, Joseph S., Jr., 2004, *Soft Power : the Means to Success in World Politics*, PublicAffairs.（＝2004，山岡洋一訳『ソフト・パワー――21世紀国際政治を制する見えざる力』日本経済新聞社。）
たみ，2018，「たみ」（http://www.tamitottori.com/, 2019. 1. 3）。
鶴見俊輔，［1967］1999，『限界芸術論』ちくま学芸文庫。
柳原邦光，2011，「地域を生きるために」柳原邦光・光多長温・家中茂・仲野誠編著『地域学入門――〈つながり〉をとりもどす』ミネルヴァ書房。
Yúdice, George, 2004, *The Expediency of Culture : Uses of Culture in the Global Era*, Duke University Press.
Virno, Paolo, 2003, *Scienze sociali e natura umana : facoltà di linguaggio, invariante biologico, rapporti di produzione*, Rubbettino Editore.（＝2008，柱本元彦訳『ポストフォーディズムの資本主義――社会科学と「ヒューマン・ネイチャー」』人文書院。）
Williams, Raymond, 1976, *Keywords : a vocabulary of culture and society*, Fontana.（＝2011，椎名美智訳『完訳 キーワード辞典』平凡社。）

*Column*

## 「たみ」による人々の創造性を広げるための場づくり

蛇谷りえ（聞き手・執筆：小泉元宏）

「いまは自分らでつくった仕組みを壊そうとしてるっていうか，もう一回見直そうとしてるタイミングに入ってる」——インタビューのはじめ，複合滞在スペース「たみ」の共同代表である蛇谷りえは，そう語った。私が，蛇谷と三宅航太郎を中心とした「たみ」の活動を追ってきて，また一部の活動に関与してきて感じるのは，彼らが，「常に，自分たちや社会にとって新しい物事を作り続け」，「人々の創造性，可能性を拡張して」いること，そして「やりたいこと」への挑戦を予期せぬ方法で私たちに投げかけ続けていることだ。

「たみ」などを運営する，うかぶ LLC の共同代表である蛇谷・三宅は，共同活動を始めるまで，アートプロジェクト運営や現代アート活動などをそれぞれが行っていた。狭義の「アート」とは異なる活動をはじめた理由について，蛇谷はかつて次のように語っていた。

「土日にアートの展覧会へ，お金をかけて見に行ったり，交通費払ったり，そういう消費するような，アートの関わり方がもうしんどいし，嫌やなーと思って。……アートの作品がなくても，何か真ん中にあれば，人と人とはつながるし，作品に執着する必要はないんじゃないかっていうぼんやりとした反抗的な気持ちがあって，私はゲストハウスみたいなことしたいなって思った。」

「ゲストハウスみたいなこと」を実現するために，彼らは先駆者がいない領域を探っていった。例えば場所探しでは，京都や尾道といった観光地や移住者が集まっている地域はあえて避け，「何もない」（からこそ可能性がある）鳥取県湯梨浜町の松崎地区を選んだ，という。そして，不動産仲介会社などを通じてではなく，地域に仮住まいし，地区の「お母さん」たちと仲良くなりながら，口コミで拠点となる建物を見つけた。さらに，地元信金からの借り入れに加え，インターネットを通じたファンドレイジングによって資金を集め，周りの人々の手を借りながら，ある種の DIY プロジェクトとして古民家のリノベーションを進めた。これらは私たちが「あたりまえ」と思う方法とは異なるアプローチだ。

「たみ」を始めた2012年当時は，東日本大震災や原発事故の翌年ということもあり，移住やオルタナティブな生き方に対する関心が広がりはじめていた。とはいえ，ある種の趣味的な生き方としての農村移住ではない，暮らしと生業を両立させながら社会的課題に取り組んでいくような生き方を実現する具体的な方法が十分に広まっているとは言い難かった。2010年代を通じて急激な商業化によってメジャーになるゲストハウスやシェアハウスづくりも，まだ多くの人々にとっては馴染みがなかったし，クラウドファンディングやリノベーションといった方法も，あまり共有されたものではなかった。

このようななかで，社会における主流の見方に対峙する「反抗的な気持ち」を，他者が行っていない領域を通じて，DIY 的な方法によって模索してきたのが「うかぶ」であり，その主要事業の一つである「たみ」の複合滞在スペース運営だった。
「うかぶ」の活動方針は本文に記した通りであるが，彼らの活動は，自分が「やりたいこと」であるとともに，社会や人々の物事への新たな見方や捉え方を押し広げる，すなわち人々がクリエイティヴィティを広げるための活動でもある。例えば「たみ」は，館内での写真撮影を禁止している。その理由について，蛇谷は次のように語る。

「今も変わらずブレてないのは，やっぱり第一情報が，自分の体にどうフィットするかしないか，が大事［という意識］。だから，そこを楽しんでほしいから，写真［禁止］だったり，前もってどこまで説明するか，情報が多すぎるとなんか違うよねって［考えについて］スタッフと話すことがある。社内のマニュアルをつくるときも気をつかう。」

個々人の異なる（べき）物事の捉え方を通じて，たみや地域がいかに人々と交わるか。彼らの活動では，個々人の視点の違いを重視することに重きが置かれているのだ。ここには，主流の考えに対する多様な見方や感じ方を重んじる姿勢が見て取れるとともに，彼らの，人々が持ちうる創造力の可能性への信頼姿勢が感じられる。

蛇谷は言う。「私たちの活動を誤読すればいいって思っている」と。つまり，彼らの活動を周りにいる人々が自らの目や耳や鼻を通じて「誤読」し，個々人が主体的に捉えること，それこそが彼らの活動のねらいであるということだ。

こうして「たみ」は，「留まることなく，常に変化しつづける」。なぜなら彼らの活動は，蛇谷・三宅らの活動によって変化するとともに，周りの人々の「誤読」を通じて変容していくからだ。ゲストハウスの利用客，シェアハウスの住人，地域の人々……それぞれ異なる属性を持ち，別のコミュニティに関わる人々の考えが，プロジェクトに意識的・無意識的に投影される。それに対して，蛇谷と三宅や彼らの仲間が「ボールを打ち返す」（蛇谷）ことで，たみは刷新されていく。

ゆえに蛇谷は言う。「いままでのことを全部喋ることが正解じゃない」と。自らの活動を理想化，モデル化させるのではなく，その場その場の異なる関係性の蓄積によってこそいままでがあり，それは今後も変わり続けていくと彼女たちは考えている。したがって彼らの活動のある断面だけを捉えて過度に賞賛したり，あるいは批判したりするのは十分ではない。その活動は彼ら自身の手によって，そして周りの「人々＝たみ」の関与によって，これからも変わり続けるプロセスのなかにあるからだ。

2011年の「うかぶ」開始前にふたりが，「最低でも10年間ここでやってみるつもり」と話していたことを筆者はよく覚えている。では，これから先に，いったい何が起こるのだろうか。松崎地区（たみの活動がきっかけで移住した10世帯程度の人々が暮らす）や，新たな活動がはじまった地域（例えば，たみの活動によって，松崎地区の「三八市」が新たな展開を見せている）に，いかなる新たな変化が加えられていくのだろうか。その答えは，蛇谷や三宅が今日もまた，いかに周りの人々の創造性を拡張していく仕掛けを作り，私たちがいかにその活動に応答し，さらに，その「ボールをどう打ち返して」いるのか，その関係性のなかにある。そこには，私たち「たみ」が，人々のクリエイティヴィティを拡張していく仕掛けを作るためのヒントが見えてくるはずである。興味を抱いた読者には，ぜひ「たみ」を訪れ，自らの五感を通じて「たみ」や松崎地区を感じて欲しい。

第2章

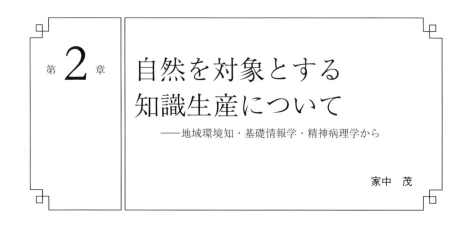

# 自然を対象とする知識生産について

——地域環境知・基礎情報学・精神病理学から

家中　茂

## 1 「レジデンス」というキーワード

近年，アートにおいて「レジデンス」がキーワードとなっている。日本の各地でアートを掲げたイベントやフェスティバルが頻繁に開催され，地域振興の目玉として自治体政策にも取り入れられている。このような活況を背景に，アートと地域の関係についてとりあげるフォーラムや書籍も多くみられ，本書もそのような時代の大きな潮流のなかで企画されている。

しかしながら，興味深いことに「地域」や「レジデンス」がキーワードとして用いられるようになっている分野はアートばかりではない。むしろアートとは似ても似つかないような分野，共通性がないようにみられる分野でも用いられている。そのような分野のひとつに科学がある。結論を先取りすれば，現在，アートにせよ科学にせよ，それを制度として成り立たせてきた枠組みに大きな変化が起きており，そのために相異なる分野に共通した様相があらわれているといってよいだろう。

科学とは本来「普遍的」なものであって，地域すなわち「ローカリティ」とは無縁だったはずのものである。ましてや，科学を担う者がどこに住もうと，どのような暮らしぶりであろうと，その分析結果に違いが生ずるはずはない。にもかかわらず，地域やレジデンスを標榜するということは，科学が本来なすべきことを放棄するのに等しいのではないか。一見矛盾するこのような科学の動向について考えることは，ひるがえって，同時代性をもってアートや科学が地域と関係づけられて論じられるようになった現代社会に起きている大きな変化を捉えることにつながるに違いない。

## 2　なぜ「地域主導」か
――地域環境知から――

### ジャーナル共同体

現代は，科学の時代と呼ばれた20世紀以上に，いっそうあらゆるところに科学が浸透している。そのため科学と社会の接点で多くの問題が生じている。そこで，科学が関係する社会的な課題について公共的な判断が求められるようになっている。しかしながら問題は，科学が関係する公共的な課題に対して，科学には解答が出せないということにある。

このように科学的合理性と社会的合理性の乖離が生じるメカニズムについて，藤垣裕子は科学技術社会論の立場から，「ジャーナル共同体」をとりあげて次のように論じている。「ジャーナル」とは研究分野ごとの専門誌のことであり，「ジャーナル共同体とは，専門誌の編集・投稿・査読活動を行うコミュニティのことを指す」（藤垣 2003：16）。それは「ピアレビュー」と呼ばれる「査読制度」を介して形成されるコミュニティであり，現代の科学者による研究の判定，蓄積，後進育成，社会資本の基盤にとって重要な役割を果たしている（藤垣 2003：16-17）。

査読制度においては，研究でとりあげるテーマの設定，先行研究の位置づけ，方法論の吟味や用語の選択，得られたデータとその分析の妥当性，結論に至る論理構成などの諸点にわたって，当該分野の研究者複数による匿名の審査が行われる。それゆえ，「ジャーナル共同体の知識の審判機構が，現代科学者の専門主義の源泉」（藤垣 2003：25）なのである。科学以外の基準や価値観によって，例えば政治的判断や社会的合意に影響されずに学問の自由や普遍性は担保されるものの，ジャーナル共同体を単位に構築される「妥当性限界」（藤垣 2003：32）を超えて科学的知識の妥当性は判断できない。

### 市民科学・市民参加型調査・市民研究

日本における科学成立の歴史的経緯から，科学が市民社会に根づいたものでなく，国家と強く結びついて発展してきたという性格はこれまで多く指摘されている。思想史家の鹿野政直は，そのような国家主導の日本の学問を「富国強兵学」と呼んで，人々の生活のなかから生まれた「民間学」に対置している（鹿野 1983，家中 2011）。それに加えて科学的合理性の基底にジャーナル共同体があるのだから，科学的合理性と社会的合理性の乖離を埋めるためには，市民社会の側から接近がなされなければならないだろう。そこから，極度の専門化や権威化を相対化する動きとして市民による科学が起きた。

例えば1960～70年代の高度経済成長期における公害問題や大規模開発問題においては，科学技術の持つ「公共性」が大きく問われることになった（宇井［2007］2016，高木 1999）。発端は公害問題への対抗運動として始まったが，やがて「まちづくり」へと発展し，身近な地域を市民自ら調べてより豊かな社会を実現しようという活動となった。それが1980～90年頃からみられるようになった市民参加型調査や市民研究である。代表的事例として，滋賀県立琵琶湖博物館の「ホタルダス」やトヨタ財団の「身近な環境をみつめよう市民研究コンクール」などがあげられる（水と文化研究会編 2000，萩原 2009）。

### 環境問題の質的変化

加害と被害が特定できる産業公害から因果関係が複雑な環境問題がとりあげられるようになり，さらに日本全体の人口減少や中山間地域の過疎化・少子高齢化という社会変化に伴って，環境問題にも質的変化がみられるようになった。それまでの環境問題は，大規模公共事業やリゾート観光地化のように過剰開発やオーバーユース問題であったのに対して，近年は放置された森林の荒廃や野生動物による農作物被害のように，農山村に人が住まなくなったことに起因する環境問題が生じるようになっている（家中 2018）。そこにみられるのは，人と自然の関係の貧困化や人々の営みと自然との疎遠化といえるだろう。このようなアンダーユースの環境問題の発生を背景に，水田や里山のように人の手が加わった自然である二次的自然が再評価されるようになった。人の手が加わることで自然生態系に適度な攪乱や管理が施され，生物多様性が維持されると認識されるようになったのである（柳 2010，森本編 2012）。かつて生態学において，人為的活動が自然生態系の攪乱要因としか捉えられていなかったこととは対照的である。

二次的自然である水田や里山の保全には，原生自然の保護（立入禁止の保護区の設定）と違って，土地所有者や農林業者，さらに農産物流通や消費者など多様なステークホルダーの関わりが課題となってくる。しかしながら，環境社会学者の丸山康司が指摘するように，対象分野を限定することによって専門性を高めてきた科学には，複雑な要因を背景に持つ個別の問題に対して解答を与える役割が果たせない。しかもアンダーユースだけでなく，多くがリスク問題としても顕在化しているのである（丸山 2007）。

このようなことから「不確かさ」をどのように扱うかという学問上の課題がもちあがり，「順応的管理」というアイデアが生まれた。継続的なモニタリングを通じて生態系の変化をフィードバックしながらモデル構築して対応していくという考え方である。そのために科学者以外のステークホルダーとの協働や合意形成が重視され，地域住民や農林漁業者自らがモニタリングや生態系管理の役割を担う「利用しながら保全する」という手法が取り入れられるようになった（鹿熊・柳・佐藤編 2018）。

### トランスディシプリナリー・サイエンス

従来，科学的知識については，科学者以外には理解が欠けているとみなす「欠如モデル」が前提とされていた（奈良・伊勢田 2009）。そのため「科学リテラシー」という啓蒙的発想も出てくる。しかしながら重要なことは，自然を対象とする知識生産は，職業的な科学者だけでなく，農林漁業者，地域企業，自治体，NPO など地域の多様な主体によって担われているということである。そこから，科学者による知識生産と地域の自然に関わる多様な主体による知識生産を融合させる「レジデント型研究」が提起された（佐藤 2010）。地域のなかのダイナミックな相互作用を通じて，地域の課題解決に必要な多面的視点を融合した「地域環境知」が形成される。そのとき科学に期待される新たな役割は，多様なステークホルダーの知識生産を再整理・体系化し，協働して活用できるようにすることである。

> 複雑な人間社会と生態系のふるまいには大きな不確実性がともなっており，そのなかでたえまなく発生する多様な課題に取り組むためには，複雑かつ不確実なふるまいをするシステムに関する多面的な知識基盤が継続的に生産されていることが不可欠である。このような複雑な課題に駆動され，その解決に貢献することを目指す科学は，社会の未来に関わる意思決定とアクションの主役は地域の多様なステークホルダーであることを前提とする。そして，ステークホルダーによる順応的な意思決定とアクションを，後方から支援する役割を果たす。（佐藤・菊地編 2018：2）

このような地域環境知の考え方は，順応的管理のアイデアをもう一歩拡張して，人々の社会的活動や生活営為をも学問的方法のなかに包摂したといえよう。

以上から，科学において「地域」や「レジデンス」がキーワードとなった経緯が理解されるだろう。アンダーユース問題やリスク問題にみられる環境問題の質的変化に応じて，その解決のために，多様なステークホルダーの知識生産をいかに統合し融合させていくのかが重要な課題となった。そこから科学を規定してきた既存の枠組みを超えて，「トランスディシプリナリー・サイエンス（超学際的科学）」が構想されるに至ったのである。

# 3　生命体にとって情報とは
## ――基礎情報学から――

### コミュニケーション・モデルの捉え直し

地域の自然に関わる多様なステークホルダーは，それぞれの関心や活動に応じて知識生産を行っている。科学者もそのような多様な知識生産の担い手の一人に過ぎない。そのことをふまえて，生態系という複雑系における課題解決のために構想されたのが「地域環境知」にもとづく「レジデント型研究」や「トランスディシプリナリー・サイエンス」であった。本章では自然を対象とする知識生産について，自然資源の持続的利用という議論にとどまらず，そもそも知識生産とはどういうことなのか，もう一歩踏み込んで考えてみたい。というのも，多様なステークホルダーごとに自然についての多様な知識生産がなされるのであれば，客観的な認識対象として自然が実体として存在するという前提は成り立たなくなるからである。認識主体と認識対象が相互に影響を及ぼし，その結果，認識主体ごとに多様な対象認識が形成されるのである。このような知識生産の多様性について，対象との相互作用を通じて情報がいかに形成されるのかということから理解を深めていこう。

情報とは何かというたいへん抽象度の高いテーマを扱うには，身近で具体的なことから考えていくのがよいだろう。そこで，コミュニケーションという私たちが日常的に行っている行為をとりあげてみよう。誰もが思い浮かべるのは，次のような図式である。情報がＡからＢへと伝えられる。そのとき情報は小包（郵便）のようにイメージされる。そして，ＡとＢがコミュニケーションを行うとは，このように情報をあたかもモノのようにやりとりすることだとみなされる。そのとき情報を正確かつ効率的に伝えることが重要となる。仮にＡを教師，Ｂを生徒とすると，教師が送る情報と生徒が受け取る情報を一致させることが教育といえる。どのくらい一致しているかに応じて，教育の効果や学習の程度が測られることになる。

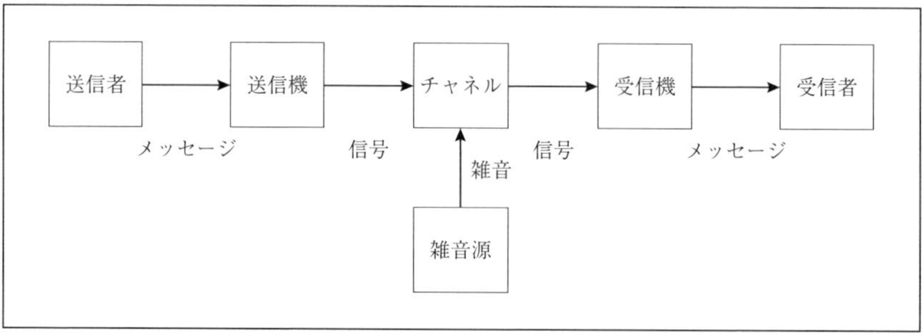


**図2-1**　シャノン&ウィーバーの情報モデル

出所：西垣（2004：42）

このようなコミュニケーションについての捉え方は，シャノン&ウィーバーの情報モデルを下敷きにしている（図2-1）。シャノン&ウィーバーの情報モデルはその発表（1948年）以来，圧倒的な影響力を持った。しかし，そこには重大な思い違いがあった。シャノン&ウィーバーの情報モデルで扱えるのは通信工学的な問題であって，いかなる符号化を行えば効率よく，かつ雑音の影響を抑制できるかが明らかにされているに過ぎない（西垣 2004：42）。一方，私たちにとって重要なのは，伝達される情報量や伝達速度ではなく，情報の意味なのである。情報の量と情報の意味が一致しないことを私たちは経験的によく知っている。俳句や和歌はたった17文字や31文字で，詠み手の人生観や自然観を伝えることができる。シャノン&ウィーバーの情報モデルを下敷きにしていては，情報の意味について考察することはできない[(1)]。

## 関係概念としての情報

現代は，AI（人工知能），IT（情報技術），ICT（情報通信技術），集合知，ビッグデータなど情報に関する話題であふれかえっている（西垣 2016, 2018, 佐藤俊樹 2010）。一言でいえば，人と機械，生物と機械の境界があいまいとなり，融合して捉えられつつあるといってよいだろう。それに対して，情報学者の西垣通は「生命体にとって情報とは何か」という問いを一貫して追及し，「基礎情報学」を提唱した。生物と機械を分かつ原理として西垣が注目したのが

「オートポイエーシス」である。オートポイエーシスとは「自己」(auto) の「創出」(poiesis) を指し，生命体が再帰的・自己言及的に自分自身を創り出す存在であることをいう。一方，機械は「他者」(allo) によって創られる存在である。

> オートポイエティック・システムとは，神経生理学者のマトゥラーナとヴァレラによって提示された概念であり，「構成素が構成素を産出するという，産出プロセスのネットワーク」として定義される。オートポイエティック・システムは環境との相互作用によって変容していくのだが，この変容過程を通じて，構成素は，自己を産出するプロセス（過程）のネットワークを絶えず再生産し，実現し続けるのである。(西垣 2004：68)

情報が学問上，大きな関心となるのは，20世紀初めの物理学における「観測(観察)」問題を契機とする。それまでの古典力学では対象系を精確に観測し記述できると考えられていたのが，量子力学以降，観測者との動的な関係を抜きに対象を観測し記述することは不可能であることが明らかになった。ここに物質とエネルギーにつぐ第三の存在として「情報」が登場した。重要なことは「情報はあくまで非物質的存在であり，実体概念でなく関係概念」(西垣 2004：11) だということである。例えば，爪の細胞は常に入れ替わっているが，それを同じ「爪」として認知しているのは，情報が一種の「パターン（形相)」であることを示している。すなわち「物質としては異なる対象を同一のパターンとして捉える認知活動が，情報の成立と深く関わっているのである」(西垣 2004：11)。そこから，情報とは「それによって生物がパターンをつくりだすパターン」(西垣 2004：27) と定義される。

社会学者の吉田民人による情報の定義をふまえ，[(2)] 西垣は次のように3つに分けて情報を定義する（西垣 2004：201-205)。吉田の「広義の情報」に対応するのが「生命情報」,「狭義の情報」に対応するのが「社会情報」,「最狭義の情報」に対応するのが「機械情報」である。なお，情報は生命の誕生とともに現れたことから，吉田の「最広義の情報」はとりあげない。

これら３つの情報は別々のものではなく，その基底には生命情報における意味内容を宿している。生命体のなかで環境との相互作用の下に生命情報が形成される。それは源基的な情報であって，ごく一部がヒトによる観察・記述を経て社会情報となる。その意味解釈は権力作用によって固定化される傾向があり，さらに機械的に扱える機械情報が出現する。ただし，機械情報において意味内容は捨象されるのではなく潜在化するのである。以下，西垣の基礎情報学に関するふたつの著作（西垣 2004，2008）にもとづき「生命体にとって情報とは何か」について確認していこう。

### 情報の再帰的・自己言及的な形成過程

① 情報とは生命体にとって「意味」あるものである

あらゆる情報は，基本的に生命体による認知や観察と結びついた「生命情報」である（西垣 2004：11）。それは生物にとって「意味」あるものであり（西垣 2004：201-202），「価値」に等しい（西垣 2004：125）。生物にとっての価値である意味とは，生物が生存していく上で行う選択行為に伴って事後的に発生する（西垣 2008：4）。複数の選択肢のなかからあるものを選ぶという行為が意味解釈であり，実行した選択行為が生存に有利であれば，その生物は生き残ることになる（西垣 2004：62）。意味とはこのように，生物の試行錯誤的な行為の連鎖によって再帰的・自己言及的に形成されるのである（西垣 2008：5）。

② 情報とは関係概念である

情報（information）とは，生命体の外部に実体としてあるのではなく，刺激を受けた生命体内部（in）に形成（form）される，環境と生命体のあいだの関係概念である（西垣 2004：26）。それゆえ，情報を外部に実在するモノのように捉えるのは誤りである（西垣 2004：23）。生命情報の発生とは，そのシステムが外部的刺激や内部的相互作用を通じて，自己言及的に遂行される構造変化に他ならない（西垣 2008：51）。生物はその意味を解釈し，刺激を受けて自らの生命体としての構造を変化させ，何らかの行為を行う。そのときの構造変化を指して「原−情報」が生成されたとみなすのである（西垣 2004：202）。

③ 源基的な情報は観察・記述を介して社会情報となる

生命情報そのものは源基的な情報であり，直接扱うことはできない。それは，観察者つまりヒトの心的システム（意識）による観察・記述を介して「社会情報」（狭義の情報）に転換されて初めて明示的に認知される（西垣 2008：51）。それゆえ，生命情報から社会情報への転換に人智の限界が対応する。私たちが捉える「自然」とは，あくまでヒト特有の概念枠組みによって把捉された自然であり，社会情報に他ならない（西垣 2008：16）。したがって，科学において実際に追求されるのは，それぞれの分野の研究者が構成する共同体（すなわちジャーナル共同体）の内部での妥当性に他ならず，論文の審査や学術研究の評価はその時点で優勢な学説パラダイムに準拠してなされるのである（西垣 2008：150）。このことは本章第２節で言及した，科学技術社会論でいう「妥当性限界」に対応する。

④ 身体行為を通じて世界が立ち現れる

客観世界という前提なしに学習について考察した「ラディカル構成主義」（Glasersfeld 1995＝2010）によれば，認知活動とは，認知主体である人間が世界についての知識を外部から獲得するのではなく，自らの内部に構成していくことである（西垣 2008：73）。すなわち，試行錯誤を通じて周囲状況に「適応」することが認知活動であり，その選択行為とともに世界像が立ち現れ，知識が構成される。[(3)] このようにして，あらゆる生物は環境との「両立可能性」を模索する選択行為を通じて環境に適応し生存を維持している。それぞれの生物種がそれぞれの仕方で内部に世界像を構成し，その世界像は生物種ごとにまったく異なっている（西垣 2008：74）。[(4)]

以上から，基礎情報学における情報概念が理解されたであろう。忘れてならないことは，情報とは環境との相互作用にもとづく関係概念であって，生命体のなかに再帰的・自己言及的に形成されるということである。すなわち，オートポイエティック・システムとして把握される生命現象において，情報が外部に存在してモノのようにやりとりされることはない。「情報は伝達されない」のである。それではいったい，コミュニケーションを通じて情報を伝達しあっているとみられる人々のあいだには何が起きているのだろうか。

情報の送信者側の情報と受信者側の情報のあいだには直接的な関係はなく，つまり双方の情報が一致することはなく，たんに受信者はパターン（情報）という刺激を受けて自らのなかに構造変化を起こしているに過ぎない。ただし，コミュニケーションが再帰的・自己言及的に次々と新たなコミュニケーションを産出し続けると，そこに社会システムが構築され（西垣 2004：37），コミュニケーションの継続発生をもってあたかも情報が伝達されているかのようにみなされる。仮に誤解が生じていることが判明すれば，コミュニケーションは断絶し，その結果，いかなる情報も伝達されないことになる（西垣 2008：52）。このようにコミュニケーションとは，話し手と聞き手のあいだでの意味の共有ではなく，「両立可能性」のもとに遂行されるのである（西垣 2008：87）。

それでは，このように自らに外在する実体として情報をモノのように交換することがコミュニケーションであるという通念が一般化してきたことによって，現代においてどのような問題が起きているのだろうか。

### 情報の意味解釈の固定化がもたらすもの

情報（社会情報）は，本来，多義的で揺らぎがあることから，その意味解釈を安定化するために文法や辞書など規範化の制度が現れ，さらに多義性や揺らぎを縮減し，意味解釈の存在しない機械情報が出現した。このように情報の意味解釈の多様性や自由度を減らし斉一性をもたらそうとするのは権力作用に他ならない。とりわけ「想像の共同体」（Anderson 1983）である国民国家においては意味解釈の固定化が強力に推し進められる。その結果，すべての情報が疑似「機械情報」化し，社会が高度に効率化される一方，個人や社会組織，そして生態系は新たな状況に柔軟に対応していく「創造性（クリエイティビティ）」を奪われ，危機にさらされることになる（西垣 2008：20）。

ここにまさしく，現代の情報化社会が直面する問題が顕示されている。グローバル化の進展に伴い地域間の距離が短縮し世界が斉一性の下に捉えられ，多様であることが許されなくなる。瞬時に移動する資本にとって文化の多様性とは摩擦を起こす抵抗でしかなく，可能な限り抵抗を低減するために斉一な空間がつくりあげられていく。そこでは生命の躍動や流動性が押し止められ，生きていることの実感が喪失されていく。このような状況に対して，そもそも情報とは何かという，生命体にとっての情報の意味を問うことを通じて，私たちの生を規定する情報の意味解釈の固定化をもたらす社会的メカニズムを対象化する視座が求められる。

このような情報化社会を超える重要な契機として，あらためて身体性や身体行為が注目される。身体行為を通じて世界が立ち現れ，「生きている」ことの実感が生まれるからである。そこで次に，地域に関わることを通じて，現代の人と人のつながり方やコミュニケーションについて問いかけているアートの実践として，老人ホームにおける「ダンスワークショップ」をみていくことにしよう。

## 4 「とつとつダンス」
### ――身体行為が生み出す世界――

京都府舞鶴市の特別養護老人ホーム「グレイスヴィルまいづる」で月１回のダンスワークショップが2009年11月から始まった。その活動から，入居する認知症の女性と耳の不自由な女性，２人の小学生によるダンス作品が生まれ，2010年３月に赤煉瓦倉庫で上演された。その作品は次のように観客を戸惑わせるところから始まる。

> パフォーマンス中に，砂連尾と子どもたちが認知症のミユキさんに話しかけるが，言葉のキャッチボールにならない。どんなに言葉を費やしても，

基本的に彼女は抱いている赤ちゃんの人形に話しかけているか，窓の外の風景について話すだけだ。耳が不自由な谷口さんとのコミュニケーションも，多くが空振りに終わる。……だが，「とつとつダンス」が進行するうちに，目の前で目撃している生身の彼らは，どこかで通じ合っているようにも見えてくる。とまどいながら切り結ぶ，身体をも含めた二人のコミュニケーションのなかに，何かが見えてくる，気がする。（砂連尾 2016：10-11）

目の前で起きていることは，一般的なコミュニケーション・モデルのようには運んでいない。それは生身の世界におけるコミュニケーションが，一般に信じ込まれているコミュニケーション・モデルとは異なっていることを顕わにする。前節で確認したように，オートポイエティック・システムである生命体のあいだでは「情報は伝わらない」。しかし，コミュニケーションが成立していないとみえているにもかかわらず，実際には「どこかで通じ合っているようにも見えてくる」のであり，また，そのように受けとめられるということは，その行為をみている人々にとってさえ意味が生成していることになる。「ダンス」とはそのような現場に立ち現れるのだろう。

「『わかり合える』とは異なるつながり方」（砂連尾 2016：150）があり，それはすなわち，コミュニケーションとは，客観的に存在する世界を認知して共有するのではないことを示唆している。身体のなかの声に耳澄ますこと，それを手掛かりに自分の世界を創りあげることを指しているようでもあるが，一方で，人と人との交感の契機が「揺れ」や「とまどい」を通じて現れるということでもあるのだろう。そのとき，自分のなかにあるものが引き出され，そして越境する。

コミュニケーションが成立するように見えたとき，実は大量のディスコミュニケーションが消えている。僕たちは，そこに目を向けることから始めようとしていた。ディスコミュニケーションがゆえに，いや，ディスコ

> ミュニケーションでないと意味のなかで落ち着いてしまうものが，ディスコミュニケーションにより引き出される。そのときに生まれるとまどいそのものを溜めていくことを大切にした。（砂連尾 2016：98-99）

砂連尾がコミュニケーションよりディスコミュニケーションに目を向けるのも，固定化された意味の交換や双方の意味内容の一致がコミュニケーションであるとする現代社会のコミュニケーション観とそれを支える権力作用に対する違和感からであろう。情報化社会の進展に伴う過度な意味解釈の固定化や機械情報化によって，生命の躍動がふさがれる。それに対して，砂連尾は問いかける。

> そんなふうに周りの環境や社会のシステムによって，いつの間にか自分のなかに詰め込まれているルールや規律があって，それが僕たちの身体を振り付けている。自らが新たに振付をすることは，これまでにない周りの人やモノとの関係を形にすることで，既存の仕組みとは違うところで生きるということなのではないだろうか。（砂連尾 2016：134-135）

これは世界を再構成することだといってもよいだろう。いまある世界がそのままずっとあるのではなく，別様にもありえることへのイマジネーション，それも身体を伴ったイマジネーションである。身体行為を介して，身体と環境とのあいだに世界を生み出すことをおそらく「ダンス」と呼ぶのだろう。

かつて映画『モダンタイムズ』（1936年）は人々が機械文明にのみ込まれ，歯車のひとつとされていくメカニズムを顕わにしたが，現代の情報化社会においては，生きることのすべてが機械情報に置き換えられ，記号化されていく。そこでは意味の揺らぎや多様性が，すなわち「生きている」ことの実感が喪われていく。

# 5 「生きている」ことの実感
――精神病理学から――

## 「アクチュアリティ」に充たされた世界

現代において「ローカルな知」は多くの場合，科学的知識の補完とみなされ（大村 2002），国際開発論の佐藤仁が指摘するように「現場における実践的な強みや文脈理解の厚さとは裏腹に，場所を超えた汎用性をもつ普遍的な知に多くの場面で圧倒され，暗黙知化され」（佐藤 2009：40），社会的に無力化されてきた。しかしながら，「『違ったあり方』を論じる知」（佐藤 2009：40）にこそもっと目を向けるべきだろう。「地域環境知」の提起もそのような考えからである。

そこで興味がひかれるのは，狩猟において獲物と一体化するという感覚や「魚のことは魚に聞け」といわれる自然を対象とする知識生産ないし技術修得のあり方である（内堀・菅原・印東 2007，伊藤 2019）。それは，知識が客観的世界に実体として存在しているのではなく，狩猟や漁撈という具体的な行為の只中において対象との相互作用を通じて形成されることを示しており，「生命体にとって意味あるもの」という情報概念にもとづけば，「生命情報」と深く関わっている。精神病理学者の木村敏は，「生存にとって意味のある世界」を次のように論じている。

> 私たちの住んでいる世界はなによりもまず，私たちの生存にとって意味のある世界である。それも言語的に分節して理解するような「意味」以前に，私たちの生活のひとこまひとこまをかたちづくっているような，私たちの「生きる」という営為にとって好都合であったり不都合であったりするような，そんな意味ある世界である。（木村 1994：13）

ここで論じられていることは，生命体にとっての情報の形成過程と対応しているように思われる。狩猟や漁撈という身体行為を通じて生命体にとって意味のある情報が生まれ，同時に「生きている」ことの実感を伴って「アクチュアリティ」（actuality）に充たされた世界が立ち現れるのである。

木村によれば，モノがモノとして実在しているのが「リアリティ」（reality）であり，それに対して，モノに生き生きとした意味を与えるのがアクチュアリティである。リアリティはモノとして名詞的に言い表されるが，アクチュアリティはコトとして動詞的にしか言い表せない（木村・今野 2008：119-121）。アクチュアリティは一瞬も固定することがないため，実在的でモノ的な現実であるリアリティを対象としてきた科学では捉えることができない（木村 1994：30-31）。科学はその基底に「『作られたもの』factum としての事実 fact を観察し，『与えられたもの』datum としてのデータ data を分析するという受動形的・完了形的な性格をもっている」（木村 1994：168）からである。

> 生命というのは，むしろ「生きる」こと，「生きている」こととして動詞的に語らなければならないのではないか，名詞として，まるで一つの形をもったもののように目の前に置いて，対象としてそれを考えるのではなく，動詞として，自分自身の「内部」の動きとして，直接にその中へ飛び込んでみるのでなければ，それが何であるのかがわからないのではないか。
> （木村 1994：117）

このように生命はアクチュアリティに支えられ，1人称の述語的な自己において生起する（木村・今野 2008：119-121）。木村は生命にはふたつの意味があるといい，それを「生命論的差異」と呼ぶ。ひとつは個体の生命であり，ギリシャ語のビオス（bios）がそれにあたる。もうひとつは「生命の根源」とでもいえる生命であり，ギリシャ語のゾーエー（zoé）がそれにあたる（木村・今野 2008：89-94）[(5)]。個体であるビオスは一回きりの生まれて死する生命であるが，その個体としての生命を通じて根源的な生命であるゾーエーが生きられる。個体としての生命はゾーエーなしには成立しない。それゆえ「私たちは自己固有の身体の有限な（ビオス的）生命を生きていると同時に，そのことによって個の不連続性により中断されることのない無窮の（ゾーエー的）生命を受け継いでいる」（木村 1994：149）のである。

### 経験される自然

狩猟において獲物と一体化するという感覚や「魚のことは魚に聞け」といわれる自然への向き合い方は，科学とは異なる「直接にその中へ飛び込んでみるのでなければ，それが何であるのかがわからない」という対象認識のあり方であるといってよいだろう。そのような身体行為を通じて，個的な生命（ビオス）を生きる者が大いなる生命（ゾーエー）としての自然を経験するのである。

人類学者の松井健が提起した「マイナー・サブシステンス」が注目されるのも，既存の生業研究とは違って，生業研究の目的がモノの記述にあるのではなく，人が自然に関わることのアクチュアリティをいかに捉えるかにあると示唆しているからである。民俗学者の伊藤廣之も，環境民俗学を構築するうえで生業研究の課題を「従来のように生業を『生計維持のための仕事』という枠にはめるのではなく，『人間が生きていくための活動』，言葉を換えていえば『生きる術』ともいうべき，より大きな枠のなかに位置づけること」（伊藤 2019：1）だと指摘している。

マイナー・サブシステンスとは「いつも，集団にとって最重要とされている生業活動の蔭にありながら，それでもなお脈々と受け継がれてきている副次的ですらないような経済的意味しか与えられていない生業活動」（松井 1998：248）である。しかし，その技術・技法上の特徴や活動自体の性質から「きわめて身体的な，自然のなかに身体をおき身体を媒介として対象物との出会いを求める行為である」（松井 1998：266）といえる。

それゆえ，マイナー・サブシステンスにみられる「身体全体をとおして自然との直接的な関わりを体験させ，その時その場所において，深く自然に包まれていることを体感させるという点で，さらに突出した意味を記憶の沈殿の深層にもたらす」（松井 1998：267）ような自然の経験の仕方は，「一個一個の人によって生きられている生命を基底において支えている大いなる生命にまじわり触れることだといえるだろう」（家中 2014：76）。いいかえれば，そのような人と自然のまじわりの場として「コモンズ」を捉え直すことができるだろう（家中 2001：126-131）。

「生成するコモンズ」は，このように人々によって経験される自然に注目することから構想された（家中 2002）[(6)]。一般にコモンズ論は，所有の制度上の形態に応じた自然資源利用の持続性について考察することに主眼をおいている。しかし，生活のなかで経験される自然，そして自然を糧とすることによって経験される自然は，近代的な所有関係に置き換えることはできず，自らの生きることと自然との切っても切れぬ関係を言い表すのに人々は，ときに「地元」や「海は部落の命である」という言葉を用いるのである（家中 1996）。

まさしく「私たちが生きるといういとなみ，生きているというアクチュアリティは，そのような受動形的・完了形的な表現では言い尽くせる性格のものではない。私たちは現在そのもののなかで生きている。アクチュアリティとは，現在そのものの生きた現実のことである」（木村 1994：169-170）と論じられるような仕方でしか，人々によって経験される自然は言い表しようがない。それゆえに「生きるための行為が遂行されている場所として，しかもなんらかの認識主体がではなく，この行為自体が環境世界を経験している場所」（木村 1994：170）として「生物と環境との接触面・境界面としての『あいだ』」（木村 1994：169-170）に注目することがたいへん重要なこととなる[(7)]。というのも「生物と環境との接触面・境界面」とは，生命体にとって意味のある「情報」が生成する場所でもあるからである。

以上，なぜアートや科学が同時代性をもって，地域に関係づけられて論じられるようになってきたのか，自然を対象とする知識生産や生命体にとっての情報を手がかりに考察してきた。アートにせよ科学にせよ，地域に関わるとは「生きている」ことの実感とともに世界が立ち現れる現場に立ち会うことに他ならない（家中 2013）。すなわち「地域からのクリエイティビティ」とは，アクチュアリティに充たされた世界が人々の具体的な関係行為の場である地域において立ち現れる，その創造性（クリエイティビティ）に依拠する営みだといってよいだろう。問われているのは，アートや科学を制度として成り立たせてきた枠組みに現在起きている大きな変化に対して，私たちがいかに向きあいコミットするのかということである。

## 付記

コミュニケーションや情報について根底から捉え直すことになったのは，総合地球環境学研究所「地域環境知の創生と持続可能な管理」プロジェクト（2012〜2016年度．代表：佐藤哲）「理論班」での佐藤哲氏（生態学），時田恵一郎氏（生物物理学）との対話がもとになっている（佐藤・菊地編 2018：412）。なお，情報概念については，JST-RISTEX「持続可能な多世代共創社会のデザイン」研究開発領域「生業・生活統合型多世代共創コミュニティモデルの開発」プロジェクト（2016〜2019年度．代表：家中茂）からも示唆を得た。

## 注

⑴　社会学者のルーマンは，コミュニケーションとは「情報，伝達，理解」という3つの要素から成るとした。重要なことは，受け手が情報をどのように受けとめて理解したかであり，それに応じてコミュニケーションが変わってくる。シャノン＆ウィーバーの情報モデルにみられるように，一般的には情報を発することがコミュニケーションの起点とみなされるが，しかし，ルーマンはその発想を逆転させた。情報の受け手に注目してコミュニケーションの生起や継続について考察し，社会の構成素は人やその行為ではなく，コミュニケーションであるとする独自の社会システム論を，オートポイエーシス理論（後出）をとりいれながら構想した（Luhmann 1997＝2009，奥村 2013）。なお，シャノン＆ウィーバーの情報モデルについて本章とは異なる立場から論じている科学哲学に，戸田山和久（2014）がある。

⑵　吉田は情報を「最広義，広義，狭義，最狭義」と4つに分けて定義した（吉田 2013a：22-27）。第一は，自然哲学に対応し，物質やエネルギーが担うパターンの側面を物質やエネルギーから分析的に区別する「最広義の情報」概念である。第二は，生命の誕生以降の全自然史に対応する「広義の情報」概念である。第三は，吉田が提唱した「社会情報学」の対象であり（吉田 2013a），広義の情報に人文・社会科学レベルという限定を付した「狭義の情報」概念である。第四は，自然言語の「情報」に対応する「最狭義の情報」概念である。自然科学は，アリストテレスの「質量」に対応する「物質」と「エネルギー」を対象にして「法則科学」として理

論的発展を遂げてきたが，それに対して吉田は「情報」をアリストテレスの「形相」に対応させ，科学の「情報論的転回」として「プログラム科学」を構想した（吉田 2013b）。

(3) 西垣は「生命体の解釈する情報とともに世界が立ち現れる」という基礎情報学とプラグマティズムの近似性について次のように言及している。「パースによれば，世界は解釈者と関係なく客観的に存立するのではない。世界は，知覚されたもの（記号表現）から推量の過程を積み重ねて，解釈者のなかに堆積された意味内容と経験がつくりあげるとされるのである」（西垣 2004：55）。なお，プラグマティズムについては，伊藤邦武（2016）を参照。

(4) 生物種ごとに固有な世界像が構成されることを，ユクスキュルは「環世界」と呼んだ（Uexküll 1934＝2005）。

(5) bios は現代でも，biology（生物学），bioethics（生命倫理），biodiversity（生物多様性）などの語に引き継がれている。一方，zoéは現代ではほとんど使われなくなり，zoology（動物学），zoo（動物園）にわずかに残るのみである。

(6) 社会学でこれまで「生成」について論じたものに，作田啓一（1993）がある。

(7) 木村は統合失調症（分裂症）を「自己の個別化の原理の障害」（木村 1994：88）と捉え，「『あいだ』の病理こそ分裂症の本態にほかならない」（木村 1994：170）と指摘している。

## 文献


Anderson, Benedict, 1983, *Imagined Communities: Reflections on the Origin and Spread of Nationalism*, Verso.（＝1987，白石隆・白石さや訳『想像の共同体――ナショナリズムの起源と流行』リブロポート。）

藤垣裕子，2003，『専門知と公共性――科学技術社会論の構築へ向けて』東京大学出版会。

Glasersfeld, Ernst von, 1995, *Radical constructivism: a way of knowing and learning*, Falmer Press.（＝2010，橋本渉訳『ラディカル構成主義』NTT 出版。）

萩原なつ子，2009，『市民力による知の創造と発展――身近な環境に関する市民研究の持続的展開』東信堂。

伊藤廣之，2019，『河川漁撈の環境民俗学――淀川のフィールドから』和泉書院。

伊藤邦武，2016，『プラグマティズム入門』筑摩書房。

砂連尾理，2016，『老人ホームで生まれた〈とつとつダンス〉――ダンスのような，介護のような』晶文社。

鹿熊信一郎・柳哲雄・佐藤哲，2018，『里海学のすすめ――人と海との新たな関わり』

勉誠出版。
鹿野政直，1983，『近代日本の民間学』岩波書店。
木村敏，1994，『心の病理を考える』岩波書店。
木村敏・今野哲夫，2008，『臨床哲学の知――臨床としての精神病理学のために』洋泉社。
Luhmann, Niklas, 1997, *Die Gesellschaft der Gesellschaft*, Suhrkamp.（＝2009，馬場靖雄・赤堀三郎・菅原謙・高橋徹訳『社会の社会』（1・2）法政大学出版局。）
丸山康司，2007，「市民参加型調査からの問いかけ」『環境社会学研究』13：7-19。
松井健，1998，「マイナー・サブシステンスの世界――民俗世界における労働・自然・身体」篠原徹編『民俗の技術』朝倉書店，247-268。
森本幸裕編，2012，『景観の生態史観――攪乱が再生する豊かな大地』京都通信社。
水と文化研究会編，2000，『みんなでホタルダス――琵琶湖地域のホタルと身近な水環境調査』新曜社。
奈良由美子・伊勢田哲治，2009，『生活知と科学知』放送大学教育振興会。
西垣通，2004，『基礎情報学――生命から社会へ』NTT 出版。
西垣通，2008，『続基礎情報学――「生命的組織」のために』NTT 出版。
西垣通，2016，『ビッグデータと人工知能――可能性と罠を見極める』中央公論新社。
西垣通，2018，『AI 原論――神の支配と人間の自由』講談社。
奥村隆，2013，『反コミュニケーション』有斐閣。
大村敬一，2002，「カナダ極北地域における知識をめぐる抗争――共同管理におけるイデオロギーの相克」秋道智彌・岸上伸啓編『紛争の海――水産資源管理の人類学』人文書院，149-167。
作田啓一，1993，『生成の社会学をめざして――価値観と性格』有斐閣。
佐藤仁，2009，「環境問題と知のガバナンス――経験の無力化と暗黙知の回復」『環境社会学研究』15：39-53。
佐藤哲，2010，「知識から智恵へ――土着的知識と科学的知識をつなぐレジデント型研究機関」鬼頭秀一・福永真弓編『環境倫理学』東京大学出版会，211-226。
佐藤哲・菊地直樹編，2018，『地域環境学――トランスディシプリナリー・サイエンスへの挑戦』東京大学出版会。
佐藤俊樹，2010，『社会は情報化の夢を見る――ノイマンの夢・近代の欲望』河出書房新社。
内堀基光・菅原和孝・印東道子，2007，『資源人類学』放送大学教育振興会。
Uexküll, Jakob von and Kriszat, Georg, 1934, *Streifzüge durch die Umwelten von Tieren und Menschen : Ein Bilderbuch unsichtbarer Welten*, Springer.（＝2005,

日高敏隆・羽田節子訳『生物から見た世界』岩波書店。）
高木仁三郎，1999,『市民科学者として生きる』岩波書店。
戸田山和久，2014,『哲学入門』筑摩書房。
宇井純，［2007］2016,『自主講座「公害原論」の15年』亜紀書房。
家中茂，1996,「新石垣空港建設計画における地元の同意」日本村落研究学会編『年報村落社会研究――川・池・湖・海 自然の再生 21世紀への視点』32：211-237。
家中茂，2001,「石垣島白保のイノー――新石垣空港建設計画をめぐって」井上真・宮内泰介編『コモンズの社会学――森・川・海の資源共同管理を考える』新曜社，120-141。
家中茂，2002,「生成するコモンズ――環境社会学におけるコモンズ論の展開」松井健編著『開発と環境の文化学――沖縄地域社会変動の諸契機』榕樹書林，81-112。
家中茂，2011,「生活のなかから生まれる学問――地域学への潮流」柳原邦光・光多長温・家中茂・仲野誠編著『地域学入門――〈つながり〉をとりもどす』ミネルヴァ書房，73-100。
家中茂，2013,「立ち現れる世界」石牟礼道子ほか『花を奉る――石牟礼道子の時空』藤原書店，288-291。
家中茂，2014,「里海と地域の力――生成するコモンズ」秋道智彌編『日本のコモンズ思想』岩波書店，67-88。
家中茂，2018,「森林・林業を居住者の視点から捉え直す――アンダーユースの環境問題への所有論的アプローチ」鳥越皓之・足立重和・金菱清編著『生活環境主義のコミュニティ分析――環境社会学のアプローチ』ミネルヴァ書房，421-441。
柳哲雄，2010,『里海創生論』恒星社厚生閣。
吉田民人（吉田民人論集編集委員会編），2013a,『社会情報学とその展開』勁草書房。
吉田民人（吉田民人論集編集委員会編），2013b,『近代科学の情報論的転回――プログラム科学論』勁草書房。

*Column*

## 身体から考えてみる

木野彩子

コンテンポラリーダンスは現代の諸問題を表す舞台芸術の1ジャンルである。私は海外も含めプロとして作品を制作し，踊り，暮らしていたが，いつからダンスは特別な人が踊るものになったのだろうと思うようになった。より過激な表現，特殊なテクニックが求められるようになる一方で，すべての人の身体はそのままある種の個性であり，それぞれにさまざまなダンスが生まれていくとよいのではないかと感じるようになった。

歌手のバックダンサーやストリートダンスの影響で日本国内では一般にダンスというと決められた振りを覚えるもの，リズムに合わせて動くものと思われている。実際にダンスクラスの多くは教師（あるいは振付師）の動きを正確にこなす身体を作るかに重きが置かれている。クラシックバレエをはじめとした西洋の近代舞踊の多くがそれにあたる。しかしさまざまな身体があり，一概にこなすことはできないだろう。近代ゆえのある種の規律化は集団制や一体感を生み出す上では重要なポイントである。しかし現代において，体格，年齢，障がいの有無などさまざまな違いがある人が共に楽しむためには，むしろその差異を面白いと思うようにならないものかと私は考え，即興と呼ばれるジャンルに注目した。鳥取においては童謡唱歌・おもちゃのミュージアム「わらべ館」で月１回程度「即興音楽とダンスのワークショップ」を開催したり，まちなかの空きビル，公園などの公共スペースを活用して即興音楽やダンスを展開する「鳥取夏至祭」という実践を行っている。この中では観客もいつの間にか巻き込まれ，身体を通じてコミュニケーションを図っていく。遊ぶように自然と動きの語彙量を増やすことができ，さまざまな運動を行うことで身体感覚を上げていくことができる。子どもたちの動きは自然で，それを見るといかに自分も含めた大人たちが何かに捉われているかと知らされる。自分が思うままに身体を動かしてよい空間，時間。あるいは逆に動かなくてもよいという自由。子どもにつられて動いてみると老若男女それぞれに思いもしなかった動きが生まれてくる。ある種のカオスのような時間だが，それが本来のダンスや祭りの持っている力だったのではないか。

日本古来からある祭りもまたパレードのように集団で見せる踊りへと変貌しつつある。しかし古くから伝わる祭りに着目すればするほど，終焉には演者も観客も交ざりあって浮かれ踊るかのような瞬間が発生する。自身の感覚が融解したかのような時間の共有はその地域のコミュニティの形成にも役立ってきた。

どんな人も自分の身体から離れることはできない。どのように身体に向き合っていくかは長く体育でも問題視されてきた。さまざまな健康によいと呼ばれる体操がメディアにおいても推奨される。ただここでいう健康とは単純に長生きできればいいということではない。WHO に1998年に提示された健康の定義案には “Health is a dynamic state of complete physical, mental, spiritual and social well-being and not merely the absence of disease or infirmity." とあり，多くの宗教儀式や祭りにつながるダンスが健康に対しできることは単純な寿命の延長や勝ち負けで評価をしきることができない Spiritual や Social well-being の部分ではないかと考えさせられる。人生の質（Quarity of life）に着目するとき，自分の身体と豊かに向き合っていくためには，創造性の視点から想像力を働かせてみることが重要なのではないかと私は捉えている。身体の持っているリズム，揺らぎを私たちはまず感じ取れているだろうか。その上ではじめてそれぞれの身体の違いを知ることができるようになる。「身体はミクロコスモス」と三木成夫が指摘するように，すべての生命の記憶が私たちの身体に埋め込まれているだけでなく，宇宙のすべてがそれぞれの身体に含有されている。そこから何を紡ぎ出すかはすべて身体が知っている。あうんの呼吸や間といった非言語の，しかし確実にある感覚を現代社会では見失いがちではあるが，それがどれだけ重要なことか。すべてをデジタルに置き換えてしまうことはできないし，その言語化やデジタル化ができない領域こそがおそらく AI やバーチャルリアリティにはなし得ない人間の，そして身体の最後の砦であろう。「身体について考える」ではなく「身体から考えてみる」へ。身体はすべての人がどのような形であれ有しており，機会は平等にすべての人に与えられている。自分の身体の素直な声を聞いてみるということからはじめてみよう。それもまたダンスと言えるのではないだろうか。

▲ **鳥取夏至祭 2018**　いなばのお袋市にて
（撮影：田中良子）

# 第3章 アートが地域を創造する

野田邦弘

## 1 地域の時代・文化の時代

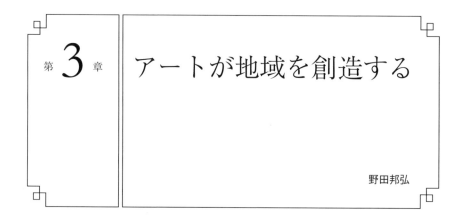

### 地域の時代——地域主義から地域学へ

本章では，今後の地域創生においては，アーティストなど創造的人材が果たす役割が大きくなってくることを明らかにする。その際，僻地や離島といった小規模な町村や地域に焦点を当て，そこでは創造的活動がどのようなメカニズムのもと地域創生に関わっているかを考察する。後述するように小さなまちや村から確実に変化の兆しがみえており，これらは明日の日本の姿を先取りしていると考えられるからだ。

日本の地域政策は，全国総合開発計画（全総）に始まる。全総は10年程度を計画期間として1962年から始まり第5次（2015年に終了）まで続いた。全国15の地域を「新産業都市」に指定し，そこへの集中的な財政投資をし臨海コンビナートといった社会資本整備を行った。全総は，一定の成果をあげたが，公害問題を引き起こすなど負の側面も生まれた。また，コンビナートが地域経済にもたらした便益は小さかったとも言われている（宮本ほか編 1990）。また，四全総（1987年策定）は，リゾート法や民活による都市開発という新機軸を打ち出すが，バブル崩壊で多くのリゾート開発が破綻し，地元自治体は財政赤字を負うこととなる。

1970年代になると日本の経済は欧米並みになり，住民の意識や要求も多様化し，それまでのような国の画一的な政策に満足できなくなる。こういった背景のなか，全総のような国主導の画一的な地域づくりではなく，地域の歴史や文化といった地域の個性や地域のイニシアティブを重視した「地域主義」が台頭する。当時この運動をリードした一人である玉野井芳郎は，地域主義について「一定地域の住民が風土的個性を背景に，その地域の共同体に対して一体感をもち，みずからの政治的・行政的自律と文化的独自性を追求すること」と定義している（玉野井 1977）。

地域主義ブームは地方行政の世界にも及んでいく。1978年には当時の神奈川県知事長洲一二が「地方の時代」「文化の時代」を提唱した。長洲は，「地方の時代とは，政治や行財政システムを委任型集権制から参加型分権制に切り替えるだけでなく，生活様式や価値観の変革をも含む新しい社会システムの探求である」と述べ，制度面だけではなく人々の意識の改革も求めた（長洲 1978）。地域主義は地方へも広がりを見せ，平松守彦大分県知事が提唱した「一村一品運動」（1979年～）などが生まれる。このような地域資源を活用した内発的取り組みについて，鶴見和子は「内発的発展」という観点から理論化を行った（鶴見ほか 1989）。

次に「地域学」の歴史にも触れておきたい。地域学の前身は19世紀ドイツで誕生した経済地理学に求められる。ペンシルベニア大学のウォルター・アイザードは，経済地理学を発展させ「地域科学」（Regional Science）を確立する。アイザードは，地域科学がさまざまな学問分野研究の協働として進められるべきという考えから地域科学の定義を特定せず，各自が「自分の定義を開発するか総合する必要がある」と述べている（Isard 1975＝1985）。このように地域科学は，関連諸学の学際的学問として出発した[(1)]。

日本では地方分権一括法の成立（2000年）にもかかわらず地方分権は進展していない一方で，学術界では「地域学」が興隆する。1962年には日本地域学会が結成され，以後「地域」を冠する多くの学会が設立された。日本学術会議も「地域学推進の必要性についての提言」を発表するなど地域学へのコミットを強めた（日本学術会議 2000）。さらに21世紀に入ると「地域」を冠した学部などを新設する大学が増加する。

地域学を考える場合，グローバル化との関係を外すことはできない。1980年代以降本格化するグローバル化により，世界中の都市が均質化し，日本の地方都市はどこも同じようなまちなみとなった。「普遍的な文明が，地方的特色を持った文化に勝利した」（Frampton 1983＝1987）のである。このようななかで後述する創造都市論のように地域固有の歴史的文化的特性を重視する考え方が世界で同時に興隆する。このようなバナーキュラーな地域の固有価値こそ地域独自の魅力を形成する要素であり，グローバル化に対抗して地域の繁栄をもたらすと考えられるようになっていく。

### 文化の時代――1970年代の自治体文化行政

次に，地域づくりにおいて文化が次第に重要な要素となってきたことを紹介する。

経済の高度成長以降市民生活が豊かになる一方で，地域格差，都市問題，公害問題などの社会問題への住民の不満が募った。このようななか1963年の第5回統一地方選挙では大量の革新自治体(2)が生まれ大都市圏のほとんどをカバーするに至った。

革新自治体は，それまでの産業優先の自民党政治に対し，市民生活優先の政治路線を採用し，地方分権，環境保護，消費者保護，直接民主主義などを重視した政策を実施すると同時に，新たな重要政策課題として「文化」をとりあげた。そこで，まず社会教育に位置づけられていた文化行政(3)を教育委員会から切り離し首長部局へ移管し「文化課」「文化振興課」を設置した(4)。

当時の文化行政は，自治体行政のあらゆる分野に文化的視点を取り入れる総合行政として文化によるまちづくりを目指していた（総合研究開発機構・上田 1979）。しかし文化のまちづくりを実りあるものにするためには，そもそも自治体の組織や職員の文化水準を向上させる「行政の文化化」が必須だと次第に考えられるようになった。それは，「行政総体の自己革新運動」と位置づけられた。松下圭一と森啓は行政の文化化の原則を次のように述べている（松下・森編 1981）。

①文化行政の最終目標は個性的な文化の根付いた地域社会の創出
②その担い手は市民。行政はそれに参加する
③官治行政（行政主導）ではなく市民主導
④行政総体の文化的視点による自己革新の視点
⑤行政の限界の認識
⑥文化行政は市町村が基本
⑦文化行政は省庁主導の縦割り行政にはなじまない
⑧文化行政は，部門行政ではなく全ての行政部門を視点を決めて横につなぐ総合化の行政
⑨文化行政は目に見えないもの計量化できないものに価値を認めようとするもののため，行政自身の文化水準の向上が必要
⑩文化行政は人の要素が大きい，職員の勇気も大事

このように行政の文化化の目標は官僚制を根本的に改めようとするきわめて本質的かつ高い目標であったため，実現は困難であった。

### 動き出した国の文化政策

1970年代の自治体文化行政は，国に先駆け文化政策を地方行政の要に位置づけて取り組んだが，1980年代に入ると自治体文化行政を牽引した革新自治体がほぼ消滅したことや公立文化施設の建設が本格化したことなどにより，文化行政の根本理念は忘却されていくことになる[(5)]。

一方で，自治体文化行政が掲げた理念は，大平正芳内閣時代の「田園都市構想」のなかでよみがえることとなる。大平首相は1979年に総理大臣直属の諮問機関として９つの研究グループを設置し国家ビジョンの検討を開始した。その第一グループ「文化の時代研究グループ」報告書（山本七平議長）では，「国民

の文化的欲求は，生きるための基本的な欲求の重要な一部なのであって，これにいかに対応するかは，行政の避けることのできない本来的な問題である」と文化政策の重要性が初めて語られた（内閣官房 1980）。この報告書は，国として初めて文化の重要性を明示した画期的なものであったが，その後体調を壊した大平は報告書の発表と同じ1980年に急逝し，構想は頓挫してしまう。

大平の死から９年後の1989年，文化庁は「文化政策推進会議」を発足させ，文化政策の新しい地平を切り拓いていく。それ以降，芸術活動助成のための「芸術文化振興基金」創設（1990年），公立文化施設活性化のための財団法人地域創造の設立（1994年），現代舞台芸術振興のための新国立劇場開設（1997年）など1990年代に芸術環境の整備が大きく前進した。特に1996年から始まる「アーツプラン 21」は，日本の芸術水準を高めることに貢献する芸術団体に対する重点支援や，国際芸術交流の推進・芸術創造基盤整備支援を目指したものであり，それまでの文化財保護を中心とした日本の文化政策から方針転換したものである。

文化庁予算は，1989年度の409億円から15年後の2004年度には1,016億円と大きく増加する（文化庁 2005）。2001年には文化振興の根拠法である「文化芸術振興基本法」が成立，2007年には新国立美術館が開館し，2012年には「劇場，音楽堂等の活性化に関する法律」（劇場法）が成立した。[(6)]

このような国の動向と並行して，1990年には民間でも企業の文化支援に特化した中間支援機関として社団法人企業メセナ協議会が設立され，経団連も「寄付や社会貢献活動に関する情報を提供するとともに，広く一般の方々に企業の社会貢献活動に対する理解を深めていただくため」の１％クラブという団体を発足させるなど（1990年），企業の文化支援活動も本格化する。また1992年に文化経済学会〈日本〉が設立され文化と社会の関係を研究していく機運も高まった。[(7)]このようななか全国に建設された文化施設を運営するための専門知識として「アートマネジメント」が求められるようになり，1991年に慶應義塾大学がアートマネジメント教育を始めた。

## 2　創造都市論の台頭

### 創造都市論の登場

1990年代になると文化の持つ創造性を地域づくりに活かそうとする「創造都市」論が台頭してくる。産業構造の転換によって20世紀後半から顕著となる脱工業化は，それまで重工業を基幹産業として発展してきた工業都市経済の崩壊を引き起こした。この現象がいち早く顕在化したヨーロッパの工業都市のなかから，芸術や文化の持つ創造性を活かした都市再生で成果を上げる事例が1980年代頃に注目を集めるようになる。

例えば，工業の空洞化に直面したグラスゴーは1980年代に犯罪の温床だった空き倉庫街をギャラリーやカフェなどの空間に転換し，地域再生を成功させた。これは「グラスゴーシンドローム」と賞賛され，工業都市再生のモデルとなった（Bianchini and Parkinson ed. 1993）。フランスのナント市は基幹産業である造船業が国際競争に敗れ，地域経済崩壊の危機に直面した。新たに就任したエーロー市長は，文化への集中的投資による都市再生を果たし，都市イメージを大きく上昇させた。かつての造船所はアートの工房として蘇り，そこを拠点として世界で活躍する大道芸人集団ロワイアル・ドュ・ルクスは各地を巡業している（図3-1）。かつてヨーロッパでも最大級の工業地帯であったドイツのルール地方は工場閉鎖で深刻な雇用喪失に見舞われるが，産業遺産を保存活用する「産業観光」などの取り組みが奏功し観光客の大幅増加を実現した。このような取り組みはアジア諸国にも波及しており，上海市政府はまちなかの工場を郊外に移転させ，そこの建築物を保存し創造産業を集積させる「創意産業園」を市内の約90ヶ所に整備しており，創意産業園は上海経済の成長に貢献している。

文化による都市再生へ注目が集まるようになった背景に「欧州文化首都」（European Capital of Culture）という事業がある。これは，EC（欧州委員会）が実施主体となり1985年にアテネから始まった。毎年 EU 加盟国内の2都市が通年にわたり文化事業を実施するこのプログラムは開催翌年以後も都市再生効

**図3-1**　ロワイアル・ドゥ・ルクスのパレード
出所：http://www.royal-de-luxe.com/en/creative-work/giant-spectacular/#

果が継続する事例が現れることから，創造都市研究の本格化につながったといわれる（Mittag 2013）。当初は，芸術のオリンピックとしてスタートした欧州文化首都だが，現在では都市再生戦略を申請書に書き込むことが求められるようになっており，開催目的が次第に都市再生へと変化してきた（Garcia and Cox 2013）。

### 脱工業社会論・知識社会論から創造経済へ

このような創造都市論の登場は，かつてのようなモノの生産から文化・知識・価値の生産へと産業構造が変化してきたことが背景にある。脱工業化時代の特徴は「知識基盤経済」「知識社会」と呼ばれる（例えば Drucker 1993＝1993）。しかし知識は新しい価値を生み出す創造活動のための道具や材料に過ぎず，脱工業化時代の経済の本質は「知識経済」ではなく「創造経済」と捉えるのが正しいと『創造的都市』で知られるチャールズ・ランドリーは述べている（Landry 2012）。

工業化の初期段階においては，科学技術研究は重要だとは考えられていなかった（Andersson 2011）。しかし，第二次産業革命および特に20世紀後半のIT 革命はそれまでの製造業を根本的に変革しつつあり，そのため研究開発などの「創造性」がより本質的な産業の要素と考えられるようになる。「創造経済」という言葉は，大量生産よりも知的財産の創造・開発を重視した21世紀の経済を指す言葉として世紀の変わり目に登場した（例えば Hawkins 2001）。アメリカの都市経済学者リチャード・フロリダは創造経済を牽引する人材（科学者，大学教授，建築家など）を「創造階級」（Creative Class）と呼び，彼らが数多く暮らす地域を創造都市と名づけ，そうした地域が発展すると論じ世界に大きな影響を与えた（Florida 2002＝2008）。

イギリスでは1997年～2007年のブレア内閣が，創造経済を構成する建築，美術，デザイン，ファッション，映画，音楽，舞台芸術などの産業群を「創造産業」（Creative Industries）と定義し，成長著しいこれらの分野が今後のイギリス経済を牽引するとした[(8)]。イギリスが「文化産業」ではなく「創造産業」という造語を使用したのは，第一に文化産業という言葉の持つネガティブなイメージを払拭するため[(9)]，第二に主に芸術文化を主軸とする文化産業をより商業的色彩の強い建築，ファッション，デザインといった分野まで広げることで「創造性」概念を拡張させ[(10)]この産業群の経済規模を大きく見せるため，第三に「創造産業」という目新しい言葉の使用でかつての古い労働党のイメージを一新し「新しい労働党」のイメージづくりに利用しようとしたため，などの理由が考えられる。

ヨーロッパで誕生した創造都市という概念は次第に世界に広がっていく。ユネスコは世界遺産の後続プログラムとして2004年から「創造都市ネットワーク」を開始した。これは，工芸と民衆芸術，デザイン，映像，食文化，文学，メディアアート，音楽の７つの創造産業に対して加盟都市を募り，加盟都市の創造産業振興と国際交流を促進するためのプログラムである。2020年現在246都市が加盟している。日本からは，金沢市と篠山市が工芸と民衆芸術部門，神戸市，名古屋市，旭川市がデザイン部門，山形市が映像部門，鶴岡市が食文化部門，浜松市が音楽部門，札幌市がメディアアーツ部門に加盟している。国連がこのような活動を始めた背景には加速する文化のグローバル化への危機感があると考えられる（例えば GAFA[(11)] などのグローバル企業の文化面での強い影響力）。

**表3－1**　東アジア文化都市開催都市

| 開催年 | 日本 | 中国 | 韓国 |
|---|---|---|---|
| 2014 | 横浜市 | 泉州 | 光州 |
| 2015 | 新潟市 | 青島 | 清州 |
| 2016 | 奈良市 | 寧波 | 済州 |
| 2017 | 京都市 | 長沙 | 大邱 |
| 2018 | 金沢市 | ハルピン | 釜山 |
| 2019 | 東京都豊島区 | 西安 | 仁川 |
| 2020 | 北九州市 | 揚州 | 順天 |

出所：文化庁「東アジア文化都市」サイトより作成

そういった危機感を背景にユネスコは2005年に文化多様性条約を成立させた[(12)]。ユネスコ創造都市ネットワークには，文化多様性を担保するための事業スキームとして考案された側面も強い。

### 日本の創造都市政策

日本でも21世紀初頭から創造都市づくりの取り組みが始まる。最初に創造都市を目指した取り組みは金沢市で始まった（佐々木 2012)。金沢市に続いたのが横浜市である（野田 2008)。金沢市と横浜市の取り組みは多くの自治体に影響を与え，文化庁も「文化芸術の持つ創造性を地域振興，観光・産業振興等に領域横断的に活用し，地域課題の解決に取り組む地方自治体を文化芸術創造都市と位置付け」，これらへの支援を開始した。2007年に文化庁長官表彰に文化芸術創造都市部門を設け，2009年からは文化芸術創造都市推進事業が始まった。2013年には創造都市ネットワーク日本（CCNJ）が設立され2020年現在116の自治体が加盟している（CCNJ 公式サイト)。2014年には欧州文化首都の東アジア版ともいうべき「東アジア文化都市」(Culture City of East Asia）が始まり，毎年日中韓3ヶ国から選ばれた都市が文化交流を行っている（表3－1)。2017年には文化芸術振興基本法が改正され新たに「文化芸術基本法」が制定された。同法は「文化芸術そのものの振興に加え，観光・まちづくり・国際交流・福祉・教育・産業等文化芸術に関連する分野の施策についても新たに法律の範囲に取り込む」と文化を活かした地域づくりの重要性を強調している。

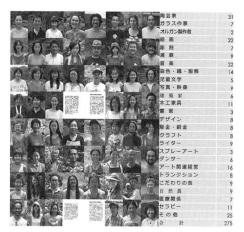

| | |
|---|---|
| 陶芸家 | 31 |
| ガラス作家 | 7 |
| オルガン製作者 | 2 |
| 絵画 | 22 |
| 彫刻 | 7 |
| 演劇 | 9 |
| 音楽 | 22 |
| 染色・織・服飾 | 14 |
| 児童文学 | 5 |
| 写真・映像 | 9 |
| 建築家 | 6 |
| 木工家具 | 11 |
| 書家 | 3 |
| デザイン | 8 |
| 彫金・鍛金 | 8 |
| クラフト | 8 |
| ライター | 9 |
| スプレーアート | 3 |
| ダンサー | 6 |
| アート関連経営 | 16 |
| トランジション | 8 |
| こだわりの食 | 9 |
| 自然農 | 9 |
| 医療関係 | 7 |
| セラピー | 11 |
| その他 | 25 |
| 合計 | 275 |

**図３－２**　移住した芸術家たち

出所：（一社）藤野エリアマネジメント提供

日本政府は2018年３月に「文化芸術推進基本計画――文化芸術の『多様な価値』を活かして，未来をつくる」を閣議決定した。そのなかで「今後の文化芸術政策の目指すべき姿」として「文化芸術に効果的な投資が行われ，イノベーションが生まれるとともに，文化芸術の国際交流・発信を通じて国家ブランドの形成に貢献し，創造的で活力ある社会」を形成することが目指されている。

このような文化政策の発展・変容のなかで文化庁は，「新・文化庁」ともいうべき大きな改革を行いつつある。従来文化振興は文化庁単独で担ってきたが，関係府省庁で構成する「文化芸術推進会議」を設置し，文化庁に閉じないより強力な体制を構築したのである。また2017年４月には新たに「地域文化創生本部」を京都市上下水道局旧東山営業所に設置した。さらに2022年をめどに旧京都府警本部本館へ文化庁の全面移転を予定している。

このように，戦後社会教育行政の一環として始まった文化政策は，教育的側面を重視する施策から次第に芸術文化振興政策へと推移し，先進的自治体による総合行政としての文化行政はいまや国にも採用され，政策全般が文化による地域創生を志向する創造都市政策へと大きく梶を切ってきたことを確認しておきたい。

## 3　若者の地方移住と創造農村

### 旧藤野町と大山町

次に，創造的人材が集まる創造農村[13]の可能性を考える。創造都市ではなく創造農村に着目するのは，既述したように創造経済の時代には人々の創造性が最も重要な経営資源となること，来たるべき地域社会ビジョンは国ではなく地方から，人口の多い都市部ではなく過疎の農山村から生まれてくる可能性が高いと考えるからだ。そこで，創造農村の事例をふたつ紹介する。

神奈川県旧藤野町（2007年に相模原市へ併合）は，神奈川，山梨，東京の県境にある人口約8,000人強の中山間地域である。県の水源である相模湖を抱えているため，企業誘致や住宅開発が制限されており発展から取り残されてきた。

戦時中は藤田嗣治など芸術家が疎開していた地域であったことから，神奈川県主導で芸術家村づくりが始まり（1986年），これをきっかけとして芸術家など多くの人が移住してき始めた（図3-2）。現在まで400人近く芸術家など創造的人材[14]が暮らしており，年中さまざまなイベントが開催されるだけでなく，地域にさまざまな変化が起きている（表3-2）。

1990年代になると，在日オーストリア大使館の支援のもとアーティスト・イン・レジデンスが始まり，長年途絶えていた村芝居も復活した。神奈川県も県立藤野芸術の家をオープンさせるなど，アートの活動は地域のイノベーションを誘発していく。さらに「永続可能な農業をもとに永続可能な文化」を築くことを説くパーマカルチャー・センター・ジャパンの日本で最初の拠点の開設や，日本初のシュタイナー学園（小中高一貫校）の開学，地元の資源を活用した持続可能な社会への移行を目指す日本初のトランジションタウンの発足などさまざまな出来事が連続し，人口減少にも歯止めがかかるなど大きな成果をあげている。

藤野町の特徴は，中心の無いネットワークが機能していることである。そこには全体を統括するリーダーはいない。小さな活動グループが多数存在し，そ

**表3－2**　旧藤野町年表

| 年 | 出　来　事 | 民・官 | 領域 |
|---|---|---|---|
| 1944 | 疎開画家の存在 | | アート |
| 1947 | 相模湖完成 | | |
| 1955 | 昭和の町村合併 | | |
| 1985 | 第1回陣馬相模湖音楽祭 | 民 | アート |
| | 第1回疎開画家展 | 町 | アート |
| 1986 | いきいき未来相模川プラン | 県 | アート |
| 1988 | 第1回森と湖からのメッセージ事業 | 県 | アート |
| 1989 | 砂の曼陀羅 | 民 | アート |
| | ワールドスパイス | 民＋町 | アート |
| | 風 の 声 | 民 | アート |
| 1991 | 第1回　復活村歌舞伎 | 民＋町 | アート |
| 1992 | オーストリア・アーティスト・イン・レジデンス | 町＋国 | アート |
| 1993 | 第1回　人形浄瑠璃 | 民＋町 | アート |
| 1994 | サニーサイドウォーク | 民 | アート |
| 1995 | 神奈川県立藤野芸術の家完成 | 県 | アート |
| 1996 | パーマカルチャー・センター・ジャパン開設 | 民 | 農業 |
| 1998 | オーストリア生誕1000年祭 | 民＋町＋国 | アート |
| 1999 | 藤野ぐるっと陶器市 | 民 | アート |
| 2001 | ふじのキッズシアター設立 | 民 | アート |
| 2002 | 牧郷ラボ | 民 | アート |
| | 篠原の里開設 | 民 | アート |
| 2005 | 藤野町最後の町長選挙 | | |
| | シュタイナー学園開校 | 民＋町 | 教育 |
| 2007 | 新相模原市誕生 | | |
| 2008 | 里山長屋 | 民 | 生活 |
| 2009 | ふじのアートヴィレッジ | 民 | アート |
| 2011 | 日本第1号「トランジションタウン藤野」発足 | 民 | 生活 |
| | ギャラリー「studio fujino」開設 | 民 | アート |
| 2013 | 藤野在宅緩和クリニック開設 | 民 | 医療 |
| | 農家レストラン「百笑の台所」開設 | 民 | アート |
| 2014 | サンヒルズホテル跡地工房 | 民 | アート |
| 2015 | 東南アジアシュタイナー教育関係者国際会議 | 民 | 教育 |
| | (株)藤野倶楽部設立 | 民 | 農業 |
| | 横田宗隆オルガン工房開設 | 民 | アート |
| 2016 | JAPANESE TEXTILE WORKSHOPS | 民 | アート |
| 2017 | 農家民泊「中丸」 | 民 | 生活文化 |
| | ギャラリー「百笑の台所」開設 | 民 | アート |
| | 地ビール工房開設 | 民 | 農業 |
| | BIO 市開催 | 民 | 農業 |
| | フェアトレード「ライトハウス」開設 | 民 | 国際交流 |
| 2018 | ギャラリー「BC 工房」開設 | 民 | アート |
| | 横田宗隆オルガン工房　2号館開設 | 民 | アート |
| 2019 | アーティストインレジデンス「ゆずの里」開設 | 民 | アート |
| | 藤野陶器市20周年 | 民 | アート |
| | クリエイティブ　キャンプ開設 | 民 | |

出所：(一社) 藤野エリアマネジメント提供

れらが一部重なり合いながらつながっているという非常に特徴的な構造を持っている。

次に紹介する鳥取県大山町は，中国地方最高峰の大山のふもとの農業地帯である。人口は2006年から2016年までの10年間で16％減少した（2020年の人口は15,000人）。同町内逢坂地区にある廃業した病院である旧馬淵医院が2013年にコミュニティ・スペース「まぶや」としてオープンした。20年間空き家になっていた場所がコミュニティ・スペースとしてオープンしたのは，鳥取県が全県的に展開するアーティスト・イン・レジデンス事業「暮らしとアートとコノサキ計画」がきっかけだった。この一環として「大山アニメーションプロジェクト」が始まる。このプロジェクト代表の大下志穂や彼女とともに活動する地域づくり団体「築き会」が物件オーナーに相談したところ，町の推薦もあったことから土地建物が町に寄付されることになった。

まぶやは，アーティストの滞在制作機能以外にも「大山町移住交流サテライトセンター」として移住促進にも取り組んでおり，2013年度から2016年度までの４年間に44世帯113人の移住者を受け入れた実績を持っている（こっちの大山暮らし公式サイト）。2015年にはシェアハウス「のまど間」（旧民家），2016年には居酒屋・カフェ・ゲストハウス「TEMA-HIMA」（旧民家），子どものための遊び場「冒険遊び場きち基地」（旧保育所），芸術体験を通じた学びの場「大山ガガガ学校」（旧長田小学校分校），2017年にはスタジオ「妻木ハウス」がオープンしている。このようなさまざまなプロジェクトのプラットフォームとして女性を中心としたクリエイティブチーム「こっちの大山研究所」も2013年に活動を開始した。

旧藤野町や大山町では創造的人材が集まり，彼らの交流のなかから生まれるさまざまなアイデアが，アートを超えて地域にイノベーションを誘発している。アーティストは地域イノベーションの触媒の役割を果たしうるのである。大山町では人口の社会増が社会減を上回るようになった。

### 現代のレミングたち――都市から地方へ移住する若者

いま都会から地方・田舎へ移住する若者が増えている。NPO 法人ふるさと回帰支援センターの移住相談者年齢構成を見てみると，2008年では50歳代以上が約70％を占めていたが，2019年では67％が40歳代以下となり，地方移住の主体が中高年層から若者へ逆転した。例えば2018年度に県外から鳥取県へ移住した2,157人のうち68.5％が30歳代以下で，移住者の48.5％は鳥取県出身ではないＩターン者である（鳥取県 2018）。総務省の「田園回帰に関する調査研究 中間報告書」によると20歳代の若者が地方移住を希望する理由として，「気候や自然環境に恵まれたところで暮らしたいから」（49.8％）がトップとなっている。

筆者が，かつて鳥取県に移住してきた若者20人ほどにインタビューを行った際，そこには共通する価値観が見られた。空き家を DIY で改修し自分好みの空間を作ったり，シェアハウスなどに住みながら，野菜の自給や物々交換といったお金をあまり使わない生活を望む価値観である。前述した旧藤野町では地域通貨「萬」が流通している。全国的には貨幣型地域通貨は減少しているといわれるが，貨幣型ではなく通帳型地域通貨の萬は約400人のユーザーによって支えられ地域経済に貢献している。利用者は，モノやサービスの交換を行う場合，何かをしてあげたときはプラス，してもらったときはマイナスの値段をそれぞれの通帳（何萬か）に自分で記入する。そのような対面型の取引を通じて自然に顔の見える関係が地域内に広がっていくという。

都市と比べると地方は雇用機会が少ないが，農業とデザイナー，家庭教師と店舗経営といったマルチジョブも多く見受けられる。ここに見られるのは，モノを所有するのではなく共有し（共有経済），貨幣経済や消費経済から脱出し（贈与経済），地域コミュニティのなかでソーシャルキャピタルを蓄積することで，ゆったりのびのび暮らす，とでもいうライフスタイルである。自然豊かな田舎で子供を育てたいという価値観も共通している。

都会から移住してきた若者は，移住先で楽しくて充実した生活を求めているが，そこに不可欠なのが親しい仲間たちがいるコミュニティの存在である。移住者は，コミュニティのメンバーとして地域に関わろうとする。コミュニティには，自分の居場所と役割があり，「関わりしろ」があって自分がやりたいことができる環境が整っていることが理想である（移住者は地域貢献への高い志を潜在的に持っている）。そうした環境は人口が多く競争相手もいる都会より地方の方が実現しやすいと考えられる。資本主義の終わりが始まった現代において，現代のレミング(15)は都会から田舎へ向かい始めたのではないだろうか。

### 創造農村形成のメカニズム

若者の田舎移住は地域にどのような変化をもたらすのか。移住による地域の変容メカニズムと移住者が地域に溶け込み，地域にイノベーションを起こす「創造農村」のメカニズムについて考察する。

過疎地では，少子化，人口減少，空き家や耕作放棄地の増加，買い物難民の発生などコミュニティや住民の日常性が維持できなくなりつつある。誰でもいいから若者が来て，コミュニティの歯車として機能して欲しいというのが本音だろう。

一方，地方へ移住する若者は，都会では実現困難だけれど自分がやりたいこと（仕事，作品制作，自然の中での子育て）をするために田舎へ越してくる。しかし，都会と比べると保守的・閉鎖的とされる地方では強固な地縁・血縁が形成されており，部外者を排除する傾向も強い。排除しないまでも地域のしきたりや慣習を移住者にも強制する傾向がある。これに嫌気がさして地域を離れる移住者が多いのは事実である。

当然ながら，若者に定住してもらい地域活動に参加して地元を元気にしたい受け入れ側と自己実現や子育て環境を求めてやって来た移住者側の間にはギャップがあるのかもしれない。このギャップを埋めるにはどのようなことが必要とされるだろうか。そのポイントを列挙する。

#### ① Ｉターン者の活力を引き出す

サントリー文化財団が2011年に実施した，UIターンに関する調査（苅谷編著 2014：172）では，ＵターンよりもＩターン者の方が地域活動への参加頻度が高いことが明らかにされている（週に１度参加と月に１度参加の合計でＵ＝35.8%，Ｉ＝43.8%）。Ｉターン者の旺盛な地域活動への参加意欲を活かし，彼らに「関わりしろ」を提供することで，彼らの活動が地域づくりにプラスに働く可能性は高い。Ｉターンはすなわち主体的に移住先を選んできたわけで，Ｕターンよりも，地域を良くしようという意識が元々旺盛であると考えられる。

一方で，「住み続けたい」という定住意識についてはＩターンの方が12.6%低くなっている（Ｕ＝71.1%，Ｉ＝58.5%）。つまり，地域に希望が見いだせなくなったら，Ｕターンとは異なり次の目的地へと簡単に去ってしまう。したがって，Ｉターン者のモチベーションをいかに維持・向上させるかが課題となる。

② 創造的人材に着目する

芸術家，デザイナー，IT エンジニアなどの創造的人材の誘致は重要である。彼らの創造活動は生活の一部であり，その多くが仕事場＝住居を自ら DIY するので，リノベーションコストは最小で済む。また，彼らの活動（例えば，アーティストの作品制作など）は人を呼び寄せる効果を持つため，交流人口の拡大につながり，ひいては定住にも効果的である。事実，前述した大山町ではアート活動が発端となり移住者が増えている。

③ アーリーアダプターの存在

創造的な人材や若者が地域に定着し，彼らの活躍を保障するには，移住者の長所をいち早く評価し，まわりにその価値を伝達する「アーリーアダプター」という役割が必要である。それは，とかく理解されにくい創造的人材の価値をいち早く見抜き，その価値を地元住民に伝え，移住者を地元が受け入れるように条件整備を行う人のことである（清成ほか編 1986）。

若者の流出が続く地方・田舎では，住民の高齢化とメンバーの固定化が進み，新しいアイデアは生まれにくくなる。しかし，そこに少数でも創造的人材が移り住み，自由な発想で新しいことを始めると，そこにはある種の磁場が生まれ，「臭い」をかぎつけた若者がさらに集まってくる。移住者が開業するカフェがそのような機能を果たす場となることもあるだろう。そこから地域に活気がよみがえってくる。創造的人材の移住が地元に新しいアイデアを提供する。

ここで重要なポイントは，アーティストなど創造的人材は自己実現を求めて移住してくるわけだが，彼らが一定のボリュームに達した段階で，彼らが醸し出す自由な気風が地域へと波及し，地域の文化的環境を変えていく。そこから，アートに限らない新しい価値創造が連鎖的に起こるようになる。次々にさまざまな分野・地域で新しい取り組み・事業・活動が始まる。このことは，30年以上にわたる旧藤野町の歴史が示している。アーティストなど創造的人材は地域をクリエイティブに変革する触媒の役割を果たすことができるのである。

## 4　資本主義の終焉と AI 時代

創造経済には負の側面もある。不安定さもそのひとつで，誰もが同じように創造性を発揮することは難しいということである[16]。フランスの経済学者D.コーエンは，工業時代は人々の「労働力」が搾取されていたが，AI 時代は「創造性」が搾取されると言っている（NHK 2018）。不安定さは格差の原因でもある。現在世界で最も裕福な８人と，世界総人口のうち経済的に恵まれていない36億7,500万人の資産額がほぼ同じである。このような極端な格差の是正と，より公平なシステムの構築が求められるが，行き過ぎた資本主義を「修正」するのではなく，資本主義の終わりの始まりに直面しているわれわれにとって文明史的な問いの立て方が求められているのではないか。

経済学がその指標を経済価値だけに求める時代は終わり，使用価値，文化的・社会的・環境的価値を重視し，これらを取り込んだ新しい経済発展の概念を構築することが求められている。水野和夫は，資本主義とは「周辺」つまりフロンティアを広げることによって「中心」が利潤率を高め，資本の自己増殖を推進していくシステムであるとした上で，現代の資本主義は，ゼロ金利，ゼロ成長，ゼロインフレに到達しており，成長が止まったと論じている（水野 2014）。またセルジュ・ラトゥーシュは，近代社会は「経済」という宗教に帰依しており，そのパラダイムからの脱出が必要だと言っている（Latouche 2003＝2010）。つまり，経済成長や開発・発展を環境に優しく社会的で公平なものにつくりかえるのではなく，経済という宗教から目覚め（成長神話からの脱却）反成長の定常経済社会を構想することが必要だというのである。

このように，成長を前提とした資本主義が終わりをむかえつつある現在（Harvey 2014＝2017），ポスト資本主義社会における新しい人間の生き方，価値とは何かが問われている。これまで人々に求められた「労働力」の大半は AI やロボットに代替されるだろう。2013年オックスフォード大学のフライとオズボーンは，アメリカの仕事の47％が無くなる可能性があるという研究結果を発表した（Frey and Osborne 2013）。またマーチン・フォードは，AI などの機械化による雇用喪失は，ルーチンワークより知識労働の方が先にやって来ると述べている（Ford 2009＝2015）。

そうした時代にはワークシェアリングやベーシックインカムの議論が巻き起こるだろう。そのとき，人間は，モノを作ることから次第に文化を作ることに移行する。ちょうど古代ギリシャでは，仕事は奴隷が行い，市民は学問，アート，教育，社会活動に専念したように。ケインズは，テクノロジーの発展により将来「技術的失業」が生まれるため「３時間労働制」社会が到来するだろうと予測した（Keynes 1930）。

ポスト2020年の日本の新たな地域社会のモデルとして，新たな文化・知識・価値を創造しクリエイティブな活動が継続的に起きる地域には人々の注目が集まるようになるだろう。変化は，国ではなく地域から，それも利害や規制など従来のシステムに強く拘束された大都市からではなくクリエイティブな活動が息づく農村など過疎地から起きてくるだろう。新型コロナウイルスの蔓延により本格化したリモートワークの拡大などのため，特に若者の首都圏離れが加速し，2020年夏頃から東京都の人口が減少に転じた。地域のイノベーションを先導するのは，アーティストなどの創造的人材である。彼らが集住する地域から次々と地域創生に向けた動きが生まれてくるのではないか。

## 注

(1)　玉野井芳郎は，地域科学について「近代化論」とうらはらの上からの開発であると批判している（玉野井 1977：235）。

(2)　革新自治体とは，旧日本社会党や日本共産党などの革新勢力が首長となった地方自治体を指す。

(3)　戦前戦中の政府による統制といった負のイメージを持つ「文化政策」という用語は1989年まで公式には使用されなかった。

(4)　京都市（1958年），京都府（1966年），宮城県（1971年），北海道，大阪府（ともに1973年），兵庫県（1975年），埼玉県（1976年），神奈川県（1977年）など。

(5)　行政の文化化の思想の真髄は，表現形態を変えながら1990年代の改革派知事の取り組みのなかに受け継がれていく（野田 2014）。

(6)　美術館設置にはその根拠法として博物館法（1951年）があるが，文化会館などホール系施設の根拠法は長年にわたり存在しなかった。

(7)　国際文化経済学会はアメリカで1973年に設立された。文化経済学会〈日本〉に続き，日本アートマネジメント学会（1998年），日本文化政策学会（2006年）などが設立される。

(8)　イギリス政府はこのような取り組みを「クールブリタニア」とよび，国家のブランディングを推進した。

(9)　Adorno and Horkheimer（1947）は「文化産業」という用語を初めて使用したが，資本主義社会における商品化された文化という意味で批判的に用いた。

(10)　創造産業の決まった定義はないが，例えば国連貿易開発会議（UNCTAD）は，文化産業にファッション，ソフトウエアなどクリエイティブな商業的製品を加えたものを創造産業としている（UNCTAD 2010）。

(11)　Google, Amazon.com, Facebook, Apple の頭文字による造語。それぞれの分野のプラットフォーマーとして他者の追随を許さない独占的企業となっている。

(12)　2020年時点で日本は同条約を批准していない。

(13)　小都市や町村あるいは特定の地域で，創造都市と同様な特徴を持った自治体や地域を創造農村と呼ぶ。

(14)　アーティストの他，デザイナー，技術者，シェフなど新たな価値創造を行う人材。

(15)　北極周辺に生息するネズミの一種（和名タビネズミ）。個体数が増加すると，集団移住を始めると考えられている。

(16)　しかしこれは，創造性が一部の人にしか無いということではない。人は誰でも生まれつき創造性を有しているが，成長するに従ってそれを失っていくと考えられている。誰でもが創造性を発揮できるような社会の実現を目指さなくてはならない。

## 文献


Adorno, Theodor W. and Horkheimer, Max, 1947, *Dialektik der Aufklarung : Philosophische Fragmente*, Querido Verlag, Amsterdam.（＝2007，徳永恂訳『啓蒙の弁証法』岩波書店。）

Andersson, Åke E., 2011, "Creative people need creative cities," in David Emanuel Andersson, Åke E. Andersson and Charlotta Mellander ed., *Handbook of Creative Cities*, Edward Elger, pp. 14-55.

Bianchini, Franco and Parkinson, Michael ed., 1993, *Cultural Policy and Urban Regeneration : The West European Experience,* Manchester University Press.

文化庁，2005，『我が国の文化行政 平成16年度』文化庁。

Drucker, Peter, 1993, *Post-Capitalist Society*, Harper Collins Publishers.（＝1993，上田惇生他訳『ポスト資本主義社会――21世紀の組織と人間どう変わるか』ダイヤモンド社。）

Florida, Richard, 2002, *The Rise of the Creative Class*, Basic Books.（＝2008，井口典夫訳『クリエイティブ資本論――新たな経済階級の台頭』ダイヤモンド社。）

Ford, R. M., 2009, *The Lights in the Tunnel : Automation, Accelerating Technology and the Economy of the Future*, Acculant Publishing.（＝2015，秋山勝訳『テクノロジーが雇用の75％を奪う』朝日新聞出版。）

Frampton, Kenneth, 1983, "Towards a Critical Regionalism," Hal Foster ed., *The Anti-aesthetic : Essays on postmodern culture*, Bay Press.（＝1987，室井尚・吉岡洋訳「批判的地域主義に向けて」『反美学』勁草書房。）

Frey, Carl Benedikt and Osborne, Michael A., 2013, *The Future of Employment : How Susceptible are Job to Computerisation?*, Oxford Martin School (carl.frey@oxfordmartin.ox.ac.uk).

Garcia, Beatriz and Cox, Tamsin, 2013, *European Capital of Culture : Success and Strategies and Long-Term Effect, European Parliament*, European Parliament.

Harvey, David, 2014, *Seventeen Contradictions and the end of Capitalism*, Oxford University Press.（＝2017，大屋定晴他訳『資本主義の終焉――資本の17の矛盾とグローバル経済の未来』作品社。）

Hawkins, John, 2001, *Creative Economy*, The Penguin Press.

Isard, Walter, 1975, *Introduction to Regional Science*, Prentice-Hall.（＝1985，青木外志夫監訳『地域科学入門』大明堂。）

金子勝，2010，『新・反グローバリズム』岩波書店。

苅谷剛彦編著，2014，『地元の文化力――地域の未来のつくりかた』河出書房新社。

清成忠男・高寄昇三・田村明編，1986，『地域づくりと企業家精神』ぎょうせい。
清成忠男，2010，『地域創生への挑戦』有斐閣。
Keynes, J. M., 1930, *Economic Possibilities for our Grandchildren*, W.W. Norton & Co.（＝2015，山形浩生訳『わが孫たちへの経済的可能性』http://genpaku.org/keynes/misc/keynesfuture.pdf。）
Landry, Charles, 2000, *The Creative City : A Toolkit for Urban Innovation*, comedia.（＝2003，後藤和子監訳『創造的都市　都市再生のための道具箱』日本評論社。）
Landry, Charles, 2012, *The Origins & Future of the Creative City*, Comedia.
Latouche, Serge, 2003, *Survivre au développement*, Librairie Arthème Fayard.（＝2010，中野佳裕訳『経済成長なき社会発展は可能か？――〈脱成長〉と〈ポスト開発〉の経済学』作品社。）
松下圭一・森啓編著，1981，『文化行政――行政の自己革新』学陽書房。
水野和夫，2014，『資本主義の終焉と歴史の危機』岩波書店。
宮本憲一・横田茂・中村剛治郎編，1990，『地域経済学』有斐閣。
Mittag, Jurgen, 2012, "The Changing Concept of the European Capital of Culture : between the endorsement of European identity and city advertising," Kiran Klaus Patel ed., *The Cultural Politics of Europe : European Capitals of Culture and European Union since the 1980s*, Routledge.
内閣官房，1980，『大平総理の政策研究会報告書――１文化の時代研究グループ報告書』。
長洲一二，1978，「『地方の時代』を求めて」『世界』第395号：49-66。
NHK, 2018,「欲望の資本主義2018――闇の力が目覚める時」におけるダニエル・コーエンの発言（2018年１月３日放送，BS1）。
日本学術会議，2000，太平洋学術研究連絡委員会地域学研究専門委員会報告「地域学推進の必要性についての提言」。
野田邦弘，2008，『創造都市・横浜の戦略――クリエイティブシティへの挑戦』学芸出版社。
野田邦弘，2014，『文化政策の展開――アーツ・マネジメントと創造都市』学芸出版社。
坂井正義，1975，『地方を見る眼』東洋経済新報社。
佐々木雅幸，2012，『創造都市への挑戦――産業と文化の息づく街へ』岩波書店。
佐々木雅幸・川井田祥子・萩原雅也編著，2014，『創造農村――過疎をクリエイティブに生きる戦略』学芸出版社。
杉岡碩夫，1976，『地域主義のすすめ――住民がつくる地域経済』東洋経済新報社。

総合研究開発機構・上田篤編，1979，『都市の文化行政』学陽書房。
総務省，2017，「『田園回帰』に関する調査研究 中間報告書」。
玉野井芳郎，1977，『地域分権の思想』東洋経済新報社。
玉野井芳郎，1979，『地域主義の思想』農山漁村文化協会。
鶴見和子・川田侃編著，1989，『内発的発展論』東京大学出版会。
鳥取県とっとり暮らし支援課，2019，「鳥取県への移住状況について（平成30年度：確定値）」。
UNCTAD, 2010, *Creative Economy Report 2010, A Feasible Development Option.*（＝2014，明石芳彦他訳『クリエイティブ経済』ナカニシヤ出版。）

シュタイナー学園公式サイト（https://www.steiner.ed.jp　2019年5月5日確認）
創造都市ネットワーク日本（CCNJ）公式サイト（http://ccn-j.net　2019年5月7日確認）。
こっちの大山暮らし公式サイト（http://www.daisenlife.com　2019年5月5日確認）。
鳥取大学地域学部公式サイト（http://www.rs.tottori-u.ac.jp/faculty/idea/index.html　2019年5月5日確認）。
トランジションタウン藤野公式サイト（http://ttfujino.net　2019年5月5日確認）。
Royal de Luxe 公式サイト（http://www.royal-de-luxe.com/en/　2019年3月4日確認）。

*Column*

## イトナミの創造

大下志穂

鳥取県西部にある霊峰大山を望む地域を活動拠点に，「地域」と関わりながら，さまざまなアートプロジェクトに取り組むようになって2019年で７年目を迎える。

大山という営みの場で，創造的活動を実践・探究し，イトナミそのものをアートする。これが私たちのコンセプト「イトナミダイセン」。

「地域」と関わりながらといっても，最初の３年は，「地域づくり」の本質がまったくわからないまま，「アート」を持ち込むことで自然と地域は元気になるじゃないかと思っていた。地元のまちづくり団体と連携し，「地域づくり」という大義名分のもと，おこがましくも自分たちのやることは意義あることだと，より多くのひとを巻き込んで参加してもらうことに力を注いでいた。作品制作は別として，「地域づくり」の部分では，創造性の余地が少なく，従来の半強制的なやり方に近かったため，年を重ねるごとにお願いしてやってもらうやり方に限界を感じ始めた。

３年経とうとした頃，根本的な間違いに気がついた。そもそも，その地域に住む人間が，地域コミュニティの中でやりたいことを実践していること自体が「地域づくり」なのだということに。つまるところ，「地域づくり」という事業はいらないのだ。

そう思えるようになってからは，自分ごととして自主的に関わってくれる仲間でプロジェクトを進めるやり方に切り替えた。おのずと少数精鋭となった。従来のやり方のときは，１年で１組のアーティスト・イン・レジデンスに取り組むのが精一杯だったのが，切り替えた翌年には，３組になり，さらに次の年には，いくつかのプロジェクトを年間を通して実施するようになった。そして，2018年には，約15組のアーティストを迎え入れ，通年で大小さまざまなプロジェクトを企画・実施し，さらに秋には藝術祭を開催するまでになった。

自主性は創造性を帯び，余白ができたことで，それぞれが足りない部分+$\alpha$を進んでやる体制が数年で自然とできあがっていった。

それと並行して，人の営みそのものがアートなのに，「暮らし」と「アート」が分断されてしまうことを歯がゆくも感じていた。「暮らし」と「アート」の境界線をなくし，地域の人々がそれを「イトナミ」として楽しむためにはどうしたらよいのか。それを知るためには，自分の日常と密接につながる地域コミュニティ，すなわち「居住地」に「アート」を持ち込み，やがて「アート」が「イトナミ」という暮らしそのものになっていくさまを身をもって体験する必要があると思った。それこそが「イトナミダイセン」の実践であり，「イトナミダイセン藝術祭」を自分の住む集落で開催することでもあった。

私が住む長田集落は，孝霊山という山を背になだらかな稜線で日本海までを見渡せる眺めのよい高台に位置する農村集落で49戸，140人余りが暮らす。日本でも最大規模の弥生遺跡に隣接しており，古代よりさまざまな人々が行き交い，混じり合い営んできた歴史を持つ。

藝術祭の開催に踏み切ったのは，私が空き家を借りてこの集落に住み始めて６年目のことだった。集落の中には廃校となった分校の校舎が残されており，2016年からはその分校の保存・活用を目的として，大人も子どももアートに触れられる場「大山ガガガ学校」を開催していた。また，同じ集落内には，古民家を改装してレジデンスやカフェ，イベントスペース，ギャラリーとして家を開放してくれる仲間もおり，さらに歴史ある神社やお寺も集落内にあるので，藝術祭を開催できるだけの魅力的な場が偶然にも揃っていた。それまでの活動でツーカーな関係を築いたスタッフにも恵まれ，また集落役目や神社やお寺の当番，スポーツ大会出場など通して集落づきあいでも徐々に距離を縮め，「藝術祭」をやりたいと申し出ても，「がんばれよ！」といってもらえるほどに機が熟したのが2018年。

初年度にもかかわらず９日間にも及ぶ藝術祭を開催。プログラム参加者数は予想をはるかに超えた約2,600人。まちを歩きながら，長田集落の空気感や昔ながらの風景，日常の暮らしを味わいつつ，アート作品も楽しむいう風情の藝術祭となった。

集落に住む全員に声をかけてひとりひとりを撮った『ポートレイトプロジェクトNAGATA』と写真集，お家を開放してもらって自分の作品を展示してもらうお家ギャラリーなど，普段はアートと無縁の方々にも仕掛け人や主役として参加してもらい一緒に祭を楽しんでもらった。

この藝術祭を通してあらためて見えてきたものは，古代からこの地で受け継がれてきた伝統のあり方。先住の民に移住の民が交わることで生まれる創造エネルギー。移住の民は，その地の一員として伝統的暮らしを学びつつ，新しい地で生きていくという熱とともに新しい風（技術や文化芸術）をもたらし，月日を経て，風土となっていくということ。伝統は，決してひとつの民族のひとつの価値観で築きあげられたものではないこと。自分たちのオリジナルと思っているものも外の世界からもたらされているものかもしれないということ。そういった意味で伝統とは開かれたものであり，創造の交わりの積み重ねである。それが経験として学べたイトナミダイセン藝術祭2018。

地域をつくることは，住人になること。住むことは営むこと。営むことは創造すること。地域に根ざして，新しいイトナミを創造することを続けたい。

▲参加アーティストと主催者による毛文字作品「いとなみ」

# 第Ⅱ部

## つくるためのクリエイティビティ

## —事例編 1—

第4章

# 地域とともに未来を創る劇場を目指して

——鳥取県鹿野町 NPO 法人鳥の劇場の挑戦

五島朋子

## 1 「新しい広場」としての劇場

本章では，劇場という創造の場が，地域社会とどのように結びつき，社会的な価値を提供できるのか，鳥取県の事例をもとに検討する。

日本には，地方自治体によって整備されたホールや会館（公立文化施設）が，2,000館以上ある。2019年7月現在の市町村数1,724を大きく上回っている。これらホール施設は，高度経済成長期の終わりである1970年代前半の最初の建設ラッシュには年間40館が，バブル経済期の影響が残る1994年には年間112館が新築整備された。公立ホールが日本のどこかに，毎週2館も竣工していた計算だ。その多くが，ホールを地域住民や興行会社などへ貸し出すことを主目的とし，舞台作品を創造する専門家は不在のままであった。立派な舞台機構や音響・照明設備が整備されていても，舞台作品を創造する組織や専門家が，公立ホールには欠けていると長らく批判されてきた（中川 2009，清水 2006）。

1990年代以降，行政から事業費が配分され独自に企画を立てて演劇や音楽などの舞台作品を製作・プロデュースする公立文化施設が登場し，貸し館を中心とするそれまでの公立ホールに対し「創造型劇場」と呼ばれるようになった。しかし，作品創造の核となる劇作家や俳優・演出家，また舞台技術や舞台美術などを担う専門家やアーティストは，関連産業の多い大都市に集中しており，地方の公立ホールは大都市で創られた舞台作品を購入する受け皿に留まるか，東京など地域外から専門家を招くしかない。

2012年に文化芸術振興基本法（2017年6月に文化芸術基本法と改正された）を基本理念として，「劇場，音楽堂等の活性化に関する法律」が制定される。「活性化」という言葉が，日本のこれまでのホール施設の「不活性」ぶりを皮肉にも示している。法律の前文は，劇場や音楽堂が地域の文化拠点であること，またすべての人にとって心豊かな生活を実現するための場としての機能を持つことを謳う。さらに劇場・音楽堂は，「人々の共感と参加を得ることにより『新しい広場』として，地域コミュニティの創造と再生を通じて，地域の発展を支える機能も期待されている」と，芸術愛好家や芸術家のためだけではない公共的な役割があると主張する。では，「新しい広場」としての劇場は，どのような専門家と場によって成立するのだろうか。

本章では，演劇創造の専門集団である「劇団」が，演劇生産の中心の東京から遠く離れた地方都市で，地域に必要とされる「劇場」を模索していく姿を跡付け，地域と劇場の関係について考察する。

## 2　モデルなき劇場の模索

### 劇団が運営する劇場「鳥の劇場」

鳥取市鹿野町を拠点に活動する「鳥の劇場」は，劇団名であると同時に，活動拠点となる劇場名でもある。2019年4月現在のメンバーは，代表で演出家の中島諒人（まこと）（1966年生）を含め16名で，年齢層は20代から60代，全員が鳥取県内に居住し，専従で劇場の活動に携わっている。それぞれが，俳優，舞台技術，音楽，制作などの中から，複数の役割を受け持ち劇場を運営している。年間の事業費は，メンバーの人件費も含めて，2018年度は約9,000万円，そのうち約40％が補助金，約20％が県など公的団体からの受託事業費と，活動資金の6割程度は公的資金で，チケット収入は10％未満である。年間の演劇公演の観客のうち鹿野町住民は10％程度で，そのほか鹿野町を除く鳥取市内の住民が5割を

**図4－1**　鳥の劇場外観（左が耐震改修後の体育館，右が連結する幼稚園舎）

出所：鳥の劇場

占めている。鹿野町内および鳥取県内各地での小中学校等へ出向いて行う公演・普及活動も含めて，公演やワークショップなど劇場が行う事業への参加者数は，近年は年間延べ1万5,000人前後を数える。

鳥の劇場は，鳥取市出身の中島が東京での演劇活動に見切りをつけ，地方都市に拠点を移そうと，2006年に帰郷したことに始まる。稽古と作品上演ができる活動場所を，自治体の協力を仰いで探し，2006年4月から鹿野町にある廃校となった旧町立鹿野小学校の体育館が使用できることになった。同年7月からは，体育館と隣接する旧町立鹿野幼稚園の園舎を鳥取市から無償で借りることができ，事務所や楽屋として利用している（図4－1）。旧鹿野小学校は2001年に，旧鹿野幼稚園は2005年に，それぞれ統廃合されていたが，体育館は，近接する鹿野中学校が部活で時折使用していた。そのため，当初は稽古と公演期間のみの一時的な借用で，公演が終わると組み立てた座席や舞台セットを撤去する必要があった。オープニングプログラムと銘打って，2006年9月から12月まで毎月演劇を上演したが，公演が終わると体育館に戻すという作業を創設メンバー10名で毎月繰り返した。たいへんな労力だったが，中島は，上演する場所で稽古ができるという，東京の感覚でいえば「ありえないぜいたくさ」に感動し，とにかく作品作りに集中できたという。2006年当時，中島以外のメンバーはまだ東京や高知などに居住してアルバイトで生計を立てており，稽古や公演の時だけ鳥取に来ていた。

2007年に，建物を所管する鳥取市教育委員会と地域住民の了解が得られて，体育館を専有使用できることになった。大きなガラス窓に遮光シートを貼り，階段状の常設座席を作り，天井を黒く塗って袖幕を設置し，床のバスケットやバレーコートの線はリノリウムで覆って見えなくした。メンバーの手によって少しずつ手が加えられ，外観は昭和53年築の体育館だが，内部は本格的な劇場へと変化した。2008年には，「劇場の公共性が広く理解され，認知されること」を使命に掲げ，NPO 法人格を取得する。鳥取市は，鳥の劇場に体育館とそこに連結する旧幼稚園舎を無償貸与していたとはいえ，遊休施設の暫定利用という認識に過ぎず，芸術団体の誘致や，芸術活動による廃校活用といった積極的な政策意図は持っていなかった。

しかし，2009年に鳥取市の予算で，子ども用トイレしかなかった旧幼稚園舎に新しく洋便器の個室が設置され，不特定多数の来場者のための観劇環境が少し向上する。2010年には，行政財産から普通財産へ変更の手続きが取られ，劇場としての利用を鳥取市が正式に認めることとなった。さらに2015年には，鳥取市所有の建物にもかかわらず鳥取県と鳥取市がそれぞれ予算を計上し，耐震補強工事の実施が決定した。一民間組織が利用している普通財産に対して，県と市が数千万の工事費を支出することになったが，市議会では反対意見はひとつもなく，当時の担当課長が拍子抜けするほどあっさりと耐震補強工事の補正予算が認められた。劇場施設として整備するための工事ではなかったが，鳥の劇場の活動が公共的な価値を生み出していると認められたこと，またその継続的な運営を自治体が認める意思を示したことから画期的な出来事であったと言える。鳥の劇場が，鳥取で活動を始めてから10年目のことである。

### 演劇作品の創造を活動の核として

音響や照明などの設備は十分とは言えないが，本公演と同じ場所で時間を気にせず自由に稽古ができるという夢のような創造環境を得て，中島たちは精力的に上演活動を展開する。2006年9月からのオープニングプログラムでは，スイスの劇作家フリードリヒ・デュレンマットの悲劇的コメディ『貴婦人の訪問』（1953年発表），近代演劇の父とされるノルウェーのヘンリク・イプセンの『人形の家』（1879年発表），小説家としても知られるアルベール・カミュの『誤解』（1944年発表），そして三島由紀夫の『近代能楽集』（1956年発表）に収められた『葵の上』・『班女』の5作品を月替わりで12月まで一気に上演した。

近隣住民には公演案内のチラシと招待券を配布し，県内の新聞やメディアにもとりあげてもらい，延べ1,000人を超える観客が来場した。鹿野町民は間近で見る俳優の迫力に圧倒されたが，「よくわからなかった」「演劇は難しい」と戸惑いの声をあげる人も少なくなかった。しかし，毎月体育館に舞台や照明，客席を設置しては撤去するという作業を淡々と続けるメンバーの姿は，「ともかくよく頑張っている」と周囲を動かし，体育館の専有使用につながった。それによって年間を通じた活動を計画することが可能になり，県外からの観客や帰省客が来場しやすいゴールデンウィークや年末，そして2008年から始めた毎年9月の「鳥の演劇祭」期間に上演が組まれていく。

体育館の専有使用は，中島やメンバーにも意識変化をもたらす。劇団のための劇場という意識から，地域社会にとっての劇場という意識へと変化した。その表れとして，子ども向けの本格的な演劇作品が登場する。すでに2007年から，鹿野町内の小中学校生徒を上演に招いたり，絵本（ノルウェー民話）『3びきのやぎのがらがらどん』をもとにした作品を幼稚園で上演するなどの活動も行ってはいたが，子どもが劇場の観客として明確に想定されるようになった。東京のセグメント化された観客だけを対象にしていたときにはなかった作品作りだ。小さな町を拠点にすることで，劇場に足を運ばない住民が視野に入ってきたのだ。

2009年3月にはグリム童話『白雪姫』を舞台化する。鳥の劇場の俳優が演じる気迫に満ちた舞台は，童話といえども大人の鑑賞にも十分耐えうるものだった。七人の小人を一人の俳優が工夫を凝らして演じ分け，演劇的想像力を観客に要請する魅力ある舞台となり，その後，繰り返し上演される代表的な作品と

**図４－２**　レパートリー作品　魯迅作『剣を鍛える話』
出所：鳥の劇場

なっていく。また，ゴールデンウィークには「大人も楽しめる子どものための話」と題して，絵本や童話をもとにした作品を上演するほか，年末にはクリスマス向きの作品として『森は生きている』や『クルミわり人形とネズミの王さま』の上演が定番となった。待合の空間として使われる元幼稚園遊戯室が親子連れで賑わう様子は，いまや「鳥の劇場」らしい風景として定着した。

専属の劇団を持つ劇場の最大の特色は，このようにレパートリー作品を育て蓄積できることにある。ホールの貸し出しを中心としてきた日本の公立ホールや，創作のための場所を持たない劇団には，過去に上演した作品を繰り返し上演することが困難だ。舞台セットや小道具・衣装を保管しておく場所がないことや，時間をおいて同じ俳優やスタッフを集めるのが難しいことというように，演劇創造のための人材と劇場という創造と上演のための場所とが別々の組織として運営され，発展してきたからである。鳥の劇場は旧鹿野小学校校舎の一部を利用して，過去の舞台美術，大小道具，衣装などを整理し保管している。レパートリー作品は，劇場という創造の場が蓄積してきた資産と言える。

中島は，作品上演後に，観客との意見交換ができるアフタートークの時間を必ず設けている。演出家や俳優との直接のやりとりは，観客の作品に対する理解を深めるだけでなく，演出家や俳優自身にも新たな気づきや深化をもたらしているだろう。これまでに，『貴婦人の訪問』，『剣を鍛える話』（原作は魯迅の短編小説「鋳剣」）（図4-2），『葵の上』などが繰り返し上演され，レパートリーとなっている。上演するたびに，観客は演出の変化，俳優の変化を楽しんだり，また戯曲に描かれた物語の普遍性に気がつくこともあるだろう。このような作品のレパートリー化が，観客と劇場を育てると同時に鳥の劇場がほかの劇場や海外とつながる契機ともなっている。

### 劇場を開いていく「鳥の演劇祭」

劇団「鳥の劇場」の専有劇場を，ほかの劇団や，専門家と住民がともに作る舞台作品の上演機会となっているのが，2008年から始まった「鳥の演劇祭」だ。文化庁，鳥取県，鳥取市の補助金を得て，毎年概ね9月の第1週末から2週間，3回の週末に上演やイベントが行われる。[(1)]

年によって上演作品数に変動はあるが，中島がプログラム・ディレクターとして選んだ国内外の10前後の作品が複数回上演される。演劇以外にも，ダンス，人形劇，サーカスなど，上演される作品のジャンルも幅広い。また，中国や韓国，インドネシアなどアジアをはじめ，イギリス，フランス，フィンランド，ルーマニア，アメリカなどさまざまな国を拠点とする劇団やダンスカンパニーが招かれてきた。会場も鳥の劇場以外に，旧鹿野町庁舎議場や，観光交流施設「童里夢（どりーむ）」といった建物を上演会場に利用したり，河川敷に野外劇場や運動場にテント劇場が設けられたこともある。観客は，これらの会場を移動しながら，1日に3，4作品が鑑賞できる。演劇祭というフェスティバルならではの楽しみだ。また，海外や県外から招聘される俳優やパフォーマーたちとの距離も近く，劇場のカフェや町なかで交流する機会も多い。

期間中の来場者数は，シンポジウムやレクチャー，パーティなど上演以外のイベントも含めて，延べ2,000～3,000人を数える。国内外のさまざまなジャンルの作品を提供することで，舞台芸術の面白さを広く共有するのはもちろん，異なる価値観との出会いや関心の喚起という劇場の役割を際立たせている。

近年の演劇祭プログラムは，一般市民とダンスや演劇の専門家とがともに作る「コミュニティで作られた作品」の上演数が増えている。なかでも特徴的な活動に「とりっとダンス」がある。主に鹿野町在住の20代から60代の男女約10名のグループで，職業は市役所（旧町役場）職員，中古車販売店経営者，中学校教員，主婦などが参加している。それまでまったくダンスの経験のなかった人もいる。NPO 法人 JCDN（ジャパン・コンテンポラリー・ダンス・ネットワーク[(2)]）が選定した振付家が鹿野町に滞在し，鳥の劇場で稽古をしながら「とりっと」のメンバーとダンス作品を作り上げる。これまでに何人かの異なる振付家から指導を受け，演劇祭で7作品を上演するとともに，JCDN が主催するコンテンポラリーダンスの企画「踊りに行くぜ!!」にも参加し，京都での上演も果たした。鍛え抜かれた身体が，高く早く美しく舞うようなダンスではないが，「とりっと」参加者は体格も年齢も身体能力もさまざまで，それぞれの個性がそのまま活かされる舞台が面白く，鳥の演劇祭の人気演目となっている。

また2012年からは，毎年ではないが，町内を回遊しながら鑑賞する演劇「タイムスリップツアー」が鳥の劇場によって上演される。鹿野町在住の高齢者一人をとりあげ，そのライフヒストリーを町の記憶とともに振り返るという移動型演劇である。これまでに，町内で衣料品店を営む女性や，教員として働いていた男性などが主人公となった。鳥の劇場の俳優がインタビューを繰り返して，脚本を組み立てる。上演当日は，ガイド役の俳優に誘導されながら，観客は鹿野町内のあちこちで演じられる主人公の思い出をたどっていく。鹿野町に生きた人物の人生が，大正史・昭和史と結びつきつつ，鹿野町を舞台背景に立ち上がってくる。この試みは，地域史の重要なアーカイブと言えるだろう。

「コミュニティで作られた作品」としてほかにも，鳥取県と韓国の高校生が交流して作る演劇作品，地域間交流で鳥の劇場が指導した徳島県神山町住民によるチェーホフ作品の上演，鹿野町の女性高齢者によるダンス，そして次に述べる障害のある人と俳優が一緒に作る舞台「じゆう劇場」，さらに小中学生が作る「小鳥の学校」の作品など非常に幅広い。中島は，行政やさまざまな団体から「投げられた球（リクエストや希望）を打ち返し続けている」うちにこうなった，と言う。現在の「鳥の演劇祭」は，国際的に活躍する劇団やダンスカンパニーの作品とともに，地域のさまざまな住民が舞台の専門家たちとともに作り上げた，いま・ここでしか見られない舞台を楽しむ場となっている。

### ともに創る劇場へ

劇団の演劇創造活動の延長線上にあり，長く継続している活動がふたつある。「小鳥の学校」と「じゆう劇場」だ。

子どものための「小鳥の学校」は2010年度から始まり，期間や内容を少しずつ変えながら毎年開催されている。学校での演劇上演，演劇を活用して表現やコミュニケーションを学ぶワークショップなど，子どもを対象としたアウトリーチ活動は，公立ホールの自主事業としては一般的なものだ。ただし「小鳥の学校」は，その活動期間が半年という長さに及ぶこと，子どもたちの主体性の涵養を目的としているところが大きな特徴である。2017年度の鳥の劇場活動報告書は，「小鳥の学校」を「『演劇教室』ではなく，〈自分で考える，行動する子ども〉を目指す創造的な学びの場」と謳う。小学校５年生から中学校３年生を対象に定員20名を公募し，夏休みから鳥の劇場で講座が始まり，３月末に舞台作品を上演する。2010年度は，前半に哲学や法律，詩や彫刻などさまざまなテーマの講座が，それぞれの専門家を招いて行われ，後半に演劇づくりのための講座や稽古が行われたが，最近は，子どもたちがより主体的に関われるプログラムへと変化している。上演作品も中島が決めるのではなく，子どもたちが上演したい物語を持ち寄り，どの作品を上演するのかを決定し，演出を考え，衣装や小道具も自分たちで作る。鳥の劇場メンバーは相談に乗りながら，合意が形成されるのをじっくりと見守っている。中島は，「演劇がうまくなる，演じることを学ぶのではなく，演劇を通じて，自分で考え，仲間と協力しあえる力を育成しようとしている」と語る。

最終発表公演は，鳥の劇場の舞台で２日間行われ，観客席は家族をはじめ大勢の観客で満杯になる。大掛かりなセットがあるわけでもなく，子どもたちは美麗な衣装をまとうわけでもない。しかし，舞台上の子どもたちにはてらいも迷いも見られず，ひとつの舞台を自分たちで作り上げようとするはっきりとし

**図４－３**　「じゆう劇場」の上演『「ロミオとジュリエット」からうまれたもの』

出所：鳥の劇場

た意思に満ちている。子どもたちの達成感には並々ならないものがあるだろうが，鳥の劇場メンバーにとっても，子どもたちの成長は大きな手応えとなっている。長期的に子どもと関わるこの活動は，演劇を作るという専門性を持った集団だからこそ可能となっている。

もうひとつの活動にも，演劇創造の専門家集団の強みが発揮されている。その「じゆう劇場」は，障害のある人と鳥の劇場の俳優が一緒に演劇を作る活動として2013年８月に立ち上げられた。2014年に鳥取県で開催された「第14回全国障がい者芸術・文化祭鳥取大会（あいサポート・アートとっとりフェスタ）」で，演劇作品を上演するため鳥取県から委嘱されたものだが，2019年現在まで継続されている。その後，鳥取県在住者に限定せず，また障害の有無にかかわらず，毎年参加者を公募して演劇作品を上演している。常連の参加者を中心に，身体や知的障害のある人だけではなく，ただ演劇をやってみたい，仲間が欲しいからと参加する健常者など毎年10数名が集まる。障害のある人にとってこのような機会が限られているため，関西から毎年参加する車いすの方もいる。これまでに，チェーホフ『３人姉妹』，宮沢賢治『銀河鉄道の夜』，シェイクスピアをもとにした『「ロミオとジュリエット」からうまれたもの』(3)（図４－３）を上演してきた。

「じゆう劇場」は戯曲に忠実に上演することができるわけでも，またそれを目指しているわけでもない。参加者の身体的・知的条件を，制限ではなく演劇の可能性として生かす舞台が目指されている。『「ロミオとジュリエット」からうまれたもの』では，例えば有名なバルコニーのシーンは，ロミオとジュリエット役以外の出演者たちがバルコニーの周りの樹木を体で表現し，さらに出演者個人の恋のエピソードも加えられる。原作の大筋は残しながら，出演者ひとりひとりの個性豊かな表現を交えて舞台は進行する。障害者の芸術活動を推進する鳥取県や国の後押しに加え，障害のある人と専門家が演劇活動を継続している事例はきわめて少ないこともあって，2017年はフランス，2019年はタイと海外での招聘公演も果たすなど高く注目されている。

舞台に立つ障害者たちは，舞台上で強烈な個性と身体性を放つ。鳥の劇場の俳優たちには，その個性とどう向き合って，ともにひとつの舞台を作っていけばよいのかが突きつけられる。演劇のプロではないさまざまな人たちとの演劇創造は，俳優にとって大きなチャレンジだ。

このように鳥の劇場は，地域で住み暮らす，年齢，性別，身体性，障害の有無などにかかわらず多様な人とともに演劇を作り上演することで，劇場があらゆる人にとって開かれていること，そして社会や人生や歴史について考える場であることを実践を通して示そうとしている。

## 3　劇場は地域が育てる

### 住民主体のまちづくり

鳥の劇場が利用する旧鹿野小学校は，小さな城下町の一画の城址公園内にある。地域住民にとっては，歴史的にも精神的にも中核となるような場所だ。よそ者である演劇集団を，地域はどのように受け入れてきたのだろうか。

2004年に鳥取市と合併した旧鹿野町は，中山間地の小さな町である。鳥取市中心部からは西へ約 20 km，車で約30分の距離にあり，鳥取市内に通勤する人も多い。合併直後4,328人だった人口は，2018年には3,641人と減少しており，高齢化，少子化と人口減が進む。旧鹿野町には，鹿野，勝谷（かつたに），小鷲河（こわしがわ）の３小学校があったが，2001年に「鹿野小学校」として１校に統合され，建物は新築移転した。なお，後述するように，その小学校も2018年には町内唯一の中学校と統合再編され，小中一貫校「鳥取市立鹿野学園」となっている。

旧鹿野小学校区は，戦国武将亀井茲矩（これのり）がおさめた城下町としての歴史があり，遺構も残る。小規模ながら，司馬遼太郎が「えもいえぬ気品をもった集落」と評した雰囲気のあるまちなみが魅力だ。城山神社の祭礼として隔年４月に行われる「鹿野祭」は，400年の歴史を持ち，城下町住民のアイデンティティと誇りを形作る。旧鹿野町時代，「祭りの似合う街なみ」を目標に掲げ，行政は旧建設省の街なみ環境整備事業を導入して道路や石行灯を整備した。住民側も建物に関するデザインルールを共有し，城下町の風情が保たれている。自治体による積極的なまちなみ整備が住民のまちづくり意識を醸成し，2001年にいんしゅう鹿野まちづくり協議会が創設された。協議会は2003年に NPO 法人格を取得，「まち協」の名で親しまれ，さまざまな事業を行っている。城下町の景観を演出するため軒先の屋号瓦や折り紙風車の設置，往来のにぎわいづくりに向けた「虚無僧行脚」など各種イベントの開催，空き家を活用した UIJ ターンの促進，「まちづくり合宿」や地域づくりを考えるフォーラムといった研修交流事業などを継続している。2018年には古民家をゲストハウスに改修し，念願だった宿泊施設も開業した。それ以外に旧鹿野町のなかでも，高齢化による人口減が深刻化している山間集落小鷲河地区で，農林水産省の補助事業を利用し，休耕田の果樹園化，集落の住民と都市部の大学生との交流事業，収穫した果物による特産品作りに取り組むなど，城下町エリアを超えた地域全体の活性化が目標となっている。

### まちづくり団体と劇場の協働関係

「自分たちのまちは自分たちで良くしたい」と，事業費を自分たちで獲得し能動的に活動するまち協の存在が，鳥の劇場というよそ者が鹿野町に定着していくための緩衝材の役割を果たしたと考えられる。

2006年の旧鹿野小学校体育館の利用開始に際して，中島は，鳥の劇場メン

**図4-4**　週末だけのまちのみせ（2012年の様子）
出所：筆者撮影

バーで事務局を担当する齋藤啓を伴って，当時のまち協理事長であり，地元の商工会会長を務める長尾裕明に協力を要請する。長尾は「演劇はようわからんけど，中島さんの熱い思いは感じた。なんとかせないかんなぁ，と。それに，地域に関わっていきたい，という発言もあった。演劇のことはまったくわからんし，その頃は演劇を通じたまちづくりとかイメージできなかったが，とにかく地域が元気になる可能性があるならなんでもええ[4]」と協力を引き受けた。中島たちの演劇にかける情熱に打たれたこともあるが，地域づくり活動に何か活かせるのではないか，という期待があったのだ。そのような思いもあって2008年第1回目から，長尾が鳥の演劇祭実行委員長を引き受けている[5]。

鳥の演劇祭のにぎわいづくりに貢献しようと，まち協が2012年から始めた「週末だけのまちのみせ」（図4-4）は，現在では双方に資する事業へと成長している。鳥の演劇祭が行われる3週間の各週末に，空き家，空き店舗，空き地などを利用した仮設店舗が開業する。城下町に広がるフリーマーケットのようなもので，まち協が出店者を公募し，城下町エリアの利用できる空間とマッチングする。店舗は，飲食や雑貨などの物販だけではなく，マッサージや展示・ワークショップなどの体験イベントを扱う「みせ」もあり，プロによる本格的な店舗もあれば，素人の趣味的な店もある。2012年の出店数は12だったが，古いまちなみが魅力となって，7 回目の2018年は 72 を数え，盛況ぶりがうかがえる。

演劇祭の観客は，幕間に食事やお茶をしに城下町を歩き，「まちみせ」目当ての訪問客はお気に入りの店を探して通りを散策する。城下町の古民家の風情と道路の狭さとが，界隈感を生み出す。まち協にとっては，出店料が収益となるほか，空き家の軒先や店先を借りることで，所有者とのコミュニケーションを深めたり，空き家の活用のヒントを得ることにつながっている。「まちみせ」のにぎわいぶりに感化され，2018年には鳥の劇場も演劇をテーマにした「みせ」を出店[(6)]するなど，相互乗り入れが進む。

まち協は，月に 1 回定例会議「夢会」を開き，NPO として取り組んでいる事業の進捗や計画について議論したり，関連する自治体や他団体の情報を共有する機会を持っている。ときには，鳥の劇場メンバーがゲストで出席することもあり，公演情報を提供するだけでなく，まちづくりの議論にも参加している。まち協は，空き家の保存活用と，移住定住促進にも力を入れているため，空き家情報を集約している。鳥の劇場の新しいメンバーの住まいや，県外からの客演俳優やスタッフのための宿泊場所なども，まち協が斡旋している。

このように鳥の劇場にとっては，まち協との連携が地域と関わっていく接点となっていることがわかる。ほかにも，鹿野町にさまざまなまちづくり組織や町民の自主的な活動があったこと，それら団体や個人との協働や支援が得られたことが，鳥の劇場の定着につながったと考えられる。例えば，合併後の鳥取市鹿野総合支所地域振興部，2019年で33年目を迎える「鹿野ふるさとミュージカル」実行委員会，絵本の読み聞かせの会「さくらんぼ」，旧鹿野町が出資した株式会社ふるさと鹿野などがある。総合支所には，行政職員でミュージカルにも出演し，まち協メンバーという人もいて，公私ともに地域のことを考え活動している町民も珍しくない。地域に愛着を持ち，地域の未来に向けた自主的な活動の存在が，鳥の劇場を地域の劇場へと育てていく基盤となったと思われる。

### 次世代のために劇場ができること

鳥の劇場は，鹿野町の学校教育にも参画している。学校の正式な授業科目の開発と指導にひとつの劇団が長期的に携わる事例は，演劇を専門として仕事をしている組織や人材が地方にはほとんどいないのだから，全国的にみても珍しい。

鳥の劇場は活動当初から，鹿野町に１校ずつしかない小学校と中学校の生徒を招き，演劇観賞の機会を毎年もうけてきた。また，小学校の総合的学習の時間の学習発表や，国語の授業のワークショップ講師を務めるなど，地元の学校とは長い付き合いを築いている。

2015年の教育基本法改正によって自治体が独自に義務教育学校を設置できるようになったことを受け，2017年に鳥取市鹿野町では，小中一貫の義務教育校設置を決定した。小中学校ともに生徒数が減っているなか，他地域との学校統廃合を避け，学校を残すことが大きな動機のひとつだった。学校がなくなることが地域の未来に大きな影響を与えるという危機意識が行政と住民に共有されていた。

小中一貫校は，「鳥取市立鹿野学園」として2018年４月に開校した。既存の小学校舎は「流沙川学舎」として５年生までが，中学校舎は「王舎城学舎」として６年から９年生までが利用する。学校が独自に「特設科目」を設けることができるようになり，地域住民も含めた一貫校創設の議論を経て，演劇を取り入れた授業科目「表鷲（あらわし）科」が設けられた。「鷲」は，鹿野町にある鷲峰山（じゅうぼうざん）から取られたものであり，「あらわす」という言葉に掛けている。「表鷲科」の教育目的は以下の通りである。演劇などの表現教育が目的の達成に有効だという認識が，学校と劇団の間で共有されていることが分かる（以下「トリジュク」報告書より）[(7)]。

2018年度開講，鳥取市立鹿野学園義務教育学校における特設科目

目指す子ども像：ふるさと鹿野を愛する子・「確かな学力を持つ子」

• 狙い

さまざまな表現・体験活動や鹿の地域に関わる伝統や文化を学ぶことを通して，鹿野地域を愛する心を育てるとともに，未来を生き抜くための学びをさせる力を養う。

• 育てる力（学びを支える力）

表現する力：相手にわかりやすく，伝えることができる

つながる力：友達や地域の方に進んで関わり，より良い関係を作ることができる

やり抜く力：困難な課題に対して粘り強く最後まで取り組むことができる

主体的な学び，対話的な学びを通して深い学びを実現する

2018年開校へ向けて，2016年に学校，地域，劇場が連携した「表鷲科」の検討準備体制が作られ，2017年から小中学校の授業でのワークショップが始まった。学習環境デザインを専門とする青山学院大学の苅宿俊文に協力を仰ぎ，5年生と8年生を対象とした。鳥の劇場メンバーが授業に参加し，映像と表現を使った「逆転時間」[(8)]という表現活動や演劇のワークショップが1年間計画的に行われ，授業の度に，苅宿・教員・鳥の劇場メンバーで詳細な振り返り作業（「省察」と呼ばれる）を実施し，次の授業の組み立てに活かされた。以上の取り組みを踏まえて，2018年度は「表鷲科」が開設され，劇場メンバーが教員とともに授業を実施している。劇団と学校関係者，地域住民との信頼関係の構築によって可能となった教育実践である。この授業を継続していくことが，鹿野町で育つ子どもたちにどのような創造性を育み，どのような生きる力の醸成につながるのか，劇場と鹿野町による未来へ向けた試みが始まっている。

## 4　地域とともに生きる劇場

これまで見てきたように，鳥の劇場と鹿野町との関係は，劇団という創造機能を持つ劇場と地域とのあいだの新しい可能性を示唆している。

鳥の劇場の活動は，劇団という演劇の専門家が舞台作品を作るだけでなく，演劇を創るための技術と専門知識を，多様な人々がともに生きる共生社会の実現に生かそうとするものと言える。「小鳥の学校」では子どもたちとともに，「じゆう劇場」では障害のある人たちとともに，鳥の劇場メンバーが舞台作品を創る。「つくる高校生」では鳥取県内の高校生と，「とりっとダンス」では地域のさまざまな老若男女と，「お年寄りのダンス」では地域の高齢女性たちと，鳥の劇場が招聘したプロの振り付け家や俳優・演出家がともに作品を創る。演劇祭の「タイムスリップツアー」では，鹿野町そのものを舞台に住民のライフヒストリーが演じられ，観客たちは町の過去を知り未来を想像する。

鳥の劇場は，地域のさまざまな活動団体や住民，行政，地域内外の芸術組織，大学など教育機関との交流・連携を重ねながら，見る側，演じる側という2分法の関係を越えて，共同で「創る」喜びと苦しみを誰もが体験できるのだと，劇場という実践を通して示そうとしている。演劇を作ることが共生社会の構築につながる，そのような劇場のあり方が可能なのではないかという，モデルなき劇場へ向けた挑戦が続く。

ただし，その劇場の実現へ向けた努力が持続可能なものかという課題もある。鳥の劇場の活動は，中島諒人という演劇人の強い使命感と高い理想に率いられて，実践・展開されてきた。それゆえに機動性や即興性があり，限定された領域に劇場の活動を閉じ込めることなく，来た球を柔軟に打ち返すことで劇場の存在意義を際立たせることができたと言える。それは，いままでのところ所属するメンバーの献身と犠牲によって成立している，という点に留意する必要がある。劇場としての活動が10年を過ぎ，2019年現在劇場メンバーは16人を数えるが，そのうち創設当時からのメンバーは，中島を含めて6人だ。劇場の活動が当初から大きく変化したこと，膨大な数の事業を少人数で担う多忙さ，十分とは言えない対価などのためか，劇場のメンバーの集散は激しく，長く在籍する人がなかなかいないのも事実である。ひとつの演劇団体が関わるには仕事の幅が広く，また労力も必要な上，参考になるモデルも見当たらない。このような劇場に，どのような能力が求められる仕事なのかやってみないとわからないことも多く，仕事を身につけるまでには時間も必要だ。芸術の創造活動に関する知識や実践だけでなく，芸術の持つ特性や技術を地域社会に生かしていく劇場のための人材を育てることが，これからの地域のアートマネジメント教育に求められる。

一方，収入の低さは，芸術活動やアートマネジメントに携わる人の「やりがい」によって補填されている，ということがしばしば指摘される。鳥の劇場のメンバーにも，やりがいと対価のバランスの悪さがあるため，継続的な在籍が困難になっている面はあるだろう。必要な経費を誰がどのように負担していくべきなのか。自治体か，企業メセナか，個人住民の寄付や支援か。答えは，劇場が立地する地域の特色や，劇場の活動範囲や射程とする目標によって異なるだろう。芸術的な価値に加えて，社会的価値を創造し，地域とともに未来を切り開いていこうとするような劇場を，私たちはこれまでに得たことがなかった。モデルなき劇場の模索を，劇場関係者や自治体だけに任せておくのはつまらない。地域とともに生きる劇場は，地域住民である私たちの関心や参画によってこそ育ち根づいていくのだから。

注

⑴　2016年は，中島が日本代表を務める BeSeTo 演劇祭（日中韓国際演劇祭）が鳥取県で開催されたため，鳥の演劇祭は時期をずらして11月に開催され，2019年は10月末から11月半ばまでふたつの演劇祭を同時に開催した。

⑵　コンテポラリー・ダンスの普及や上演環境の整備，ダンサーの育成を行う NPO 法人で京都市を拠点としている。鳥の劇場のダンス公演の企画や運営について，協力関係にある。

⑶　じゆう劇場の活動を記録したドキュメンタリー映画に山崎樹一郎監督『じゆう劇場の瞬き』（2017年）がある。

⑷　2008年12月18日鹿野町しかの心での聞き取りによる。

⑸　長尾は現在，旧鹿野町が出資して立ち上げた株式会社「ふるさと鹿野」の代表取締役として鳥の演劇祭実行委員会（現在は鳥の劇場運営委員会）の代表を引き続き務めている。

⑹　鳥の劇場のレパートリー作品である『白雪姫』や『貴婦人の訪問』などの小道具

や衣装を展示し，作品にちなんだ食事を提供する「みせ」である。

(7) 「トリジュク」は，鳥の劇場が青山学院大学苅宿俊文研究室チームと，2017年から取り組んでいる「生きる力を育む演劇のワークショップ開発プロジェクト」である。鹿野小学校，鹿野中学校，鳥取県立青谷高校の授業に，年間を通じて演劇ワークショップを取り入れ，教育プログラムを実践的に検討している。

(8) 子どもが共同して取り組むことができる表現活動として，苅宿が開発したワークショップである。「逆転時間」という iPad のためのアプリを使い，逆再生することを想定して，参加者が自分たちで，あるシーンを作り撮影するものである。

## 文献


五島朋子，2014，「地域における劇場需要に関する考察――サイレント・パトロンの形成という観点から」『地域学論集』11(2)：89-107。

五島朋子，2018，「創造集団が運営する劇場と地域住民の関係構築に関する考察――住民を対象とした質問紙調査をもとに」『アートマネジメント研究』第17・18合併号：88-103。

伊藤裕夫・松井憲太郎・小林真理編，2010，『公共劇場の10年――舞台芸術・演劇の公共性と現在と未来』美学出版。

中川幾郎，2009，「公立文化ホールのマネジメント」伊藤裕夫編『アーツ・マネジメント概論　三訂版』水曜社，307-316。

中島諒人，2010，「演劇，劇場は，地域のために何ができるのか――鳥の劇場」伊藤裕夫・松井憲太郎・小林真理編『公共劇場の10年』美学出版，90-99。

中島諒人，2010，「創造型劇場の芸術監督・プロデューサーのための基礎講座鳥の劇場・地域での活動」抄録（www.saison.or.jp/search_past/seminar/seminar_07.pdf, 2019.4.28）。

NPO 法人鳥の劇場，2009-2017，『活動報告書』。

司馬遼太郎，1990，『街道をゆく 27　因幡・伯耆のみち　檮原街道』朝日文芸文庫。

清水裕之，1999，『21世紀の地域劇場――パブリックシアターの理念，空間，組織，運営への提案』鹿島出版会。

清水裕之，2006，「公立文化施設の活動を見る」『改訂アーツ・マネジメント』財団法人放送大学教育振興会，53-79。

鳥の目・鹿の目，2018，「TIMELINE 鳥の劇場，挑戦の記録」（https://www.bird-theatre.org/birdeyedeereye/timeline/　2019.4.28）。

家中茂，2009，「地方活性化：まちの誇りと活力を持続させる，取り戻す――いんしゅう鹿野のまちづくり」『都市計画』277号：51-54。

*Column*

## 物語の始まり

姜　侖秀

インプロ（即興演劇）を学ぶとき，一番はじめに経験する「Yes, And」というシアターゲームがある。相手がどんなことを話しても‘YES’と喜びながら受け入れ，さらに‘AND’と言ってさっき受け入れたことに自分の想像を加えていくゲームだ。とんでもないことにも Yes を出して，それよりもっととんでもない提案で応えて行く。このゲームでは，インプロを実践していくためのもっとも基本になるアティテュードを学ぶことができる。事前に何も決めずに，いきなり舞台の上で物語を始めて進んでいくインプロでは，一緒に舞台に立っている誰かの一言を，喜びとともに大切に受け入れてさらにその先を自分から提案しないと，物語を始めることも，次に進めることもできなくなるからだ。

インプロの手法で舞台作品を作ってきた私が，地域おこし協力隊としてやって来た岡山での活動を始めてから今まで，一番役に立ったのがこのゲームだったかもしれない。

イギリスや韓国，東京で演劇を作ってきた私が，日本の地方に興味を持つようになったのは，千葉県市原市の山の中で2014年に行われた国際芸術祭に作品を出すことになってからだ。たくさんの住民の協力のおかげで芸術祭を終えた後，私は田舎の空き家を利活用して，アーティストや才能豊かな世界の若者たちがたくさん集まる家を作ることを思いついた。各地から集まってきた人々と地域住民をつないだら面白い化学反応が起こるかもしれないと，全国で対象地を調べ始めたところ，真庭市の地域おこし協力隊を見つけて，応募し着任，空き家を活用した多国籍シェアハウスである「インターナショナル・シェアハウス・照ラス」を立ち上げるまでのプロセスは，まさに私と真庭市と地域住民との間の「Yes, And」ゲームだった。

田舎に多国籍シェアハウスをつくるという私の提案を最初に「Yes」と受け入れてくれたのは，（公財）セゾン文化財団だった。「創作環境イノベーション助成事業」の一環で，3年間の活動支援を約束してくれた。物件を見つけて，シェアハウスを立ち上げようとしていたころ，真庭市が，総務省の新しい取り組み「ふるさと納税を活用したガバメントクラウドファンディング」のモデルケースに，私のプロジェクトをつないでくれた。しかも真庭市は，シェアハウス立地候補地の住民向けの説明会を6回も開いてくれた。住民の心配や希望などの意見を交換する中で，シェアハウスを通して，創作活動以外にもできることがたくさんあるのではないか，と気づくことができた。家開きをするとはじめての入居者としてフランス人のサイクリング・マニア，アクセルさんが入居することになった。

フランスと日本を2年半かけて自転車で往復したというアクセルさんの入居によって，外国人の目線による，地域の魅力を楽しむサイクリングコースづくりを，住民の交流会で提案することになった。提案したコースを実際に走って，行政と住民，そしてシェアハウスの住人が意見を交換しながら3つのコースを完成させ，さらにシェアハウスの入居者であったアメリカ人のイラストレーターが手書きマップを描いてくれた。こうして，住民と私たちの「Yes, And」ゲームは続く。

例えば，キムチ作りを学びたい地域のお母さんたちには，韓国に30人しかいないキムチ名人をつないで，教わる会を持った。シェアハウスがオープンして３年間，６大陸から200人以上の若者たちがやって来て，それぞれの技能を通して住民とつながってきた。

「Yes, And」ゲームを続けていると，物語は，最初誰も想像してなかったところへと発展して行く。サイクリングコースは「外国人が案内する日本の田舎ツアー」として愛されている。お母さんたちはいまもキムチ作りを続けていて，「北房キムチ」というオリジナルブランドを開発し，なんと東京の「日本百貨店しょくひんかん」で販売するに至った。そしていま，市内のレストランでは，シェアハウスの入居者たちが母国の家庭料理で住民を迎える「旅人食堂」が営業を続けている。

物語は「旅」によく似ている。４年前の Yes から始まった物語が私たちをどこまで連れて行ってくれるのか，とても楽しみだ。

▲ シェアハウスのパーティー

第5章

# 公立文化会館で育まれる創造性

## ——茨城県小美玉市四季文化館に見る「学び」の姿

竹内　潔

### 1　茨城県小美玉市の「住民主役・行政支援の文化センター」

経済成長とともに全国の自治体がこぞって建設してきた「文化会館」は，「公会堂」にその淵源を持つといわれ，一方で「公民館」に代表される社会教育施設との類似性を持ちつつ，「劇場法」の制定により，実演芸術の振興の拠点としても期待されている。

茨城県の中央部に位置する小美玉市には，2002年に開館した「小美玉市四季文化館みの〜れ」という公立文化会館がある。この施設は，建設にあたって，どのような機能を備えるべきかなどを徹底した住民参加によって議論し，開館後も住民主導で運営がなされている。みの〜れで催されるイベントはほぼすべて住民が企画から実施までを取りまわしており，そのため，平日夜間には仕事を終えた住民たちが集まって話し合いを行い，イベント当日は多くの地域住民たちでにぎわう，ということが繰り返されている。みの〜れには，単にイベントとしての芸術・文化に関する活動が活発に行われているということにとどまらない「熱」が感じられる。施設職員（みの〜れは自治体の直営のため，基本的に市職員である）は住民の活動をサポートする役割を担っており，市はみの〜れを「住民主役・行政支援の文化センター」と呼んでいる。

全国的に，1980〜90年代に公立文化会館の建設ラッシュがあり，地方の芸術・文化の拠点整備に貢献した一方で，施設の建設が先行し，開館後の利用が低迷する施設もあり，「ハコモノ行政」と批判されるようになる[(1)]。みの〜れの建設計画は，まさにこういった批判が高まっている中で進められてきた。住民参加の議論によって建設自体の是非までも問い直し，それでも文化会館が必要であるという結論で合意を形成した成果が，特色ある運営形態として現在に引き継がれている。

みの〜れは，開館から７年を経過した2009年に，運営の在り方が「市民参画型施設運営」として評価され，さらにそれがまちづくり人材の育成にもつながっているとして，財団法人地域創造（Japan Foundation for Regional Art Activities：JAFRA）から総務大臣賞である「地域創造大賞」（2008年度までの名称は「JAFRA アワード」）を受けている。

財団法人地域創造は，1994年に自治省（当時）と全国の地方公共団体の出資により公益法人として設立された（のちに「一般財団法人」となる。以下，地域創造）。地域創造は，全国の公立文化施設における芸術・文化活動を活性化させることを使命とし，人材育成やアーティストの派遣，調査研究などを行っている。そして，設立10周年を迎えた2004年から，優れた取り組みを行っている施設に対する顕彰制度として「JAFRA アワード」（地域創造大賞）を開始した。この顕彰制度は，地域創造が実質的な選考を行うが，国務大臣たる総務大臣の名で顕彰する「総務大臣賞」である。

同賞は，毎年約10館の施設に対して授与されるもので，みの〜れも地域創造の考える「優れた」取り組みをしている施設のひとつとして認められたということになる。その後，小美玉市はみの〜れの取り組みを全市的に展開し，地方創生の総合戦略にも組み入れていく。

本章では，みの〜れにおいて「市民参画型施設運営」による「まちづくり人材の育成」が可能となった背景や取り組みの実態に迫り，みの〜れという公立文化施設が創造性を育む場となっているということに注目したい。

## 2　創造的な取り組みをする公立文化会館の顕彰

みの～れが2009年に受賞した「地域創造大賞」は,「地域における創造的で文化的な表現活動のための環境づくりに特に功績のあった公立文化施設を顕彰する」ものとされており, 以下の通り表彰対象および表彰基準が設けられている。

地域創造大賞実施要領（抄）

2　表彰対象

開館から概ね5年を経過している施設（転用施設を含む）のうち, 地域における創造的で文化的な表現活動のための環境づくりに特に功績のあった公立文化施設（下記の表彰基準及び表彰の対象となる公立文化施設の主な活動を総合的に勘案）で, 条例により, 公の施設として設置及び管理されているもの

（表彰基準）

- 地方公共団体等が, 文化・芸術による地域振興やふるさとづくりという地域を豊かにするための行政の目的に沿った芸術文化振興ビジョンや公立文化施設の理念, 使命を持ち, それを達成するための施設運営がなされているかどうか
- 先進性, テーマ性を有する自主企画作品の制作, 公演や自主企画展覧会の開催等創造的な活動に取り組むとともに, 内外の優れた作品の鑑賞機会の提供に意欲的に取り組んでいるか
- 地域住民の文化・芸術活動の育成支援, 教育普及活動, 住民参加・参画など地域住民との協働（コラボレーション）に意欲的に取り組んでいるか
- 地域における文化・芸術活動を担う人材の育成に意欲的に取り組んでいるか

- 地域における創造的な文化・芸術環境づくりに持続的な成果があがっているか
- 施設の管理・運営の改善に積極的に取り組んでいるか

（表彰の対象となる公立文化施設の主な活動）

- 音楽分野　・演劇・ダンス分野　・伝統芸能分野　・美術分野
- その他（文化・芸術の新機軸となり得る創意工夫をこらした文学，歴史などで上記分野と連携しながら継続的に事業を展開していると認められるもの）

これらの対象・基準に該当するものを公募・推薦により募り，専門家による審査委員会での審査を経て総務省と協議し，最終的な受賞対象は地域創造理事長が決定する。表彰対象が「条例により，公の施設として設置及び管理されているもの」とされていることから，応募できるのは市町村や都道府県などの地方公共団体に限られる。また，推薦は「地域創造が指名する地域の文化・芸術に関する有識者」が行うことができる。

この表彰によって，一定の望ましい活動を全国に広く周知し，「公立文化施設の活動のさらなる活性化を図り，美しく豊かなふるさとづくりの推進に寄与する」ことが，顕彰制度の目的とされている。

実施要領の基準のなかにある「創造的」などの言葉の意味は明確ではなく，総務省の協議を要し，最終的に大臣表彰となることなど，ややもすると権力の恣意によって誘導されうる印象も否めない。また，地域創造の理事長には代々総務省の事務次官経験者が就任しており，近年は幹部も総務省からの出向職員が占め，全国の地方公共団体やその外郭団体である文化財団などから派遣されてくる事務職員が事業を取りまわすという官僚制が敷かれている。地域創造の財源は主に地方公共団体の財源のひとつである宝くじの収益金で，ほかの複数の公益法人などがからむその資金循環のしくみは巧妙で一般には理解しにくいものとなっている。この点に民主党政権下の事業仕分け（2010年）で切り込まれ，結果的に地域創造が独自に助成金などとして活用できる財源は大幅に削減された。このように，地域創造はほかの政府外郭団体と同様に，その時々の政治状況の影響を受けやすい団体である。

一方で，地域創造はクラシック音楽・演劇・コンテンポラリーダンス・美術・邦楽といったいくつかの芸術分野について，各分野の第一線で活躍する専門家や芸術家とのネットワークを構築し，財団内部にもプロデューサーや専門職を配置することで，彼らを介して現場との緊密なコミュニケーションをとって，きめ細かな支援策を講じてきたことは特筆に値する。公共ホール（公立文化施設）が主体となって地域にアーティストを派遣する「アウトリーチ」の手法を開発して全国に広めた「公共ホール活性化事業」や先進的な取り組みを行う施設に全国の施設職員を集めて研修を行う「ステージ・ラボ」などの代表的な事業は，いずれも対象となる地域や施設の実情を十分に調査した上で実施される。これらの事業によって勇気づけられ，活力を得たという施設も全国に数多く存在する。「地域創造大賞」は，そのような活動のなかで見いだされた優れた取り組みを顕彰し，広めていこうというボトムアップの視点で創設されたものといえる。

初回の2004年度には，北海道の富良野演劇工場から沖縄県の佐敷町文化センター（シュガーホール）まで全国 9 施設が選ばれた（表 5 - 1）[(2)]。制度が創設されて以来，2018年度で15回を数え，これまでの受賞施設数は全国116施設になる。みの～れの受賞は，賞の名称が JAFRA アワードから地域創造大賞となった2009年度（第 6 回）で，「西和賀町文化創造館　銀河ホール」など 7 施設とともに選ばれた（表 5 - 2）。受賞施設一覧を見ると，県立施設や大都市の比較的大きな施設から地方の中小施設まで幅広いことがうかがえる。

みの～れの受賞は，茨城県内では2005年度の水戸芸術館に次いで 2 番目であった。水戸芸術館は，磯崎新による建築やクラシック音楽・演劇・現代美術の 3 部門で芸術監督を置く最高水準の芸術活動の展開などで全国的にもすでに注目されていた施設であった（JAFRA アワード受賞は主に美術部門の活動が評価された）。それに対し，みの～れは知名度は低かったが，地域創造がその活動に先進性を見いだしたとみることができる（表 5 - 3）。

**表５－１**　2004年度 JAFRA アワード 受賞施設

| | |
|---|---|
| 1 | 富良野演劇工場 |
| 2 | 盛岡劇場 |
| 3 | 世田谷文化生活情報センター（世田谷パブリックシアター） |
| 4 | 小出郷文化会館 |
| 5 | 岡谷市文化会館（カノラホール） |
| 6 | 京都芸術センター |
| 7 | 兵庫県立尼崎青少年創造劇場（ピッコロシアター） |
| 8 | 伊丹市立演劇ホール（アイホール） |
| 9 | 佐敷町文化センター・シュガーホール |

出所：地域創造「これまでの受賞施設」をもとに筆者作成

**表５－２**　2009年度 地域創造大賞 受賞施設

| | |
|---|---|
| 1 | 西和賀町文化創造館　銀河ホール |
| 2 | 小美玉市四季文化館（みの～れ） |
| 3 | 足利市民会館 |
| 4 | 彩の国さいたま芸術劇場 |
| 5 | 石川県立音楽堂 |
| 6 | 静岡音楽館 AOI |
| 7 | 福岡アジア美術館 |
| 8 | 熊本県立劇場 |

出所：地域創造「これまでの受賞施設」をもとに筆者作成

**表５－３**　茨城県内 JAFRA アワード／地域創造大賞 受賞施設

| | | |
|---|---|---|
| 1 | 水戸芸術館 | 2005年度 |
| 2 | 小美玉市四季文化館（みの～れ） | 2009年度 |
| 3 | 日立シビックセンター | 2010年度 |
| 4 | ひたちなか市文化会館 | 2012年度 |

出所：地域創造「これまでの受賞施設」をもとに筆者作成

地域創造が発表しているみの～れの受賞理由は，以下の通りとなっている。

“市民参画型運営”でまちづくりの人材を育成

徹底した市民参画によるホール運営を推進。約200名の市民実行委員会が毎年，各種事業計画に携わり，市民劇団・楽団を含むボランティア組織の「みの～れ支援隊」約160名がホールを支えるなど，ホール事業を通じたまちづくりの新たな人材育成のあり方を提示した。

次節以降，受賞理由となっている運営体制がとられるようになった背景や経緯，取り組みの内容などを詳しく見ていこう。

## 3　みの〜れの取り組みとその展開

### 地域の人々が地域の将来を語る場を取り戻す

茨城県小美玉市は，平成の大合併によって2006年に小川町・美野里町・玉里村の3町村が合併して誕生した，人口約5万人の「普通の」自治体である。みの〜れは，合併前の旧美野里町（人口約2万5,000人）で，町のシンボルとしての公共施設を複合的に整備しようとする「四季の里」構想の一環として計画がすすめられた。文化会館であるみの〜れに先行し，すでに福祉施設が整備されていた。開発型の地域振興の名残といってよいであろう。

しかし，「四季の里」構想の策定と同じ時期に進行したバブル崩壊により，全国的な景気の低迷と国・地方の財政の悪化が始まり，住民のあいだにはいわゆる「ハコモノ」の建設に対する警戒感が強まっていた。当時の美野里町長（合併後の市長となる）は，この問題に対し，計画の中止でも強行でもなく，住民同士の話し合いによる合意形成を目指すという方法をとった。

町長は，町の青年団での活動を通じ，ひとりの地域住民という立場から町・地域の未来を仲間とともに議論してきた経験を持つが，時代の移り変わりとともに地域の若者が夜な夜な集まって生活改善に向けて話し合う青年団の活動は低迷していた。地域の将来について地域住民が語る場が失われつつあることに危機感を持っていた町長は，文化会館の建設の是非を住民に問うことで，「青年団」のような活気ある場を再びつくりだすこと狙ったのである。

この挑戦は，住民同士の対立を生み，のちのちまで禍根を残す危険をはらんでもいた。実際，議論を始めた当初は，建設賛成派と反対派のあいだで白熱した議論が交わされた。そして，結論がでてから20年ほどが経った今でも，必ずしもすべての住民がみの〜れに積極的に関わっているわけではない。しかし，それでも，町の未来のために必要な文化会館の在り方を探り，議論の過程でうまれた住民グループを中心に，住民自らが積極的に利用し，企画や運営までも行う体制ができていったことは注目に値する。

いまでは，ミュージカルの創作・上演を行う住民による劇団「演劇ファミリー Myu（みゅう）」のほか，住民による楽団「楽団四季 Jolly forest Jazz orchestra」やコンサートの企画をするグループ，親子向け企画を立案するグループなどが，すべて有志による実行委員会などとして組織されている。これら実行委員会の組織運営や企画を施設としてどのように支援するかを含めた施設の運営全般を取り仕切る「企画実行委員会」が置かれているが，これも基本的に公募による住民委員によって組織されている。みの～れの活動の象徴ともなっている「演劇ファミリー Myu（みゅう）」は，みの～れの開館前に結成され，みの～れのこけら落とし公演も行った。

地域の人々の文化的活動の欲求は，ともすれば行政からの一方的な援助を求めるものになりがちだが，みの～れでは，市財政の限界などを住民も共有し，ときに住民同士での衝突を伴いながらも創意工夫をすること自体が効用を持つようになっている。

### みの～れ建設までの議論の場

みの～れが開館するまでの経緯については，『文化がみの～れ物語』（美野里町文化センター物語制作委員会 2002）に詳細に記述されている。ここでは，同書の記載をもとに，主として住民参加の議論の場の変遷を中心的にたどっていきたい。(3)

旧美野里町は，人口約２万5,000人で，町内は４地区からなり，公共施設はこの４地区への分散配置となっていた。1992年に町が専門家を交えて立ち上げた「美野里町活性化研究会」で町の将来構想を検討した結果，町の中核となる公共施設の整備を盛り込んだ「『四季の里』クリエイティブプラン」がまとめられた。そして，町の中央部に位置する地区が「四季の里」と命名され，そこを文化と福祉の拠点とするための開発が始まった。先に建設が着手されたのは，住民のあいだで関心の高かった福祉の拠点づくりで，健康づくりと生きがい支援を目指した保健福祉センター「四季健康館」（入浴施設完備）が1996年に開館した。

四季の里整備の第二期事業として文化の拠点づくりへの取り組みが始まったのは，四季健康館開館の直後だった。しかし，バブル崩壊など景気の悪化もあり，町の中長期的財政見通しでは早期の着工は難しく，6～7年後になると考えられた。そこで町長は，町のシンボルづくりでもある文化センターの建設を通じて，住民が主体・主役となって21世紀の美野里町をつくっていくしくみ（システム）を構築することができると考え，これまでまちづくりにかかわることのできなかった住民を巻き込んで，建設の是非も含めて徹底的に議論すること，そしてそのために6～7年を費やす方針を固めた。

このような決断の背景には，町長自身がかつて体験した，青年団での活動があった。美野里町の青年団は1970年代後半には県内でも有数の活発な団だったという。その頃，中学校跡地の町有地が売却されるという話があり，青年団による反対運動の結果撤回され，跡地は住民の憩いの場となる公園として整備された。町長や後にみの～れの館長となる人物は，そのような力のある青年団で団長を務めた。ライフスタイルの変化もあり，かつての青年団そのものを再生することは難しいが，青年団に代わる21世紀型のまちづくりシステムを，文化センターづくりで試行しようとしたのであった。

① 四季の里未来の夢創造委員会

まず取り掛かったのは，構成員の大部分を住民から公募しての委員会の設置だった。1996年4月に，町の広報紙で「四季の里未来プランナー」という名称で有志を募ったところ10名の応募があり，これに町の若手職員5名を加えて15名で委員会が発足した。名称は「四季の里未来の夢創造委員会」と決められた。また，同委員会には，国土庁（当時）の地方振興アドバイザー制度を活用して，まちづくりワークショップの専門家3名が助言する体制を敷いた。まったくの白紙の状態でスタートし，アドバイザーからの指摘を受けて住民委員たちが主体的に動き出し，近隣施設の視察，町の財政状況の調査，周囲の住民への聞き取り，全戸配布の広報紙「ゆめ通信」の発行およびこうした活動のための会議など，当初の想定を超えた活動が展開された。「ゆめ通信」に対しては，町の財政悪化を憂慮して文化センター建設への懸念（反対）を表明する投書も寄せられた。委員会でも議論された論点ではあったが，あらためて外部から指摘されることで，議論のプロセスを開いていくことの重要性を住民委員自身が強く意識することとなった。そして，四季の里未来の夢創造委員会による１年間の活動と議論の成果は，中間報告書「四季の里からの風」としてまとめられ，公表された。

委員会は，メンバーを約半数入れ替え，２年目も継続されることとなる。２期目の委員会では，議論を町全体に広げていくため，第１期から引き継いだゆめ通信の発行に加え，住民アンケート調査や議員との意見交換会を行うほか，1997年11月にはシンポジウムを開催することとなった。中間報告書で示された文化センターのイメージをたたき台としつつ，町民のあいだにある多様な意見を公の場で表明してもらうことが目的で開催されたこのシンポジウムには約160人の住民が参加した。上述の反対意見の投書を寄せた住民がパネルディスカッションに登壇したこともあり，後半に実施したグループディスカッションでも活発な議論がくりひろげられた。その後，1998年１月には，４地区それぞれで意見交換会を開催し，延べ約200人の参加があった。こうした第２期委員会の活動の成果は1998年５月に「美野里町文化センター整備基本構想『四季の里からの風』」としてまとめられ，公表された。文化センターの理念とイメージの中心に据えるコンセプトは「呼吸する文化センター(4)」と決まった。

② 文化センター創設委員会

住民公募委員が中心の委員会でまとめられた基本構想を受けて，1998年６月に設けられたのが，公募委員に各種団体や地域の代表が加わった総勢100名体制の「文化センター創設委員会」である。町長・議長・教育長・教育委員長・文化協会会長など各種団体の代表が本部会を構成し，その下に４つの部会と部会調整会議が置かれるという組織で，各部会のリーダーは公募で集まった住民委員が務めた。

創設委員会では，小・中学生対象の文化センターに関する作文募集（応募総数1,250点），ワークショップ開催（3回），シンポジウムの開催（森啓氏（北海学園大学教授（当時））の基調講演・子どもたちの作文発表など）によって，基本構想に沿った文化センターの実現に向けた機運を醸成していった。そして，1999年3月にプロポーザル方式（審査は専門家に依頼）で基本設計の委託先が決まると，住民委員率いる建設部会が設計会社とのワークショップなどを重ね，時にイベントで案を示して一般住民の意見も取り入れながら，基本設計を練り上げていった。このような住民参加の設計プロセスは実施設計段階でも続けられた。開館後の管理運営体制ついても，管理・運営部会を中心に，先進施設の視察や調査を進め，運営主体の違いによるメリット・デメリットを整理した上で，直営方式の方針を提言した。

新たな文化センターを使って展開される文化活動の内容についても，創設委員会で具体的に検討へ動き出した。担当したのは文化創造部会で，文化振興プランや文化条例の検討といった理念・戦略づくりから，開館プレ事業の具体的な企画実施までを担った。プレ事業の財源として，茨城県の「一村一文化創造事業」（1998年度から3ヶ年の採択），文化庁の「文化のまちづくり事業」（2000年度から3ヶ年の採択），地域創造の「公共ホール音楽活性化事業（おんかつ）」（2000年度採択）など，外部資金の獲得にも奔走した。開館プレ事業の実施にあたっては，創設委員会の流れを受けて発足した「文化センターオープニングを目指す会」や文化庁事業実施のために結成された「美野里四季を彩る文化のまちづくり創造委員会」が中心的な役割を果たした。

### ③ 文化センター推進委員会，そして企画実行委員会へ

2000年12月に文化センターの建設工事の入札が実施され，翌1月に工事が開始されると，開館に向けた準備も最終段階となる。2001年4月には，創設委員会の活動の成果を引き継ぎ，同様に部門制を敷く文化センター推進委員会が発足した。創設委員会から引き続き設置された管理運営部会では，それまでの議

論を引き継ぎ，直営を基本とする文化センター設置管理条例の制定を進めた。また，推進委員会で新たに設置された育成部門から，文化センターのこけら落とし公演でミュージカルを上演することとなる住民劇団「演劇ファミリーMyu（みゅう）」が誕生する。当初から住民主役の文化センターという理念が基本にあったため，「こけら落とし公演は住民がつくりあげた舞台で」という声が四季の里未来の夢創造委員会のメンバーからもあがっており，その後の文化センター創設委員会にも引き継がれていた。文化センターオープニングを目指す会のメンバーでもあったミュージカル経験者３人を中心に住民への声掛けがすすめられ，2000年９月に老若男女総勢約80名で発足にこぎつけた。それからわずか２ヶ月後，開館予定日のちょうど１年前の11月３日に，町の公民館でプレ公演を披露する。

続いて11月11日に美野里中学校体育館で行われた開館１年前カウントダウンイベントに合わせて，文化センターの愛称が「みの～れ」となることが発表された。全国から2,668点の応募があったなかから，美野里町住民の案が採用された。この愛称には，「文化が実るように」との願いのほか，「～」には「山あり谷あり」の意味が込められており，開館に至るまでの住民たちの議論の紆余曲折の苦労を表すとともに，今後の活動のなかでも，波風を立てることを厭わず，ともに乗り越えていこうという思いが込められているという。

2002年３月，みの～れが開館するまでの記録や物語をまとめた書籍を住民自身の手で出版することを目指し，美野里町文化センター物語制作委員会が発足する。冒頭で触れたように，本節の記述は同委員会が編纂した書籍をもとにしている。

文化センター推進委員会まで受け継がれてきた住民委員の体制は，2002年７月に発足した企画実行委員会へと引き継がれることとなる。こうして，2002年11月３日に演劇ファミリーMyu（みゅう）によるこけら落とし公演，ミュージカル「田んぼの神様」をもってみの～れはめでたく開館を迎える。

### 開館後の運営における住民参画

文化センターの構想段階から継承されてきた住民委員を主役とする体制は，開館後は「企画実行委員会」に受け継がれた。具体的には，一般公募による14名の住民委員がみの〜れの活動全般をかじ取りする体制となっている。住民委員に加え，民間から地域文化コーディネーターとして1名が委員長として委嘱され，客観的・専門的見地から委員会をコーディネート（ファシリテート）している。

文化センター創設委員会に始まる100名体制の組織は，開館後にサポート部門，広報部門，舞台技術部門，文化育成部門からなる「みの〜れ支援隊」（高校生以上177名（以下，カッコ内の人数はすべて2018年4月1日現在）として再編されている。こけら落とし公演のために結成された「演劇ファミリー Myu（みゅう）」（95名。うち高校生以上60名）は，後に発足した住民楽団「楽団四季 Jolly forest Jazz orchestra」（26名）およびワークショップリーダー（2名）とともに文化育成部門に位置付けられ，みの〜れを優先的に使用できるなどの支援を受けて活動を行い，みの〜れの「顔」になっている。広報部門には，四季の里未来の夢創造委員会発行の「ゆめ通信」からの流れをくむ文化情報紙「おみたマガジン」を発行する「みのンぱ編集局」（10名）とみの〜れの自主事業のチラシやチケットなどのデザインを担当する「art minole（みの〜れ支援隊宣伝美術部）」（11名）の2つのチームがある。プレ事業の運営でチケットもぎりなどの役割を担ったボランティアはサポート部門の「公演スタッフ」（56名＋みゅうのうち65名＋楽団26名）に位置付けられている。さらに開館とともに裏方である舞台技術部門が設けられ，専門スタッフの指導のもとに音響・照明・舞台装置などを操作する「スタッフエッグ」（12名）として活動している。この他に，住民が自主的にチームを作って事業を企画実行する各種実行委員会やプロジェクトチームが7つ（延べ76名）活動している。

これら，みの〜れ支援隊および各種実行委員会などの活動を調整し，予算配分などを実質的に審議するのが，上述の企画実行委員会である。つまり，みの〜れは住民の活動を住民が審査するという究極の住民運営の体制で動いている。

以上がみの〜れにおける住民参画の体制であり，これら住民の活動を支援するのが職員の役割である。この体制を小美玉市では，住民参画からさらに進んだかたちとしての「住民主役（主体・主導）・行政支援」の文化ホール運営と呼んでいる。

みの〜れの組織は，民間から登用された館長の下に市の職員７名が配属され，施設の管理業務のほか，夜間に及ぶこともある住民による話し合いのサポート，予算管理や市役所との連絡調整などの業務を担っている。ここで求められる職員の能力は，決められた規則を適用・執行するという通常の事務能力ではなく，常に住民と向き合い，自由で創造的な住民の活動を後方から支援・促進する能力，そしてそのために円滑なコミュニケーションを図り，的確にコーディネートを行う能力である。また，ときに衝突や葛藤（山あり谷あり）に直面しても，それを乗り越える能力が必要とされる。開館初期からずっとみの〜れを率いている館長は，市長と緊密に連携し，そのような業務に適性のある人物を市職員の中から見出し，あるいは育成していくことに心を砕いている。

## 4　みの〜れ方式の広がり

前節で見てきたのが「地域創造大賞」の受賞理由にもなった「まちづくりの人材を育成」する「市民参画型運営」である。

小美玉市は，みの〜れが「地域創造大賞」を受賞し，全国的な注目を浴び始めるのと時を同じくして，合併によって市の管轄となった文化施設（旧小川町の小川文化センターおよび旧玉里村の生涯学習センター（コスモス））にみの〜れの運営方式を導入し，活性化を図るようになる。1,200席の大ホールを擁する小川文化センターは，稼働率が低迷を続ける深刻な状況にあった。そこへ，みの〜れで経験を積んだ職員が異動して改革を進めた結果，住民発案の企画で大ホールが満席となるなど，大きな成果を挙げた。なかでも，オーディションを通過した歌声自慢の住民がプロの歌唱指導と演出を受け，プロのバンド演奏をバックにステージ上で歌い上げる「スター☆なりきり歌謡ショー」は，出演者とそれを応援する関係者，そして観覧を楽しみにやってくる住民で熱気に包まれる人気企画となった。また小川文化センターでも施設の愛称を募集し，「つなぐ」という意味のラテン語「アピオ」と「オアシス」を掛け合わせた「アピオス」が選ばれた。

みの〜れ，アピオスでの成功で弾みをつけた小美玉市は，2012年に「小美玉市まるごと文化ホール計画」を打ち出した。これは，みの〜れ，アピオス，コスモスの３館を中心として住民参画による文化事業を推進し，文化ホール以外の市内各所，市域全体で文化的表現が可能な環境をつくっていこうというものである。そのために，３館の横の連携を強化すると同時に，住民の活躍の場も３館以外の施設・広場まで広げる努力が続けられている。さらに，「文化」の範囲も舞台芸術や美術のみならず，祭りや食文化など幅広い意味で捉えることとしている。

小美玉市では，みの〜れで得られた成果を地方創生にも活かしている。2016年３月に市が策定した「小美玉市まち・ひと・しごと創生総合戦略『ダイヤモンドシティ・プロジェクト』」では，策定にあたって市役所の若手職員がワーキンググループに参加し，「恋愛・結婚」「まちの魅力」「仕事創出」「移住・定住」という４つのテーマに分かれて検討を行った。その際，各テーマのリーダーにはみの〜れでの勤務経験がある職員が抜擢された。彼らは，住民主役・行政支援の理念のもとに住民側の当事者意識を高めるノウハウを身につけており，市役所職員で構成されるワーキンググループでも他のメンバーの当事者意識を高めて自由闊達な議論を可能にし，戦略策定の議論をリードしていった。その結果，「恋も子育てもしたくなるまちになる」「地域の宝を見つけ，磨き，光をあてるまちになる」「わく WORK（ワーク）がとまらないまちになる」「スーッと，ず〜っと住めるまちになる」という，行政文書にはあまり見られない個性あふれるフレーズで４つの基本目標を表現した。

一方，総合戦略の第２政策分野「まちの魅力」においては，「おみたまブランドの確立」を目指し，同市の特産品のひとつであるヨーグルトにちなんで，「ヨーグルトサミット」を開催するという目標が掲げられた。2016年３月に戦略が策定されると具体的に準備が進められ，2018年10月20日および21日の2日間にわたって開催が実現した。この企画の実現にあたっては，青年層49人（酪農協，食品公社，農業青年クラブ，商工会，観光協会，青年会議所，子育てママまちづくりサークル，クラフト作家，住民劇団，大学生，市職員など）が8つのチームに分かれて奮闘した。ここでも各チームの要となったのは，みの～れで文化イベントの企画に携わった経験のある人物であった。職員だけでなく，住民の側でもみの～れの活動で培った能力が他の場面で発揮されたという例と言えよう。

また，同じく第2政策分野「まちの魅力」の施策の第一には「文化のまちのストーリー」を掲げ，「文化芸術によるシビックプライドの醸成」や「小美玉市まるごと文化ホール計画」を推進するとしている。

つまり，みの～れをはじめとする文化ホールでの活動を推進することが，まちの魅力を高めるという個別の政策分野に対して有効であると考えられていると同時に，政策形成や芸術文化活動以外の場面でも望ましい効果があると考えられていることを示している。

小美玉市は，文化ホールでの住民主役・行政支援の取り組みがもたらすこれらの波及効果に自覚的であり，これを戦略的に推進しようとしているとみることができる。翻って見ると，市長による「ポスト青年団」としての文化ホールづくりという目論見が成功しているように見受けられる。

## 5　創造性を育む場としての公立文化会館

地域創造が公表しているみの～れの地域創造大賞受賞理由は，表題が「“市民参画型運営”でまちづくりの人材を育成」（傍点筆者）であり，文末の「ホール事業を通じたまちづくりの新たな人材育成のあり方を提示した」（同上）との一文と呼応している。前節で見たヨーグルトサミットのようなまちづくりイベントで青年層が活躍したという事例は，まさにこの点での成果が表面化した事例とみることができる。ヨーグルトサミットの開催は受賞から9年後の出来事なので，地域創造（ないし地域創造大賞の審査員たち）は，「市民実行委員会が毎年，各種事業計画に携わり，市民劇団・楽団を含むボランティア組織の『みの～れ支援隊』約160名がホールを支える」という取り組みが，ヨーグルトサミットのようなかたちでまちづくり人材の育成につながることを，開館から7年ほどの時点でみの～れの活動に見出していたということだろうか。注意しておきたいのは，全体として市民（ボランティア）側が人材として育成されるというニュアンスがあるのに対し，「住民参画型運営」を支える職員側の資質向上といった側面には触れられていないことである。

別の観点も確認しておこう。上述の受賞理由は「地域創造大賞実施要領」の「表彰基準」のうち，第一の「地方公共団体等が，文化・芸術による地域振興やふるさとづくりという地域を豊かにするための行政の目的に沿った……公立文化施設の理念，使命を持ち，それを達成するための施設運営がなされている」（傍点筆者）にあたると考えられる。

「ホール事業を通じたまちづくり」「文化・芸術による地域振興やふるさとづくり」といった表現からは，地域創造という団体の性格が垣間見える。すなわち，広い意味での住民福祉や地域振興が地方公共団体の最終目的であって，「ホール事業」や「文化・芸術」の活性化・振興を道具的に扱う傾向である。もっとも，表彰基準の第2の項目は「先進性，テーマ性を有する自主企画作品の制作，公演や自主企画展覧会の開催等創造的な活動に取り組むとともに，内外の優れた作品の鑑賞機会の提供に意欲的に取り組んでいるか」となっており，芸術文化そのものの振興にも意義を見出し，バランスをとってはいる。

しかし，少なくとも本章でつぶさに見てきたみの～れの取り組みとそれへの顕彰については，「まちづくり・地域振興・ふるさとづくり」といった目的に対する文化・芸術の道具的価値を引き出す手法として，「市民参画（住民主役・行政支援）」を徹底した点が高く評価されたとみてよいだろう。

小美玉市ないし市長は21世紀の小美玉市のまちづくりを担う人材を文化ホール事業を通じて育成しようとした。その取り組みは地域創造の示す価値基準とも合致し，地域創造大賞の受賞につながった。この顕彰は，小美玉市の取り組みを多少なりとも加速している。そして，同じような方向性での取り組みを行っている地方公共団体や文化ホールを勇気づけるだろう。しかし，それは絶対的に正しい方向性ではなく，他の選択肢もあるなかでのひとつの判断であるということもまた，忘れてはならないだろう。

最後に，みの～れの意義について筆者なりの視点を付け加えるとすれば，ここに登場する人々が「まちづくり人材」というように手段化される手前にある，個々人の（しかし，他者との関係性のなかにある）意識の変化や人間的成長の部分にこそ注目すべきなのではないだろうか。みの～れに集う人々は，それぞれによりよく，より楽しく生きようとする営みのなかで試行錯誤し，企画を実現するための創意工夫に向けた知恵や建設的な議論および合意形成の仕方といった意味での「創造性」を体得していっているように見える。そうして得た創造性を次にどう活かすか，その能力を使ってどう生きるか，どのように人生を楽しむのかは，一人ひとりに任されている。その一部がたまたま「まちづくり」という方向に向かうことがあってもよい。みの～れは，そうした創造性を育む「学びの場」になっている。かつては青年団などの社会教育団体や公民館などの社会教育施設（生涯学習施設）がそのような場として中心的な役割を果たしていたのかもしれない。今一度，「創造性を育む場」という視点から，公立文化施設や社会教育施設のあり方を問い直してみる必要がありそうだ。

注

(1)　新潟県魚沼市の「小出郷文化会館」(1996年開館）は，行政主導で建設計画が進められたことに対して住民が声を上げ，設計やその後の運営に住民が主体的に関わるようになった（小林他編 2003)。この時期，住民参加（参画）による文化会館の建設と運営を行う事例が全国に現れるようになっており，本章でとりあげるみの～れもそのような一連の動きに位置付けることができる。

(2)　富良野演劇工場（2000年開館）は，「NPO 法人に公立文化施設の運営を委託した公設民営の先駆け」として JAFRA アワードを受賞している。運営団体の「ふらの演劇工房」は，NPO 法人（特定非営利活動法人）認証の全国第1号としても知られる。同年の受賞団体には，注(1)の「小出郷文化会館」もあり，同賞が市民（住民）参加で運営される施設を評価していることがうかがえる。

(3)　同書には，反対派の若者による冷めた意見も紹介されている。本節では多くの住民を議論に巻き込んでいった様子を見ていくが，決してすべての住民がこの議論に参加したわけではないということには留意しておきたい。

(4)　大阪の演劇文化を支えた民間劇場「扇町ミュージアムスクエア（OMS)」（1985～2003年）の10周年記念誌のタイトルが「呼吸する劇場」であった。みの～れ関係者は当時これを認識していなかったようであるが，都市の若者文化発信拠点（民営）と住民参画の地方公立文化施設で同様のキャッチコピーが用いられたことは，創造的な場の普遍性を考える上でたいへん興味深い。

### 文献

一般財団法人地域創造「令和元年度　地域創造大賞（総務大臣賞）実施要領」(http://www.jafra.or.jp/form_box_files/upload_files/1717/jafra_1717_1.pdf　2019年５月30日閲覧)。

一般財団法人地域創造「これまでの受賞施設」(http://www.jafra.or.jp/form_box_files/upload_files/1718/jafra_1718_1.pdf　2019年５月30日閲覧)。

小林真理・小出郷の記録編集委員会編著，2003，『小出郷文化会館物語――地方だからこそ文化のまちづくり』水曜社。

「呼吸する劇場」編集委員会，1995，『呼吸する劇場――扇町ミュージアムスクエア10周年記念』扇町ミュージアムスクエア。

みの～れ物語制作委員会，2012，『まちづくり編集会議』日本地域社会研究所。

美野里町文化センター物語制作委員会，2002，『文化がみの～れ物語』茨城新聞社。

中本正樹，2019，「文化芸術の現場で育まれた「住民と行政の共創」がまちへ広がる茨城県小美玉市の事例――市直営の文化ホール「みの～れ」から地方創生，そして全国初のヨーグルトサミットへ」『公共コミュニケーション研究』4 (1)。

新潟県魚沼市，2006，『財団法人地域創造公立文化施設評価モデル事業　小出郷文化会館評価報告書』新潟県魚沼市。

小美玉市公共ホール運営委員会，2012，『小美玉市まるごと文化ホール計画』小美玉市。

竹内潔，2015，「地域文化の振興にかかわる施設の役割」鈴木眞理他編著『社会教育の施設論』学文社。

田中健夫，2008，「青年団が培ってきたさまざまなノウハウを住民による文化ホール運営に活かす」財団法人地域創造『地域創造』24号。

*Column*

「地域」と「アート」
——相互作用のその先に

吉田雄一郎

「地域」と「クリエイティビティ」が出会うとき，どのような作用が起こり，どのような可能性や問題点が浮かび上がっているのだろうか。

ここでは「クリエイティビティ」を「アート」や「芸術表現（活動）」と考え，兵庫県豊岡市が運営する舞台芸術のためのアーティスト・イン・レジデンス施設である城崎国際アートセンター（KIAC）が2014年に開館して以降，周囲で起こった出会いや変化の事例を紹介しつつ，その中で見えてくるものについて考えてみたい。なお，紙面の都合上 KIAC についての詳細な説明は省略する。関心のある方はウェブサイト（http://kiac.jp）等をご覧いただきたい。

2015年に実施したコミュニティダンス（地域の人が出演するダンス）の企画をきっかけに，プロジェクト終了後の2016年，参加していたダンスファシリテーターの女性が中心となってダンスのワークショップを定期的に開催するようになった。2018年には主催団体を一般社団法人化して，誰もが気軽にダンスができる環境を作ることを目的に，毎月３日間のオープンクラスを KIAC で開催している。アーティストが創作を行う施設であるため，地域の方々にとっては訪れる機会が限られていたアートセンターが，今ではオープンクラスの開催期間中は子どもから大人まで市内外から多くの参加者で賑わうようになっている。

また，KIAC の影響で舞台芸術やアートが日常的に身近な存在となったことで，温泉街の旅館の若旦那たちがアートに地域活性化の手段としての可能性を感じ，2017年には東京から演劇カンパニーを自ら招聘してアートプロジェクトを開催したことがあった。旅館の若旦那と城崎温泉でのインターンシップに参加する都市部の学生たちが運営の中心となって実施したこのイベントは，アートの専門家ではない人たちがアートマネジメントの手法を活用して，旅館の閑散期の観光客誘致と地域の活性化促進のために自発的に実施された。

このふたつの事例はアートセンター自身の活動を契機として，その周囲の人たちが中心となって実施されたという点で，クリエイティビティが地域に波及している例として挙げることができる。

滞在アーティストの中には，時にアートセンターから飛び出し，その土地の歴史や文化をリサーチしたり，参加型のワークショップなどを行い，そこから得たさまざまなインスピレーションをもとに作品を創作する人もいる。

地域に古くから伝わる伝統芸能や民俗芸能をリサーチして作品の題材とする人，特定のコミュニティと関わりながら観客参加型の作品を創作する人，リサーチの対象や目的，手法は多岐にわたる。アーティストが独自の視点で地域を観察し，各々の方法論を用いて作品として提示することによって，そこに住む人々が日常生活の中では見逃してしまいがちな地域の価値や魅力を再考することにつながることもある。

しかし見方を変えると，このようにコミュニティや地域の文化的資源を題材にして作品を創作することは，アーティストが表現者という特権的な立場を通して地域のリソースを搾取することや，地域がその魅力発信のためにアートを利用することにつながってしまう可能性をはらむ点を指摘しておきたい。リサーチ対象との関係の築き方やテーマの扱い方について，アーティストと運営者，地域の人々という三者間のコミュニケーションや意識のすり合わせが重要となる。

演劇やダンス，美術や音楽といった既存の芸術表現の分野を超えて，それらの領域を横断するような表現を提示する作家，暴力や死，性や差別といった，日常生活においてはタブー視されがちなテーマを扱う作家，家父長制や資本主義といった現代の社会を構成するシステムや制度に対して，それとは異なる価値観や社会のあり方を提示するような作品を創作する作家が滞在することもある。

都市部と比べると，保守的な考え方も根強く存在する地方のまちにおいては特に，このようなアーティストの作品は，観客である私たちの常識や価値観を強く揺さぶり，時には嫌悪感すら抱かせることも起こり得る。しかしその様な作用には，普段私たちが「あたりまえ」としている価値観を問い直し，社会の制度や常識についてあらためて考えるきっかけとなる可能性がある。

これらはほんの一例だが，「地域」と「アート」が出会うことによって，直接的・間接的にポジティブとネガティブ両方の要素を含むさまざまな相互的な作用が起こっている。「地域」にとって「アート」が，どんな時でも地域活性化の役に立つというわけではない。時には摩擦や軋轢を生むような，取り扱いに技術や経験を必要とし，神経を使うものでもある。しかしだからこそ，そのような毒にも薬にもなる劇薬のようなアートは私たちが生きる社会にとって，小さくても無視できない声となり影響をあたえることがある。

社会や地域とまったく関わりを持たずに創作を行うアーティストや芸術表現は存在しない。アーティストも私たちと同様，社会に生きる一人の人間であり，多かれ少なかれその表現は彼ら／彼女らの生きる社会に影響を受け，それを映し出す鏡として機能する。そんなアーティストの生み出す作品と向き合うことによって，鑑賞者である私たち自身も何らかの影響を受けることになる。そのような小さな積み重ねのずっと先に，人々の集合体である社会や地域が変わっていく可能性があるように思う。

▲ 城崎国際アートセンター

出所：西山円茄撮影

第6章

# アートで変える関係・仕事・地域

## ——神奈川県の「カププカプ」と岡山県の「ぬか つくるとこ」

川井田祥子

## 1 アート活動の原点を問い直す

近年，障害者のアート活動への関心が高まり，2018年6月13日には「障害者による文化芸術活動の推進に関する法律」が公布・施行された。文化芸術の創造および享受は国民一人ひとりの生まれながらの権利であり，障害者の文化芸術活動を幅広く促進することは国や自治体の責務であると明記されている。同法はさらに基本的施策として，障害者が文化芸術を鑑賞する機会の拡大，作品等の発表機会を確保するための展覧会開催や海外発信の支援，芸術上価値が高い作品等の海外への発信，文化芸術活動の推進に寄与する人材の育成及び確保などを掲げており，文化庁や厚生労働省が所管する支援事業も増加している。法整備によって自治体レベルでもさまざまな支援政策が展開されていくことが予想される。

日本では1990年代にアート活動に取り組む障害者施設が増え始めたが，そもそもは「障害者に対する見方を変えるきっかけになれば」「自己表現のひとつの手段としてアート活動を活用し，社会参加の機会になれば」という考え方が多くの出発点であった。それまでアート活動に取り組む障害者施設は数えるほどしかなく，先駆者たちは手探りで独自の道を開拓していった。アート活動を楽しむ障害者の姿を目の当たりにするとともに，共感してくれる他者の存在によって背中を押されたがゆえの前進であったと考えられる。

それから20年余りが経過し，障害者のアート活動を取り巻く環境は大きく変化した。急激な変化によって何か大切なものを置き去りにしているのではないか，先駆者たちが当初目指していた方向に向かっているのだろうかと考える人々もいる。例えば2017年12月に大阪市で，「about me――“わたし”を知って」という展覧会が開催された（主催：社会福祉法人大阪障害者自立支援協会〔国際障害者交流センタービッグ・アイ〕）。いまや障害者を対象にした公募展は全国各地で数多く実施されており，入選することは確かに喜ばしいが，入選できなかった人の表現にも大切な意味があるはずだと考える障害者施設の職員らが企画した。入選しないかもしれない表現，「アート作品」とは呼べないかもしれない表現など，表現する人自身や周囲とのつながり，日々の暮らしなども含めて多面的に“表現”を見つめ直そうとする意欲的な展覧会は好評を博し，2019年２月には２回目の展覧会が大阪市で開催された（主催：大阪府）。

アート活動に取り組んできた先駆者たちの多くは「障害者をアーティストとして認めてほしい」と考えていたわけではなく，「障害のある人も障害のない人と同じであることを感じとってほしい」という考えから，障害のある人とない人との間にある溝を埋める手段としてアートを活用してきた。本章ではそのような溝を埋める手段としてのアートという視点に立ち，独自の活動を展開しているふたつの施設「カプカプ」（神奈川）と「ぬか つくるとこ」（岡山）を取り上げる。障害者アートのブームともいえる現状に対して，両施設の取り組みは問いを投げかけてくれるものと考えられる。

## 2　“ザツゼン”の場としての「カプカプ」

### 価値観を揺さぶり続けて

2018年９月８日，秋晴れの土曜日。午前10時過ぎに西ひかりが丘団地商店街（横浜市旭区）へ到着すると，約50人が集まっていた（図６-１）。イベント開始を告げるアナウンスに続き，喫茶カプカプの前に吊るされていた手づくりのク

**図６－１**　20周年イベントの様子

出所：筆者撮影

ス玉が割られ，ラジオ体操の曲が流れる。体奏家の新井英夫さんのリードによってその場にいたほとんどの人が体操をしはじめ，向かい側にある青果店のご主人がその様子をにこやかにながめていた。

この日は喫茶カプカプ開店20周年記念のお祭りで，ミロコマチコさん（絵本作家）のライブ・ペインティング，菅原直樹さん（俳優，介護福祉士）の「楽しく安心してボケるための演劇ワークショップ」，三好春樹さん（生活とリハビリ研究所代表）のトークなど多彩なプログラムが展開され，全国各地から人々がお祝いに駆けつけたのである。プログラムの中には，カプカプーズ（カプカプの利用者の通称）の野元好枝さんの夢だったディスコを青空のもと出現させるという催しもあり，金髪やオレンジ色のカツラをかぶって仮装した人々が混然一体となって，歌や踊りを楽しんだ。いったい誰がゲストなのか，誰が利用者なのか，誰がスタッフなのかが判別できない……いや，判別する必要のない場であり，これこそがカプカプ所長・鈴木励滋さんが全国に広がってほしいと願う“ザツゼン”の場だ。鈴木さんによればザツゼンとは「いろいろな違いをもったもの（者／物）が一緒にいる（居る／在る）」ことで，「整然とすべき／あるべき」という価値観を揺さぶりたいという思いも込められている。

**図6－2**　カプカプひかりが丘外観

出所：筆者撮影

## 経済的基準ではかれないもの

カプカプは1997年に地域作業所として開所し，1998年９月に西ひかりが丘団地の一角に喫茶店「カプカプひかりが丘」をオープン（図6－2）。その後，近隣地区に「カプカプ竹山」（横浜市緑区）と「カプカプ川和」（横浜市都筑区）という喫茶店も開設し，2017年からは「生活介護事業所」[(1)]へ移行した。2019年時点で約60人が３事業所で働いている。喫茶店では無農薬有機栽培のコーヒーや紅茶，オーガニック素材の手づくりクッキーなどを販売するほか，店舗前では古着や食器などのリサイクル品も販売しており，お茶を飲むためだけでなく「この資料をコピーしてほしい」といった簡単な依頼にも対応し地元の人々が気軽に立ち寄れる場所となっている。ちなみに「カプカプ」という店名は，宮澤賢治の童話『やまなし』に出てくるクラムボンの笑い声に由来する。店内中央に10人ぐらいが座れる大きな一枚板のテーブル，その周りに３つの４人掛けテーブル，奥には横になれる座敷があり，天井からは開店15周年のときに吊るされた色とりどりの三角形の布がたなびき，壁には商品の雑貨や本，小物が並んでいる。ここにも“ザッゼン”は発揮されており，鈴木さんいわく，「置くモノを選ばないということは，来る人も選ばないという考えにつながっている」とのこと。喫茶店の営業時間は月曜から金曜の10：30～18：00，年末年始に休業すると「行くところがなくて困る」と地元の住民に言われるほど愛される存在になっている。

この地区には1968年に開設された市営ひかりが丘団地（2,325戸）と1970年に開設されたUR西ひかりが丘団地（961戸）があり，かつては地区の商店街へ加入するためには厳しい審査（年間売上額，支店の有無など）をパスしなければならなかったそうだ。高度経済成長の時代が終わると，子育て世代の親とたくさんの子どもたちでにぎわっていた商店街を取り巻く環境は一変する。2013年3月には団地内にあった小学校が閉校となり，1990年代に閉店した団地に隣接する生協の跡地も，出店を検討していた数社が調査の後に「ここはダメだから出店しない」と判断して，結局は更地になってしまったという。高齢化率は40％を超えて人口減少も著しく進んでいる。鈴木さんは「この地域は経済的に価値がないということなんだと思う。でも，経済的価値があるかどうかだけで判断すると本当に豊かなものが見えなくなってしまう」「都会の人たちが捨ててきた大切なものがこの地域には残されている。人と人とのつながりがあって，そこに人間としての豊かさの可能性がある」という。

## 関係を変えていく装置

鈴木さんの言葉を具現化するかのように，カプカプひかりが丘は喫茶店という形態をとっているが，単なる経済活動のための場所ではなく，人と人とが出会い関係を築いていく“装置”として機能している。例えばスタンプカード。喫茶の利用100円ごとにスタンプをひとつ押してくれて，30個たまれば300円分の利用ができる。ありふれたサービスだが，ここではお客の名前を覚える手段としても活用されている。なぜなら，カプカプを利用してくれる地元の住民は高齢者が多く「なくしてしまうから」とスタンプカードを自分で管理せずカプカプに預けっぱなしにする。するとスタッフはスタンプカードの持ち主の顔と名前を覚えるようになり，次の来店時にその人の名前を呼んで接客ができる。そうなるとお客もスタッフやカプカプーズの名前を覚えようとする。このように始まっていく交流によって，「高齢者」や「障害者」などの一般名詞ではなく固有名詞を持った者同士の関係，「誰かと交換可能ではなく，あなたでないと困る」という関係へと発展していくのだ。

演劇ライターでもある鈴木さんは「ここでの日常は一種の演劇，集団的創造の場である」といい，目の前の個々の人がその人らしくいられるような営みを〈はたらき〉と呼び，その〈はたらき〉に対してお金を払ってもらうようにすることがスタッフの仕事であると考えている。例えばカプカプーズの黒瀧勝さんは，「左利きの子どもに興味がある」と会う人すべてに話しかけるので，以前所属していた福祉施設ではそういう話しかけは禁止されていた。40代の男性がいきなりそんな発言をすると不審がられるという施設職員の配慮だったのだが，禁止された黒瀧さんは次第にフラストレーションが溜まってしまい，幼稚園に「左利きは何人いますか？」という電話をかけてしまったこともあるそうだ。その後，カプカプに移ってからは「左利き」の話題は黒瀧さんの接客トークと認められた。人生経験豊富なお客たちが「私たちの頃は左利きも多かった」と昔のことを話し始めることもあり，黒瀧さんの発言はカプカプでは問題行動にはならなかったのである。その後，お客との交流が大好きな黒瀧さんのために，トークがメインで描くのはあっという間，まるでインスタントカメラのような「クロタキ・ポラロイド」（１枚300円）と称する独自の〈はたらき〉が開発されたのだった。

もう一人，最首星子（さいしゅせいこ）さんという両目が見えず言葉も発しにくいカプカプーズがいる。出勤した日は店の奥にあるゴロゴロスペースと呼ばれる座敷で横になっていて，ときどき「ガーガー」と声を出したり，店内の音楽に合わせて身体を揺らしたりしている。最首さんは人の声を聞き分けて，お気に入りのメンバーがいると自分からそちらに寄っていくそうだ。常連客はそんな姿を見守っていて，店にいないと「今日，星子さんはお休み？」と尋ねてくる。最首さんはいわゆる重度障害者と認定されているため，何もできないと思われてしまうが，彼女のことを気にかけて会うのを楽しみにしてくれるお客とのあいだでは関係が築けているゆえに，店にいることが最首さんの仕事になっているのだとカプカプでは考えている。

鈴木さんは自分の父親から「昔の人は，働くというのは傍（はた）が楽になることだと言ったものだ」と折にふれ聞かされたという。この“楽”を楽しさや豊かな関係づくりと捉えるなら，最首さんに会うことを楽しみに来店する人がいる限り，接客という仕事が成立していることになる。

### 生きづらさは誰にでもあるからこそ

ひと昔前までの福祉では，障害者を少しでも健常者に近づけるように訓練を行い，管理することがあたりまえだと考えられていた。障害はその人自身ががんばって克服するものという考え（＝個人モデル）が主流だったからであるが，いまは社会の側が環境や制度を整えていくという考え（＝社会モデル）へと変化しつつある（残念ながら後者の考えがすっかり浸透し，具体的変化が表れているとは言い難い状況ではあるが）。カプカプの実践は，障害をなくすのではなく，関係を変えていくことによって障害者のみならずどんな人でも肯定されるよう価値観の転換を企てているともいえる。効率性や合理性を過度に追求した現代社会は，がんばって結果を出さないと認めてもらえない世の中であり，自分の弱さをさらけ出せずに生きづらさを感じている人々は増加している。そんな生きづらさを感じている人がカプカプーズと出会い交流するなかで，さまざまな規範に縛られている自分を解放するきっかけも与えられるだろう。

鈴木さんは2005年にダンスパフォーマンスグループ BABY-Q を主宰していた東野祥子さんのダンス作品［error cord /// pcsh404slhq］を見て，最初はよくわからなかったのにいつの間にか泣いていたという経験をし，言葉や理屈ではなく感覚に直接働きかける表現の魅力に気づかされたことをきっかけに，自らの価値観が固定してしまわないようにと舞台を鑑賞し続けている。多くの舞台を見ることによって自分の感度を高める努力を続けていれば，論理や常識，知識などすでに持ち合わせている尺度でしか物事を判断できない不自由さから逃れられるのではないか，さらに，日常のさまざまな出来事を面白がれずに支援者あるいは管理者という強者としての行動をとってしまう危険性をしりぞけられるのではないかと考えるようになったという。

先述した20周年記念イベントではプログラムの最後に，三好春樹さん（生活とリハビリ研究所代表）と星子さんの父である最首悟さん（和光大学名誉教授，カプカプ前運営委員長）の対談があり，進行役を鈴木さんが務めた。2016年７月に起こった相模原障害者殺傷事件についても話が及び，あのような事件につながる価値観や規範を生み出しているのは社会全体の問題だと終始事件が“自分事”として語られていたことが印象的であり，この立脚点こそカプカプが重視していることなのだと再確認できた。

生きづらさを感じてしまう整然とした世界に対し，はみ出すものや弱さを許容できる世界をカプカプでは“ザツゼン”と表現する。“ザツゼン”の世界は障害者だけでなく誰にとっても必要な世界であり，カプカプという場での交流を通じて関係そのものを変え，さらにその根底にある社会全体を覆っている価値観や規範も変えていけるよう活動を続けているのだ。

## 3　一人ひとりの個性を発酵させる「ぬか　つくるとこ」

### 遊び心で福祉色を払拭

2018年４月15日，晴天の日曜日。開放感あふれるサウスヴィレッジ（岡山市南区）の屋外スペースで，８回目となる「コニコニの森」が開催された。約50のお店や団体が出店するなかに福祉施設「ぬか　つくるとこ」（以下，ぬか）のブースも軒を連ね，スタッフ全員がおしゃれなユニフォームに身を包み，マンチャンという男性を中心に楽器を演奏したりオリジナルのテーマソングを歌ったりしながら“マンチャンカレー”を販売していた（図６-３）。正午ごろには長い行列もできるほどで，陽気な音楽を楽しみながらカレーを食べる家族連れなどでにぎわった。

「コニコニ」とはハワイ語で「ドキドキ」という意味があり，主催者の有満裕子さん（倉敷市にある小さな焼菓子屋ハハコグサのオーナー）が，ハイクオリティな作品や食べものを生み出す岡山県内の作り手と直接会って会話を楽しみ，本当に良いものを選んでほしいとの願いから「コニコニの森」を立案した。2014年10月に第一回目が開催されて以降，春と秋の年２回実施されている。出

**図6-3**　マンチャンカレー出店風景

出所：筆者撮影

店するのはいずれも有満さんたちが自信を持って選んだものづくり作家や飲食店，カフェなどで，ぬかはこれまで2016年春（4回目）と2017年春（6回目）にも出店している。

毎回趣向を凝らした店にし，今回はマンチャンこと万殿雄也店長の営むカレー屋とした。マンチャンはぬかに通ってくる車いす利用者の愛称で，彼は家の中ではほふく前進で生活しているため上半身は筋骨隆々，腹筋も鍛えぬかれているそうである。日常会話では甘口だったり辛口だったり，さまざまな対応をするマンチャン。そんな彼の人柄をモチーフにした楽曲「マンチャンカレー」が施設でつくられていたこともあって，その曲にちなんだカレーをつくることにした。自由に選べるトッピング7種類の中にプロテインを入れるなど遊び心満載である。

### 多彩な利用者とスタッフが混ざり合って

「ぬか つくるとこ」は生活介護事業所（通所型の福祉事業所）の名称で，築100年以上の古民家と蔵を改修して2013年12月に岡山県都窪郡早島町でオープンした（図6-4）。運営は株式会社ぬか，代表を務める中野厚志さんは倉敷市内の障害者支援施設に約15年勤務した経験があり，絵画教室などに関わるうち

**図 6－4**　ぬか つくるとこ外観

出所：筆者撮影

に自分で施設運営をやってみたくなり，独立を決めたという。スタッフにはデザインや陶芸，看護師，農業に携わっていた人など多彩な面子が集まった(2018年 3 月時点でスタッフは常勤 9 人，非常勤12人)。なかには20年以上飲食店で働いていた男性もおり，毎日のランチやイベントなどで腕をふるっている。和洋中，ときにはハワイアンやアフリカンもあるバリエーション豊かな料理は利用者に好評で，地域の人からケータリングを依頼されることもあるという。

ユニークな事業所名は糠床が由来だ。玄米を白米へ精白する過程で不要とされ捨てられてしまう糠。しかし実際は栄養価が高く，手間暇と時間をかけて発酵させることで，おいしい漬物を漬ける糠床になる。そんな糠床のように利用者の個性を手間暇かけて見出し発信していける事業所になりたいという思いから「ぬか」と名づけ，さらにさまざまな人や地域，社会との関係をつくっていきたいという意味も込めて「つくるとこ」を付加した。

利用者である“ぬかびとさん”は自閉症や統合失調症，ダウン症など比較的重度の障害を持つ人たち約50人で，火曜日から土曜日の 9：00～15：30 の時間帯のうち自分の好きな時間に通うことができる（1 日の利用定員は20人)。

日々の活動は「好きなときに好きなことをする」を大切にしており，決まったプログラムはない。スタッフは常にぬかびとさんの行動に気を配り，気づいたことは「いとをかし」という日誌に記録している。日誌によってそれぞれの気づきや情報を共有するとともに，「アイデアラッシュ」と呼ぶ会議を不定期で開催することで，ぬかびとさんの魅力や個性を新たな仕事へつなげるワークショップなどを創出し，先述した「コニコニの森」や「UNOICHI——海がみえる港のマルシェ」（岡山県玉野市の宇野港で開催）など，各地のイベントに出店している。先述したマンチャンのテーマソングも，もともとは日誌の記録から生まれたものだ。

### 独自の仕事を生み出す

マンチャンのテーマソング以外に例えば，月に30冊以上も本を読むという読書家の戸田雅夫さんが営む「とだのま」，人が大好きで自作のプラバン（プラスティックの板に絵を描き，加熱して加工したもの）の指輪やネックレスをプレゼントしたい将平さんが営む「しょうへいくんのプラバン工場」，仮面ライダーにあこがれボール紙で変身ベルトを創ることが大好きな上木戸恒太さん主宰の「上木戸工作室」，新聞をちぎることが好きな小池佑弥さんが主として居座る「コイケノオイケ」などを有料で出店している。ぬかびとさん一人ひとりがこだわりや魅力を活かして生み出したものによって対価を得ることで，その人にしかできない仕事をみつけようと考えた結果である。例えば，「とだのま」では“とだみくじ”と名づけたおみくじを１枚200円で販売する。このおみくじには「大吉」や「凶」ではなく，戸田さんが日常生活で抱いた違和感や気づきなどの言葉が直筆で書かれている。「愛は小さな宗教である」「バランスをくずさねば歩み出せない」「貨幣で考えると文化は貧しくなる」「戦争が殺し合いじゃなく殺し文句の言い合いだったらいいのに」などの味わい深い言葉が書かれ，これまでに約400枚が人々の手に渡った。「しょうへいくんのプラバン工場」は参加費300円を払うと誰でも参加でき，自分で自由にプラバンを作ることができる。ときには工場長のしょうへいくんからのプレゼントもあり，女性へのプレゼントには「デートしよう」「結婚してください」など，ちょっとした下心つきのメッセージが添えられることもあるそうだ。「上木戸工作室」では参加者が自由にオリジナル変身グッズを創ることができ，子どもたちに大人気である。「コイケノオイケ」は小池さんがちぎった大量の新聞によって埋め尽くされた空間を用意し，参加者はその空間で自由に遊べる。ちぎった新聞で埋め尽くされた非日常の空間は子どもたちに大好評だという。

日常を楽しむイベントも多く実施しており，スタッフ自身も仕事が楽しくなるようなアイデアを出し合って次々と形にしている。中野さんは大規模な社会福祉法人で働いていた自身の経験を振り返り，「自分たちのアイデアを具現化していく際に稟議書の要らないことがいちばんいい」という。また，上木戸さんのために変身ベルトのキット用に数万円をかけて金型を作ったことについて，「一般的には無駄だと思われるようなことに支出しても，そこに意味があると思えるスタッフが集まっていることがうれしい」と述べる。日々，ぬかびとさんに寄り添いながら一人ひとりのこだわりを見出し，新たな仕事へと展開させていくエネルギーは相当なものだと思うが，ゼロの状態からアイデアを具現化させていくこうしたプロセスは創造性が試され，スタッフそれぞれのスキルを発揮できる機会であるため，楽しんで取り組めるのだろう。

### 子どもにも必要な居場所

2018年３月下旬に「ぬか」は歩いて10分ほどの場所に「アトリエ　ぬかごっこ」も開設した。6～18歳を対象にしたマイペースにものづくりができるアトリエで，絵を描く，粘土に触れる，楽器を演奏する，何もしないでぼーっとするなど，自由に過ごすことができる。

このアトリエに小学生の息子Ｂくんを通わせているＡさんは以前からぬかのファンで，アトリエができたことをとても喜んでいる。Ａさんは岡山にある社会福祉施設での勤務経験があり，そのときに「利用者」と「支援者」という立場の隔たりに対し違和感があったのだが，ぬかのイベントに参加したときはそういうものを感じることがなくファンになったそうだ。その後，雑誌『コトノネ』を発行している株式会社はたらくよろこびデザイン室が企画した「コトノネ観光課：ぬかつくるとこ編[(2)]」にも参加するなど，さまざまなイベントへ積極的に出かけ，誰もが自由に行き交えるオープンな雰囲気の心地よさにますますファンになったという。一般の施設や学校にはルールがあって，利用者や生徒にはそのルールに合わせていくことが求められるが，ぬかにはそういうルールがまったくなく，支援する側／される側という立場もあいまいなところが魅力だと話してくれた。

Ａさんは息子Ｂくんの教育に関して悩んだ時期もあったという。Ｂくんは自宅近くの幼稚園に通っていたが，年少のときに勧められて検査を受けたところ発達障害と診断された[(3)]。それを幼稚園側に伝えそのまま通い続けていたのだが，Ｂくんが年中（４歳）のときに「幼稚園の中でオレがいちばんできていない」と発言したのを聞いたＡさんは，幼い子どもが自分を否定的に捉えるような対応ってなんだろう，全能感にあふれている時期は何にでも興味をもってチャレンジすることが大事ではないだろうかと考え，年長になる年に「森のようちえん[(4)]」へ移った。やがて小学校をどこにするかと考え，サドベリースクール[(5)]が岡山にはなかったため，近隣の小学校へ通いながら子どもがのびのび過ごせる場所を見つけようと思っていたところ，「アトリエ　ぬかごっこ」が開所されることを知って一番に申し込んだという。現在，Ｂくんは地域の小学校との付き合い方を模索しながら，ぬかごっこにも楽しく通っている。ぬかごっこでＢくんは，自分の頭の中にある世界を毎回大放出して武将ごっこをしたり，ヒーローの街をつくったり，銀行をつくってお金を量産したりしている。スタッフが自分の世界を一緒に楽しんだり広げたりしてくれるのが，とても楽しいそうだ。

「ぬかびとさんの面白いところ」「その人にしかできないこと」を突き詰めて新たな仕事にしていくプロセスは，Ａさんから見れば「スタッフもインスピレーションを受けている」し，「対等というか，サポートし合ってる感じがする」そうだ。ぬかのスタッフにとっても，障害は当事者が乗り越えるものではなく環境や関係を変えていくことが何よりも大事だという考えを共有しているからこそ，チャレンジが継続できているのだろう。

## 4　技芸としてのアートによって well-being の具現化を

筆者は創造都市論をベースに，「アートによる社会的包摂」を研究テーマとしている。社会的包摂とは社会的排除の対概念であり，福祉を welfare から well-being へ変化させようとする状況にも関係している。すなわち，社会的排除の克服には個人に着目した多面的な支援策の展開が望まれるため，従来の福祉（welfare）にみられるような国家ないし政府が最低限の生活水準を規定して公的支援を行うだけではなく，人間をよりよい生を生きようとする（well-being）主体だと位置づけて多様な選択肢を保障するとともに，自己肯定感を育むことも重要だという考え方である。そのためには冒頭で述べたように，障害のある人とない人との間にある溝を埋める手段としてのアート，さらには既存の価値観を転換するようなアートが必要だといえよう。障害者アートへの関心が急速に高まっている現在，先駆者たちがアート活動に見出そうとした意義に再び光をあてる必要があると考えている。

カプカプ所長の鈴木さんに，障害者アートへの関心が高まっている状況をどう思うかを尋ねてみると，「懐疑的だし，カプカプはアート系の施設だと位置づけられたくない」との言葉が返ってきた。ミロコマチコさんや新井英夫さんとのワークショップを隔月で実施したり，毎日絵を描いているカプカプーズもいるのだが，アートはカプカプーズの日常を楽しく豊かにするためにカプカプが模索するさまざまな手段のひとつにすぎないという。なぜなら鈴木さんにとってアートとは，舞台鑑賞によって自ら価値観が揺さぶられるように，一人ひとりの足元を揺るがし価値観の問い直しを迫るツールだからである。障害者アートがブームとなっている状況においては，「健常者」と言われるマジョリティに「がんばっている」「癒される」などの表層的な感覚を抱かれ消費されてしまう懸念を払拭できないため（なかにはそうならない鑑賞者との出会いもあるだろうが），積極的には現状に与したくないのだという。カプカプを訪れて実際にカプカプーズと交流し，新たな関係を築くなかで価値観が揺さぶられ，世界の見え方が変わっていくプロセス，つまりカプカプで起こっている現象そのものがアートなのだといっているようにも思える。

ぬかでも，「創作としてのアート活動はしてもしなくてもいいと思っていて，あくまで日々を楽しくしていくための媒体のひとつとして捉えている」とのこと。ぬかびとさんのやりたいことや面白さが核としてあって，それを見出すスタッフの側にアート的視点（既存の価値観に縛られない視点）があり，さらに社会につないでいくためにアートやデザインのスキルを発揮して，３節で紹介したような仕事を生み出しているといえるだろう。

アート art という言葉はラテン語のアルス ars，さらにギリシア語のテクネー technē に由来し，学問と技芸という２つの意味を内包しているとされる。本章で取り上げたカプカプやぬかの取り組みは，既存の価値観や規範を変えていく技芸 art であり，自分事として関わろうとする人々を巻き込みながら，生きづらさをゆるめていくよう社会を変革するアート・プロジェクト[(6)]なのだと考えられる。

このような福祉施設の実践が広がっていくことこそ，well-being を具現化していく道程なのだといえよう。

付記

本稿は「文化庁と大学・研究機関等との共同研究事業」および「平成30年度鳥取大学学長経費事業」の研究成果の一部である。

注

(1)　障害者支援施設などで，主に昼間において日常生活上の支援を行うとともに，創作的活動の機会提供や生活能力向上のための援助を行っている事業所を指す。

(2)　雑誌『コトノネ』は全国の障害者施設や就労支援施設の経営改革に関するさまざまな提案を行うことを目的に，2012年１月に創刊された。「コトノネ観光課」は全国の福祉施設や生活困窮者支援の NPO など，観光地として訪れることのない現場を観光地に見立てて記事にする企画である。なお，ぬかでの観光スケジュールは以下の通りであった。

１日目

10：00　ぬか集合
10：00～10：45　ぬかの説明・注意事項
10：45～12：00　ぬか体験　ハルミケーション・とだのま（おみくじ）
12：00～13：00　昼食
13：00～15：30　ぬか体験　上木戸工作室（変身ベルトワークショップ）
15：30～16：30　送迎　ぬかびと（利用者）の送迎に同行
16：30～18：00　入浴・のんびり
18：00～　夕食・振返り・懇親会
21：00～　就寝

2日目

8：30～10：00　起床・朝食
10：00～12：00　ぬか体験　散策・コイケノオイケ（新聞ちぎりワークショップ）
12：00～13：00　昼食
14：00～15：00　ふりかえり・記念品贈呈
15：00　解散

(3)　発達障害は早期発見・早期支援が必要だという考えから，子どもたちに検査を勧めるケースが広がっている。それによって各地の特別支援学校では生徒数が増加の一途にあり，「発達障害バブル」という言葉まで生み出された。特別支援学校は通学途中でのトラブルを避けるためか，送迎バスを用意している。そのため子どもたちは自宅と学校をバスに乗って往復するだけで，社会との接点がほとんどないまま学童期を過ごし，卒業するとほとんどが社会福祉施設に通うこととなる。残念ながら社会との分断が進んでいるのである。

(4)　自然体験活動を基軸にした子育て・保育，乳児・幼少期教育の総称であり，全国にネットワークが広がっている。ちなみに，「森」とは森そのものだけでなく，海や川や野山，里山，畑，都市公園など，広義にとらえた自然体験のフィールドすべてを指す。また，「ようちえん」には保育園，託児所，学童保育，自主保育，自然学校，育児サークル，子育てサロン・ひろばなども含まれ，そこに通う0歳から7歳ぐらいまでの乳児・幼少期の子どもたちを対象にしている。

(5)　一人ひとりの個性を尊重し，「人は本当にやりたい，必要だと感じたときにいちばんよく学ぶ」という考えに基づく教育を実践している学校。

(6)　神野真吾はアート・プロジェクトに関する論考のなかで，「アート／美術のプロジェクトでは大きな目的を共有しながらも，そのプロセスの中では目標が柔軟に変化しうる」ことが重要な要素だとし，「その変化には一人の特権的な人物（作者）だけではなく，関与する者たち全てがそれぞれの仕方で関わっている。その関わりの中で，自分たちのこととしてその活動をしっかりと認識し，それぞれが主体的にアプローチしようとする」と“自分事”にする重要性も指摘している（神野 2017）。

さらに，「与えられた目標のために効率よく何かを実現することは，20世紀までは最重要の事柄であったが，21世紀においては『目的を新たに生み出す』こと，そして『目的との関係で柔軟に目標を組み替えていく』ことが強く求められている」「そうした可塑性に富む創造活動を生むことがアート・プロジェクトの本質なのだと言えるだろう」とも述べている。

## 文献


カプカプひかりが丘編，2016，『ザツゼンに生きる――障害福祉から世界を変えるカプカプのつくりかた』カプカプひかりが丘。

川井田祥子，2013，『障害者の芸術表現――共生的なまちづくりにむけて』水曜社。

川井田祥子，2016，「アトリエ運営のさまざまな可能性」服部正編著『障がいのある人の創作活動――実践の現場から』あいり出版，146-151。

河本珠奈，2016，「個々の『生』を最大限全うできる社会をつくるための表現活動――岡山県都窪郡の生活介護事業所『ぬか』を事例に」鳥取大学大学院地域学研究科修士論文。

神野真吾，2017，「アート／美術のプロジェクト――可塑的創造性の学び」『造形ジャーナル』No. 431：3-5。

鈴木励滋，2005，「働くということ――地域作業所の現場から」横校労ニュース387号，横浜学校労働者組合。

服部正，2003，『アウトサイダー・アート――現代美術が忘れた「芸術」』光文社。

井出幸亮，2017，「癖やこだわりを持つ面白い人たちが，成功も失敗もできる場所」（https://www.diversity-in-the-arts.jp/stories/5915，2018.12.16）。

木村覚，2017，「オルタナティヴな劇場としての喫茶カプカプ」（http://www.bonus.dance/interviews/07/，2018.12.16）。

鈴木励滋，2016，「『障害福祉』から世界を変える『カプカプの作り方』出版プロジェクト」（https://cf.yokohama.localgood.jp/project/kapukapu，2018.12.16）。

武末明子，2017，「この人の“面白いところ”ってどこだろう？ それが仕事づくりの原点。アートを活かした障害者向け生活介護事業所『ぬか つくるとこ』」（https://soar-world.com/2017/11/01/nuca/，2018.12.16）。

## *Column*

### 動いて資源を発掘し，豊かなコミュニティを

福井恒美（聞き手・執筆：川井田祥子）

私は2006年，49歳のときに東京から倉吉市へＵターンした。東京では商社に勤務していて，片道90分かけて通勤し土日も休まず働いていたものの，「毎日こんなふうでいいのかな」という疑問が次第に大きくなった。子どもも就職したし，残りの人生は自由に使おうと決意して帰郷。自分には同級生がいたりしたけれど，妻はＩターンなので知っている人はいないし，生活環境が一変して戸惑うことが多かった。そこでみんなと自然に交流できるしくみが必要だと考え，動き始めた。

例えば「IJU カフェ」。「IJU」は「移住」と読み，Ｉターン・Ｊターン・Ｕターンとどんな経緯で鳥取へ来ても，気軽に集まりつながっていける場を設けることにした。喫茶店のように固定した場所ではなく，イベント的に開設するスタイルにして，鳥取県内各地で数十回継続している。

そして「軽トラ市」。NPO 田舎暮らしの応援団を立ち上げ，「規格外の野菜などを軽トラックに載せてきて」と地元農家５～６軒に声をかけると，多いときは10台ぐらい集まってくれた。そこへ移住者が買い物にやってきて，対面販売を続けているうちにコミュニティができていく手ごたえを感じた。

そんなある日，高齢女性が若い男性と来て「(軽トラ市を）やっとんなるのは知っとったけれども，私は足が悪いでよう来なんだ。でも，今日は孫が休みでおったから連れてきてもらっただが」と言われた。彼女の住む家は軽トラの通れない道幅の狭いところにあったので，リヤカーならば野菜を持ってこられると考えて，周囲に声をかけて何とか探し出したが，古くてボロボロだった。あちこち修理して使えるようにし，毎週日曜の午前中に近所を回っていると固定客もついてきた。その後，女性スタッフも一人で回れるような軽くてカッコいいリヤカーはないかとインターネットで検索していると，荷台付きの三輪自転車を発見。ヨーロッパでのみ扱っている高価なものだったが，鳥取県と日本財団が支援してくれたので２台購入し，「くらよしカーゴマルシェ」と命名。倉吉市市街地の高齢化率約40％の明倫地区と成徳地区それぞれに「大鳥屋」「鳥の杜」という基地を置いて，２キロぐらいの道のりを定期的に回っている。2016年10月に発災した鳥取県中部地震のときは，女性スタッフが「いつも会うおばあちゃんが独り暮らしで心配だから行く」と言うので，いつものベレー帽をヘルメットに替えて安否確認に行った。やはり何度も会って話をしている人は他人ではなくなるのだ。いまでは，おばあちゃんたちから雪かきや家の中の片付けなど，いろいろなお願いごとをされるようになったので，できるかぎり応えている。三輪自転車で行うこの活動はエコでクリーン，しかも高齢者の見守りにもなっているということで，2018年度に環境省の「環境社会イノベーション賞」の受賞につながった。

このように，さまざまな地域課題に直面しても解決すべく行動しながら，必要に応じて「株式会社鳥プロ」や民間団体の「リアルマック」「IJU 大学」などを設立

した。活動は多岐にわたるが，共通しているのは地域課題の解決であり，移住者も巻き込んでいくスタイルだ。ちなみに数年前から移住者たちとの交流をデザインする人という意味で「IJU 交流デザイナー」と名乗るようになった。移住者は多様なスキルや能力を持っているので，一緒に動いてもらおうと考えて「IJU 大学」もつくった。これは誰でも先生，誰でも生徒という市民大学で，180人ぐらいの登録がある。農学部もあって，6年ぐらい前から無肥料，無農薬で除草作業もほとんどすべて人力で行うお米をつくっている。経済学部では起業塾を開講しているし，学部に関係なく学生同士が連携してワークショップやライブなどを開催することもある。例えば大阪から移住してきた男性は，IT スキルを持っていたので，スマホでホームページをつくる講座を実施するなど，それぞれの能力を発揮できる場になっていることが特徴だ。

2019年からは空き家を活用した民泊事業などを展開する拠点「鳥プロ base」も開設。最初は有志で内装のリフォームを行い，とにかく敷居を低くし，ゆるい感じで誰でも気軽に集まれる場にしようと考えて，「なんとなく夜ごはんの会」などを実施した。一緒にごはんを食べながら交流していると，自然にアイデアもわいてきて次の行動につながっていくこともある。

こんなふうに，とにかく自分から動く。動いてみると資源が見つかる。資源はモノだけでなく人も含まれる。人と人をつないでいるうちに，いろいろな「コト」も起こっていく。そのプロセスを通じてコミュニティは豊かになっていくのではないか。さらに，ひとつひとつの資源が秘めている可能性を顕在化させるインキュベーション，卵をかえす孵卵器のような場をあちこちにつくっていきたい。

▲ くらよしカーゴマルシエとともに（中央が福井）

第7章

# 社会の課題を自分ごとにするために

## ――福島県猪苗代町「はじまりの美術館」の例から

長津結一郎

## 1　現象としての「障害」

福島県猪苗代町で2014年にオープンした「はじまりの美術館」の館長である岡部兼芳が，異なるインタビューで語ったあるふたつの言葉が，本章を執筆するモチベーションである。

ひとつめは，ライターの平井有太によるインタビューでの岡部の言葉である。

> 福島県は原発事故で「障害をもった県」になった。共通しているのは「ひとごと」であること。実際に先入観，固定観念で見られ，イメージだけで捉えられてる。(平井 2016：263 傍点筆者)

そしてもうひとつは，芸術に触れる機会や地域コミュニティの交流の場をつくることから復旧・復興を支援するプロジェクト「福島藝術計画×ART SUPPORT TOHOKU-TOKYO」のウェブサイトに掲載されているインタビューでの岡部の言葉である。

> やはり「障がい」と「アート」や「芸術」って似てるなっていうことですね。どういうことかと言うと，アートも障がいも，本来は私たちの身近に

あるものですよね。でも，そこには気づかず，自分とは関係のないものとして認識してしまう。そこには新しい発見や，不便さのなかに隠された革新性や，既存の価値を見直させるような価値がたくさん眠っています。それなのに自分とは関係のないものと思ってしまう。アートも障がいも，そういうところが結構似てるなと思うんです。（福島藝術計画×ART SUPPORT TOHOKU-TOKYO 2016 傍点筆者）

「福島は障害をもった」という言葉。「障害とアートは似ている」という言葉。このふたつは，「障害」という言葉をたんに事実としてだけではなく，障害者福祉の現場に長く携わって来た岡部ならではの，障害者とそれをめぐる社会的処遇のありようとして，いわば現象としても捉えている。この「障害」とはいったい何であろうか。

本章では，社会的課題と関わる芸術の場において何が起きているのかを，関わる人々の語りから分析する。「はじまりの美術館」の事例研究として議論を進め，岡部の語る「障害」という言葉を手掛かりにして，地域が「障害」を負うとはいかなることなのか，それらにアートがどのようにアプローチしているのか，そしてそのためにどのような場が開かれているのかを検討していく。

やや先取りして述べると，はじまりの美術館の取り組みには，大きな社会的課題に対する，ある一定の距離感がある。大きな課題を，小さな目の前のこととして丁寧に紡ぎながら現実的に交錯させていく。そのような場がどのような思いで成り立っているのかを見ていくことで，多様な人々が多様なまま共に生きる社会における芸術の場づくりに向けた大きな示唆が得られると考える。

## 2　社会的課題と関わるアート

### 地域とアート——「道具」ではなく「装置」として

まずは，アートが社会課題と関わることについて簡単に概観しておきたい。この20年ほど日本国内では，地域や社会課題に関わる芸術活動が隆盛している。

このことは「アートプロジェクト」と呼ばれる。熊倉はその定義を次のように示した。

> 現代美術を中心に，おもに1990年代以降日本各地で展開されている共創的芸術活動。作品展示にとどまらず，同時代の社会の中に入りこんで，個別の社会的事象と関わりながら展開される。既存の回路とは異なる接続／接触のきっかけとなることで，新たな芸術的／社会的文脈を創出する活動。（熊倉ほか 2014：9）

だが実際にはアートプロジェクトは「既存の回路とは異なる接続／接触のきっかけ」をつくるどころか，地域の課題解決や地域住民の表面的なニーズを満たす「道具」になることもある。そのときに他の方法と比べてアートの持つ役割とはいったい何であろうか。

筆者は九州大学で取り組んでいるアートプロジェクトを振り返って，このことを３つのポイントにまとめた。すなわち，「対象に対する深い出会いやリサーチを通じて，社会的課題に今までとは異なる形でアプローチを行うとともに，インフォーマルなコミュニケーションを活性化させること」，「これまでの方法から逸脱したり，これまでの方法自体を組み替えるような形で，社会に新しい価値観をもたらすこと」，「遠い過去や未来へと想いを馳せるきっかけをつくるとともに，目に見えない価値を顕在化させること」である。

このポイントから，アートは社会的課題の認知を広げ解決するための「間接的」な助けとなり，課題そのものを見つめ直すための「装置」である，と言うことができる（長津 2018b：80-94）。

### 障害とアート――障害のある人が表現「すること」を通じて

だが実際，社会的課題に関わる表現に対する「装置」としてのアートの側面は，そう単純ではない。

近年の日本では，障害のある人の表現活動が，音楽・美術・演劇・ダンスなどさまざまな芸術分野において注目を集めている。なかでも美術の分野は，2000年代中盤ごろより障害のある人による表現活動を「アール・ブリュット」（フランス語で「生の芸術」）と呼ぶ展覧会が国内で急増するとともに，多くの地方自治体で障害のある人の表現活動を支えるための制度設計が進んでいる。2018年には「障害者による文化芸術活動の推進に関する法律」が制定され，2019年３月にはその法律に基づく基本計画が策定され，より多くの担い手による活動の振興が見込まれる状況にある。

だがともすれば，障害のある人を他者化することにもつながりかねない。障害のある人やその作品を一見賞賛しているつもりでいて，実は自分とは異なる存在として無意識のうちに排除しているかもしれない，ということだ。美術批評家の椹木野衣も，既存の社会に対して従順かつ従属的な立ち位置にあるものとして障害のある人の表現について取り上げることに対して警鐘を鳴らしている（椹木 2015）。

言うまでもなく，障害があるからこそ作品が素晴らしいとは限らない。ただし，障害のある人の作品をどう評価したらよいのかという点は実のところあいまいである。評価の問題については，障害のある人とその周囲の人々との「関係性」の変容にポイントがあるのではないかと筆者は考えている。すなわち，障害のある人と芸術家との表現活動の現場では価値の転換を企てる関係性が生起しており，芸術的価値ばかりではなく社会的な価値，さらにはコミュニティ形成に資する共同体的な価値が生み出されているのである（長津 2018a）。

とすると，具体的な場で何が起きているのかということを丁寧に見ていくことでしか，その作品や表現の価値を論じることはできない。音楽学の分野では「ミュージッキング（音楽すること）」（Small 1998＝2011）という概念があり，音楽の場をコンテンツのみならず多様な「コンテクスト」も踏まえて解釈する必要性が論じられて久しい。この議論を援用すると，障害のある人が表現した「何か」を大切にするだけではなく，障害のある人が表現「すること」によっていかなる事態が起きているのかが重要であり，その結果生まれた作品や展示がどのように設えられるかということもあわせて重要視しなければならない。

このことをふまえ，本節では事例を通じ，岡部の言う「障害」に対してどのように芸術がアプローチしているのかを検討していく。

## 3　はじまりの美術館

### 事例概要

2014年６月にオープンしたはじまりの美術館は，福島県耶麻郡猪苗代町に立地している私設美術館である。猪苗代町は会津地方に位置し，人口は１万4140人（2019年３月末現在）。北西には磐梯山，南には猪苗代湖を有す風光明媚な土地で，観光が主力産業となっているほか，そばの栽培も盛んで，はじまりの美術館の隣にも人気の高い蕎麦店がある。この地に，日本財団の支援により全国各地に設置されていた「アール・ブリュット美術館」のひとつとして，はじまりの美術館は開設された（図７-１）。

建物は築140年の酒蔵をリノベーションしており，建築物そのものも何度も受賞を数えるほか，雑誌（『新建築』2014年９月号）にも掲載されるなど注目を集めている。展示スペースのほか，地域の住民が気軽に立ち寄ることのできるカフェスペースも設けられている。

運営母体は社会福祉法人安積愛育園で，精神科を主な診療科とするあさかホスピタルを母体としたグループの一法人として位置付けられる。安積愛育園は設立から50年以上，知的障害のある人々のための施設を運営し，その施設での余暇活動として長年アトリエ運営なども行ってきた。2010年頃より美術館の開設準備をはじめるも，2011年の東日本大震災で被災し，一時準備を中断することとなった。その後はコミュニティデザイン事務所の studio-L と協働したほか，東日本大震災後に村上隆率いるアートカンパニーのカイカイキキが行ったチャリティ・オークションの収益が日本財団に寄付され設立された「New day 基金」による事業として開設がすすめられた。

はじまりの美術館では，2019年４月までに22回の展覧会を実施している（主催ではない展覧会を含む）。その多くの展覧会は，障害のある人の表現を扱う。

**図７−１**　はじまりの美術館外観

出所：筆者撮影

ただし，安積愛育園で活動する作家の個展を除いて展覧会のほとんどがグループ展の形式をとっており，出展作家のうち障害のある人とない人の割合は概ね均等か，障害のない人のほうが多いこともあるようだ。また，地域コミュニティと関わるイベントも数多く企画しており，美術館入口で行うマルシェイベント「はじまるしぇ」には多くの住民が集まるという。

## 調査方法

筆者は2014年の開設当時から断続的にはじまりの美術館に足を運んでいる。本章ではその際に収集した資料をもとにしつつ，2018年８月８日〜９日にあらためて訪問し，美術館のスタッフ５名（岡部兼芳［館長］，小林竜也，大政愛，関根詩織，中野美奈子）にインタビューを行った。インタビューでは，「障害」「震災」「地域」という３つのテーマに対する美術館の向き合い方を尋ねる趣旨で，簡単な調査票に記入してもらった上で，それをもとにして半構造的インタビューを行った。その後インタビューは文字起こしを行い，テキストを切片化，カテゴリ化を通じコーディングを行った。

## 4　インタビュー結果の分析

ここからはインタビューの内容を，前述した「障害」「震災」「地域」という3つのテーマに即して整理し，社会的課題に関わる芸術の場において何が起きているのかを，当事者の語りから分析する。

### フラットに面白がり，自分ごとにする体験——「障害」をめぐって

ひとつめは，「障害」そのものの見せ方に関する発言である。

前述した通り，社会福祉法人が母体となっており，「アール・ブリュット美術館」として開設されたはじまりの美術館では，障害のある人の表現を展示することはいわば必然であった。ただし，それをどのように見せるかという点で，はじまりの美術館はいくつかの仕掛けを施している。前述したように，障害のある人の作品とそうではない作品を併置することもそうだが，そのほかにも，展覧会の会期中に障害のある作家と観客が出会うことのできる機会をつくったり，展覧会の企画として障害について知る機会をそれとなく設けたりしているという。館長の岡部は，

> 当初スタートしたぐらいは，本当に障害を持っている人を理解してもらう部分っていうか，知ってほしいっていうところがまだ強かったかなというふうに思いますね。……それは要素として企画の中に落とし込んでいくのと，直接本当に本人とつながってもらってっていうか，関わってもらう中で，ダイレクトに感じてもらう部分といろいろあるなと思いながら。（岡部）

と語る。

「直接本人とつながり，関わる」ための方法として，作品を制作した障害のある本人を展覧会で紹介する機会を設けている。例えば社会福祉法人安積愛育

園のアトリエで作品制作をしている伊藤峰尾の個展『unico file. 01　伊藤峰尾』展（2015年10月24日～11月30日）においては，展覧会のトークイベントで伊藤本人と岡部館長によるギャラリートークの機会を設けた。伊藤には知的障害があり，言語が明瞭でないため，「結構慣れているスタッフじゃないと何を言っているか聞き取れない」（岡部）という。そのため，慣れている岡部との掛け合いによりトークが進行していく。そこでのトークは，たんなる作品の解説ではなくなるという。

> 最初は，（介助に）付いているわれわれは，峰尾さんの翻訳をするんだと（聴衆は）思ってたみたいですけど，全然そうじゃなかった。ニュアンスのやりとりで，峰尾さんを，うまく面白いところを引き出す。……ちゃんとした作品解説には全然なっていないんです。だけど作品の解説っていうよりは，作品とそれを描いた峰尾さんっていう人がどんな人かがわかってもらえたらいいなって。（岡部）

このように，作家本人に登場してもらうことにより，障害のある人自身の人となりや，周りの人たちとの関係の取り方を見せている。こうしたギャラリートークはこれ以後も実施しており，青木尊の個展『unico file. 02　青木尊大物産展　～青木さんとわたしの関係～』展（2017年11月11日～2018年１月14日）でもトークイベントが実施された（図７-２）。

また展示方法でも，出来上がった作品だけでなく，作品に至るまでのプロセス，もしくは行為を見せることを重要視している。例えば，滋賀県・やまなみ工房で活動する酒井美穂子は，「サッポロ一番醤油味」の即席麺の袋を見つめ触り続けることを日課としている。はじまりの美術館で酒井を参加作家の一人に招いた『無意味，のようなもの』展（2018年４月14日～７月16日）では，約３年間に触った，約600個の「サッポロ一番醤油味」を展示した。スタッフの関根は，そのときの観客の驚いたような反応を見て嬉しかったと振り返る。

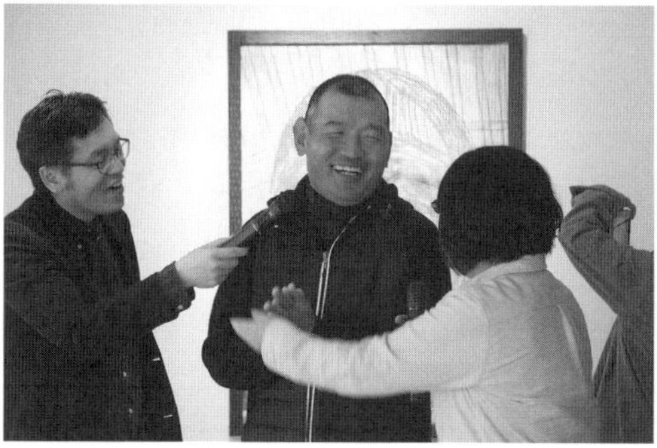

**図7－2**　ギャラリートークとして実施された「青木尊と巡る青木尊大物産展」にて青木尊（中央）の聞き手を務める岡部兼芳館長（左）

出所：はじまりの美術館

今までの経験上，障害あるのにすごいわねとか，天才とやっぱり紙一重よね，みたいな，頑張ってるわね，みたいな反応を聞くことがあって。でもそうじゃなくて，この，今，展示してあるものそのものだったりとか，行為そのものに面白みがあるんじゃないかなって私は思っていて，その感覚を共有できている気がするからですかね。（関根）

このように，障害のある人を出展作家として扱う際に，作品そのものを見せるだけでなく，制作に至るまでのプロセスや日々の行為を切り取って，それも展示として見せることがある。こうした手法は，アートプロジェクトの隆盛や，ソーシャリー・エンゲイジド・アートなどの議論にも下支えされつつ，2010年ごろから多くの障害のある人の展覧会で見られる手法となっている。

ただ，もちろん観客の中には，「障害のある人が描いているから見にきた」という人々もいる。スタッフの小林は，美術家・小沢剛の個展『帰ってきたDr.N｜小沢 剛』（2014年10月18日～2015年1月12日）の際に「障害のある人の作品が飾ってあるってニュースで見たけどどこにあるの？」と息巻く観客がいたというエピソードを語り，「そういう作品があると思って来たのにないから，ただただがっかりしているんだなと思うようなことがあって」（小林）と振り

**図７－３**　『あなたが感じていることと，わたしが感じていることは，ちがうかもしれない』展ではカフェスペースに参加型のボードが設置された

出所：はじまりの美術館

返る。初めて来訪した観客は「障害のある人の絵を飾る美術館なんだなという認識で帰られる」一方で，何度かはじまりの美術館に来たことがある観客は，「フラットに楽しんでいってくれてるなと思う」という。ここには，障害のある人の作品に対する観客のある種の消費的な視点が，たびたびこの場を訪れることにより徐々に融解していくようなプロセスを見ることができる。

このプロセスに一役かっているのが，観客が見たものを「自分ごと」として持ち帰るためのいくつかの仕掛けである。スタッフの大政は，学生時代よりアート・コミュニケータについて研究してきたこともあり，芸術を見る人にどのように届けるかということを考え，さまざまな参加型プログラムをはじまりの美術館で提案している。大政が企画担当を務めた『あなたが感じていることと，わたしが感じていることは，ちがうかもしれない』展（2017年４月８日～７月９日）では，積極的に触れる展示や，身体を使って体験する展示をキュレーションした（図７－３）。また，この企画展以外にも，展覧会場を出たところにあるカフェスペースに，観客がメッセージなどを書き残せるようにする試みもなされている。

自分の感じていることを書いて残して行ったり，そういう部分もちょっと

作っていて。……展示を一周見て帰ってくると，自分ごとにまたみて，考えられるみたいな仕掛け。（大政）

ここまでのことでわかってきたことをまとめてみる。障害のある人のアートを見せるといったときに，単に作品だけを見せるのではなく，作品を作った人自身や，制作プロセスあるいは制作する行為そのものを見せるということを通じ，観客は作家に障害があるかないかではなくフラットに面白がることのできるきっかけをつくっている。これによって観客が障害のある人と出会い，その作家の行為に他人ごとではなく自分ごととしての接点を見出す契機が与えられるようだ。

**絶望でもなく，希望でもなく――「震災」をめぐって**

ふたつめは，東日本大震災や原発事故に対してどのように向き合っていくかという点である。

インタビューをしながら筆者が何度も考えたのは，2011年の災害発生から時が経ち，「災害」そして「復興」が徐々に非日常的な存在から日常になってきているというプロセスがあるようだ，ということである。例えばスタッフの関根は，第12回西会津国際芸術村の公募展で入選した作品を，『ビオクラシー ――“途方もない今”の少し先へ』展（2018年2月24日～3月25日）で展示した際のエピソードを語った。高校生が描いたその作品のタイトルは『除染』だったという。ただしそれは，深く考えられたタイトルではなかった。

その子は牛が好きで…バッファローか。バッファローの絵を描いて，バッファローの周りに付いた汚れを取ってくれる鳥が実際にいるらしくて。その様子を抽象化して，ポップな感じで描いていて。タイトル何にしよう，って思ったときに，「あ，『除染』だ，『除染』しかないや」と思ったっていう話を聞いて。今の高校生はそういう世界を生きてるんだと思って。日常にある言葉として生きて来ているから，たぶん，私たちが使うよ

り気軽にタイトルにできちゃう，っていうのを聞いて。（関根）

他のタイトルを選びうる余地があったなかで『除染』と名付ける日常。震災に伴うさまざまな非日常的出来事が，いまを生きる人々にとっての日常になっていくこと。

だがその一方で，はじまりの美術館は開設の経緯からして，震災に関連した文脈で語られることが多いという。その際，「外から来た人が，分類分けとか語ることに，そんなに価値があるのかなって感じてて。……すごく温度差を感じた」と関根は語る。

この温度差はどこからくるのか。大政は，「猪苗代はそんなに被災者っていう意識はないと思う」と語る。

猪苗代っていう町自体，震災というものに対しては，希薄な人はたぶん多くって。でも，きっと思っている人はいっぱいいると思う。でも，大変なのは自分たちじゃなくって，別のところが大変だよね，っていう。それは，投げやりな言葉じゃなくって，事実としての認識という。（大政）

同じ福島県であっても，福島第一原発がある浜通りからかなり内陸にある猪苗代町は，原発事故に対する当事者意識は低いのかもしれない。だがそれでも，外部から福島という土地に向けられる目線はある。

だからこそ，直接的に震災をテーマにしたり，原発の是非を争ったりする場として美術館を機能させるのではなく，根底にある共通認識を「じっくりと仕込んでいく」（大政）場として機能させる。例えば小林も，自らが担当した『絶望でもなく，希望でもなく』展（2016年４月２日～６月27日）（図７-４）を引き合いに出し，

「絶望でもなく，希望でもなく」じゃないですけど，本当にそのことだけを考えているわけではないけれども，何か，こう，流れているものだなと

**図7－4**　『絶望でもなく，希望でもなく』展における小松理虔×tttttanによる展示

出所：はじまりの美術館，hzk 撮影

思っていますね。（小林）

と言い，単純な表象と流れている日常との距離感について言及する。大政も，

「絶望でもなく，希望でもなく」っていう感じだから，何かひとつのことを言うのは，美術館の姿勢としては違うかなと思って。なんかしっくりこないところがあって。どちらかというと，何かに関して考える場をひらくほうになっていると思っていて。（大政）

と話す。具体的に問題を提起する場ではなく，「何かに関して考える場」として美術館を機能させようというのだ。その結果，直接的に原発事故や震災のことを扱う作品を展示するよりも，いわば「間接的に」展覧会として設えることを選ぶ。小林は展覧会の作り方について「うっかり見に来た人でも何となく見て楽しんでもらって，こういうのもあるんだみたいに思ってもらうのが一番大事」と述べる。

ストレートにやると，別に相手にしたくない人に届いてしまうのはあるじゃないですか。それは本当に望むことではなくて。どっちかというと，

そこまで関心なかったりとか，当時はすごくこう思っていたけど，何かこう疲れちゃったりとか，「なかったことに」までは言わないだろうけどそういう人とか，まったく関心なかった人にこそ，何か考えるきっかけになってほしいと思うので。（小林）

福島にとって復興は，現在進行形の出来事である。「絶望でもなく，希望でもなく」という展覧会のタイトルに象徴されるように，非日常ではなく日常的な復興のプロセスを踏んでいるまっただなかにある。そのような状況において，直球で課題提起をするのではなく，ふと立ち止まって，間接的に考えるきっかけをつくるような営みにしようとしているように感じられる。

### 多様なクリエイティビティ――「地域」をめぐって

３つめは，地域との関わりについてである。猪苗代町の商店街の一角にあるはじまりの美術館は，JR 猪苗代駅から徒歩だと30分ほどかかるので，車で美術館を訪問する地元のお客さんが多いように見受けられる。商店街の人通りも，さほど多いわけではない。

そのようななか，前述した通り，はじまりの美術館は開設準備室の時代よりコミュニティデザインの専門家の協力をあおぎながら地域との関係を築こうとした。開館後も，地域の人物をゲストに招いたトークイベントなどを開催してきた。

なかでも重要なひとつが「よりあい」と呼ばれる取り組みである。開館前から継続して実施されてきたこの取り組みは，コミュニティデザインの観点から実施されてきた。定期的に地域の住民が美術館に集い，「部活」のようにさまざまな活動を行っていく。その活動が猪苗代町のマップづくりに結実するなど，具体的な成果につながっているという。「よりあい」の活動を継続していくことで，「自分たちの知らないところでつながっていって，新しいことをはじめている人が何人かいる」（大政），「イベントが増えた気がする」（小林）というような意見が出ているように，地域に新たなつながりが生まれはじめているという。

> 猪苗代で，いわゆる地域のお祭りみたいなのはたくさんあったけども，個人とかこういうところでやる，そういうお祭りってほぼほぼなかったんじゃないかと。……イベントをやるハードルがだいぶ下がったのではないかと。それは明確にここの影響なのかはわからないですけれども。（小林）

と小林が述べるように，美術館がハブになり，徐々に猪苗代町のなかで新しいことを始めようという人々が出てきている様子がうかがえる。

また，展覧会の作品のなかには，地域との関わりを積極的に持つ事例もある。例えば『たべるとくらす』展（2016年11月23日～2017年２月20日）ではアーティストの増田拓史が，地域に住む住民から思い入れのある家庭料理をヒアリングしたり，実際に料理してもらうことを通じて家庭料理の記憶や体験を記録した作品を展示する「猪苗代食堂プロジェクト」を実施した。この展覧会のおかげで，家にとじこもりがちであった高齢の住民は孫と料理を通じて交流をすることで活き活きしてきたり，昔の猪苗代の食文化についての振り返りの機会がもたらされるということがあったという。従来のアートプロジェクトに関する議論にみられるように，はじまりの美術館が地域やそこで暮らす人々に新たなまなざしを与えているようにも思われる。こうした取り組みは，地域に暮らす人々のエンパワメントにつながってゆくだろう。

また，はじまりの美術館という場そのものが，地域の人々が何かをするための場としてのクリエイティビティを喚起するようだ。

パートタイムのスタッフをしている中野は猪苗代町民でもある。2018年４月にパートスタッフとして働き始める前から，よりあいなどの機会に美術館を訪れており，「一人で気軽に来れる場所」という印象を持っていたという。木工関係の個人事業も営む中野は，美術館でのイベント「はじまるしぇ」を契機として他の地域住民と一緒にマルシェイベント「つながるしぇ」を開催している。

『無意味，のようなもの』展（2018年４月14日～７月16日）で美術家の田中偉一

**図７−５**　中野により実施されている板 Phone 制作ワークショップ

出所：筆者撮影

郎は「板 Phone」という作品を出展した。ただの木の板をスマートフォンに見立てて，量販店のように展示するという作品である。中野はこの作品が出展されることをスタッフから聞きつけ，「すっごい衝撃で，うわ，やられたと思って，これは絶対やりたいと思って」と，自ら木工ワークショップを美術館の外で企画しはじめた（図７−５）。さまざまな木の端材を iPhone サイズに加工し，参加者は好きな木に自分で模様を書いたり，木で作られたマークや模様をボンドで貼り付けたりができる。中野は嬉々として，企画したときの様子を教えてくれる。

案内するときに「最新モデルです。最新モデルは香り付きで」とか「機種によって香りが違うんです」っつって，子どもたちに木の匂いを嗅いでもらったり，触ってもらったりして。自分のオリジナルを作って，絵描いたりももちろんするんですけど，その木を持って帰ってもらって，触れてもらうっていう。それをきっかけに木に興味を持ってもらえればみたいなところがあってやってるんですけど。……契約書にサイン一応していただいて。フルネームじゃなくても，芸名でも何でもいいんですけど，ニックネームでも，とにかく数を知りたかったので，ご一読いただいてサインしてもらって，一応ご契約っていうことなのでっていうことでご案内するんですけど。2年縛りも4年縛りもないですよって。「申し訳ございません。うち，クーリングオフはしてないんですよね」みたいなことを，トークを交え。（中野）

中野は，田中偉一郎から許可をもらった上で，『無意味，のようなもの』展の開始直後（2018年4月）に仙台でのイベントで「板 Phone」のワークショップを独自に開催した。その後，2018年8月に話を聞いた時点で，約350名の「契約者」を集めたという。筆者もインタビューをしているはずが，あれよあれよと「契約」に至り，気づけば「板 Phone」を手にしていた。

なぜそんなに中野はこの「板 Phone」に惹かれたのか。中野は次のように述べる。

無意味って思うこと，感覚自体が，障害じゃないかな。（中野）

『無意味，のようなもの』という展覧会は，「一見意味のないように思える行動やその痕跡」（ステイトメントより引用）にフォーカスを当てた。ひるがえって考えれば，障害のある人の所作は「無意味」と捉えられることが多い。また，「無意味」な活動，「生産的でない」活動は，社会の中で淘汰されがちだ。中野はその「無意味」だという名付け自体，あるいは名付ける態度自体を問題視した。自らその「無意味」とされることに乗っかって創造性をいかんなく発揮することで，「やられた！」と思いながらも展示を「自分ごと」にしている。

## 5　もうひとつの公共をつくる
### ――美術館のこれからの役割――

#### 「自分ごと」となる場

ここまで，はじまりの美術館を取り巻く人々の発言を手がかりに，「障害」

「震災」「地域」というキーワードのありようを振り返ってきた。

障害というキーワードからは，美術館という場が，作品を見せるための場である，という一義的な意味を大きく超えて，作品が生まれるプロセスや作品を生み出す人たちの行為，はたまた人そのものを見せることにより，障害のある作家本人を知ってもらうことを目指しているということがわかってきた。

震災というキーワードからは，「絶望でもなく，希望でもなく」という展覧会のタイトルが象徴しているように，“日常的な”復興のプロセスにおいて，人々がふと立ち止まって，震災や原発事故の問題などを間接的に考えるきっかけをつくっていることがわかってきた。

地域というキーワードからは，アートプロジェクトの形式で積極的に地域の人々を美術館のプログラムに巻き込むことで，地域の見え方を変え，地域の人々をエンパワメントするとともに，自由なクリエイティビティの萌芽を下支えするような場として美術館が機能していることがわかってきた。

これらのキーワードを掘り下げるなかで度々使用した言葉が，「自分ごと」である。とかく，「障害」「震災」「地域」といった社会課題は，大文字のものとして語られがちである。だが，はじまりの美術館はそのことを，「小文字」の言葉として捉え直し，「自分ごと」として身近に引きつけるための手がかりを与える。そして，あくまで「美術館」という名乗る以上，社会課題を間接的に考える「場」を与えている。

### アートを通じた社会的課題への福祉的介入

最後に，「場」ということを考えるにあたって，震災という補助線を引いてみたい。

東日本大震災は，それまでの文化政策のあり方を見直す契機となった。その議論のうちのひとつが，公立文化施設の役割についての課題提起，大澤寅雄の言葉を借りると「存在意義の問い直し」（大澤 2018：277）である。普段は音楽や演劇，美術の鑑賞の場であったり，地域の文化活動のための場であったりしたところが，避難所となったり，震災を契機に閉鎖や解体が進められたりすることも多かった。何のために文化施設はあるのか。もちろんこうした問いが現場に生まれていたのは震災が初めてのことではなく，文化政策に関係してきた者は形を変えながら，常にこの問いに苛まれてきた。大澤は，被災地で幅広く人々にインタビューをするなかで，「とにかく震災後は，みんなが集まれる場所がほしかった」（大澤 2018：277）という言葉を繰り返し耳にしたという。そのことから大澤は，文化施設の根本的な存在意義を「文化的な繋がりを求めて人々が集まれる場所」（大澤 2018：277）と見定め，地域共同体の誰もが自由に参加できる入会地のような文化的営みの総体を「文化的コモンズ」と名付け，公立文化施設の役割とした（一般財団法人地域創造 2014）。

2014年に震災から３年後に生まれたはじまりの美術館は，明らかに人が集まる場として機能しているといえる。もちろん，毎日毎日ごったがえすほど人が訪れるというわけではない。しかし，美術館にたたずんでいると，遠くから車でわざわざ来る人だけでなく，隣のお蕎麦屋さんがのぞきにくることもある。ワークショップ型の展示があれば，参加した人々の痕跡が残り，訪問者はかつての訪問者のことに思いを馳せたりできる。ただ人が集う場というだけでなく，美術を「装置」とした「文化的コモンズ」が形成されている。

ただし，その場にある「装置」は，美術だけではない。もちろん美術館と名乗っている以上，美術作品の展示を見せるのが一義的な意味であるのは当然のことながら，それだけではない。福島という地に建っているからといって，震災や原発事故のことについて何かを常に訴えつづけているだけでも，地域の今後のあり方について考えつづけているだけでもない。障害のある人を対象にした福祉事業所が母体となっているからといって，障害者福祉の現状を伝えつづけているだけでもない。

この場にあるもうひとつの「装置」とは，はじまりの美術館を支える人々による，コンテクストづくりといってもいい，ささやかな「表現」である。「障害」「震災」「地域」といった大文字の課題や，その言葉をとりまいている固定観念――このことを「障害」と言ってもいいのかもしれない――を受け止めつつ，それらを日常として暮らしている人々が感じていることを，見せる。このことを通じ訪れた人々の「自分ごと」を喚起する。

丁寧に人と向き合いながら，その奥にある社会的課題に対し，文化的にアプローチしていく。一人ひとりと向き合い，その奥深くにあるニーズを探ったり，課題に丁寧に接近していくという所作は，まさに福祉に携わる人間の振る舞いそのものである。いわば，アートを通じた社会的課題への福祉的な介入が，この美術館では起きているのかもしれない。


### 謝辞

本章の執筆にあたっては，社会福祉法人安積愛育園の岡部兼芳館長をはじめ，スタッフのみなさま（小林竜也さん，大政愛さん，関根詩織さん，中野美奈子さん）に，インタビューのみならず原稿の事実確認や修正，画像の提供についてもたいへんお世話になった。深く感謝を申し上げる次第である。またインタビューデータの整理にあたっては若生帆波さんにご尽力いただいた。なお本研究は JSPS 科研費 JP 16K21028 の助成を受けたものである。


### 文献


大澤寅雄，2018，「二つの震災を節目とした文化と社会の関係性の変化」小林真理編『文化政策の現在３　文化政策の展望』東京大学出版会，263-285。

熊倉純子監修，菊地拓児・長津結一郎編，2014，『アートプロジェクト――芸術と共創する社会』水曜社。

椹木野衣，2015，『アウトサイダー・アート入門』幻冬舎新書。

一般財団法人地域創造，2014，『「平成24・25年度　災後における地域の公立文化施設の役割に関する研究――文化的コモンズの形成に向けて」報告書』。

長津結一郎，2018a，『舞台の上の障害者――境界から生まれる表現』九州大学出版会。

長津結一郎，2018b，「アートの道具化を超えて」九州大学ソーシャルアートラボ編『ソーシャルアートラボ――地域と社会をひらく』水曜社，80-94。

平井有太，2016，『ビオクラシー――福島に，すでにある』SEEDS 出版。

福島藝術計画×ART SUPPORT TOHOKU-TOKYO，2016，「感受性の蓋を外す美術館を」（http://f-geijyutsukeikaku.info/archives/247, 2019.1.5）。

Small, Christopher, 1998, *Musicking*, Wesleyan University Press.（＝2011，野澤豊一・西島千尋訳『ミュージッキング――音楽は〈行為〉である』水声社。）

Column

## まちづくり考

本間　公

まちなかに空き店舗を見つけると嬉しくなる。
新しい遊び場を見つけた子供みたいに，ここで何をしようか，考えをめぐらすのが楽しい。誰に頼まれたわけでもなく，あの場所にはカフェが欲しい，いやこの建物の渋さはバーだな，と勝手に妄想をふくらませてはワクワクしている。

まちなかの空き店舗は「困った」ものではない。
それは，まちが未来へ進むための大切な余白だ。
余白がないとアップデートもままならない。

永遠に続く店など，たぶん無い。
時代と共に生活は変わり，生活が変われば必要とされる店も変わる。
まちには変化が必要なのだ。淘汰と呼んでもいい。
役目を終えた店は看板を降ろし，次に場所を譲る。
まちの健康的なサイクル。
空き店舗に問題があるとすれば，シャッターが閉じている状態ではなく，
そのサイクルが止まってしまうことだ。

極相林という言葉がある。
長い時間をかけてできた完成形の自然林をそう呼ぶ。
土地を放っておくと，風や鳥が運んだ種がささやかな草むらをつくる。
やがて草は枯れ，それを肥やしに低木が伸び，ツル植物が巻きつき，より背の高い木が育ち……といった長い変遷を経て，その土地の風土がベストミックスの極相林をつくり上げる。

まちもまた同じように，長い時間をかけて極相林のようになるのだろうと考えている。
時代の波に揉まれ，繁栄や衰退を繰り返した末に。
その長い旅の途中の短期的なトーンダウンは，次の植生を育てる準備とも思える。

そんなことを考えながら，空き店舗に新しい店をインストールする仕事をしている。
空いている場所に小さな店を作る，それだけのこと。
しかし，その集積がまちの風景を作る。
クライアントのいる仕事なので100％好き勝手にはできないが
「不必要なものは作らない」ことはいつも心がけている。

ビジネス的には，古いものはどんどん壊して新しく作り直すほうが儲かる。
工事金額が大きくなれば利益も大きくなる。
でもそれはまちを，まちが積み重ねた時間を，使い捨ててしまうようで気持ちがよくない。過度にデコラティブなものやどこかの流行りのコピーが増えると，まちの風景は深みを失ってしまう。

とにかく，良い風景を作りたいのだ。
そして，良いまちに住みたいのだ。
刷新を美とせず，必要なものを少しずつ，ゆっくり時間を積み重ねてつくった蟻塚のようなまちが良い。

ずっと，「まちづくり」という言葉は偉そうで嫌いだった。
でも，自分が欲しいものをまちに作ることをそう呼ぶのなら，
そして自分が良いと思うことをそこにこっそり練りこむことが出来るなら，
僕なりの「まちづくり」を続けようと思っている。

◀ 鳥取駅前のパブ＆ホステルYにて毎月開催される金太郎夜市の様子。この建物は，10年近く空き家だった。

▶ かつての外国人バックパッカーの溜まり場だったタイのバンコクのあるエリアは，地元の若者にも人気のバー通りへと20年かけてゆっくり変化していった。

# 第Ⅲ部

# いきるためのクリエイティビティ

## —事例編2—

# 第8章 創造の実験場としての被災地
## ――「ポスト震災20年」の神戸における開発主義の変容

稲津秀樹

## 1 「ポスト震災20年」神戸からの問い

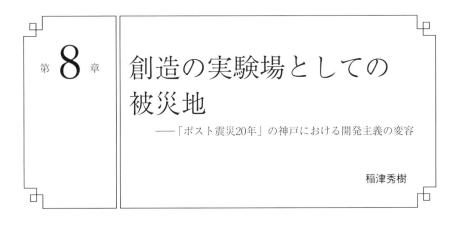

2019年2月8日――この日，筆者は阪神地域のある駅前で開かれる阪神・淡路大震災（以下，震災）の追悼行事の振り返り会に出席するため，神戸市内を訪れていた。主催者の高齢化や「記憶の風化」といった理由から，近年は数ある追悼行事の継続性を危ぶむ見方も報じられている。この日の振り返り会でも，今後どのように追悼行事を継続していく（べきな）のかが議論されていた。1995年1月17日の地震発生からまもなく四半世紀を迎えるが，追悼の場を設けることを通じて，被災地の時空間を想像し続けようとする人々の模索は続けられている（稲津 2017a）。

他方，兵庫県や神戸市の政策言説では，震災から10年が経過した2005年には「ポスト震災10年」，20年が経過した2015年には「ポスト震災20年」という語彙が，「復興」という語彙とともに用いられてきた。ポスト○○とは，○○以降，○○の後という時制を意味する。これらの言説をふまえる限り，震災の被災地でも，はたまた復興過程でもなく，常に震災からの復興以降の時空間へと私たちの想像力が方向づけられていく認識上の問題点が指摘できる（稲津 2017b）。

折しもこの日（2月8日）の NHK のローカルニュースでは，こうした「ポスト震災」の認識に沿った神戸市長の会見内容を伝えていた。会見では「震災から復興した神戸をさらに新しいステージに押し上げていく」ことを目指す，市内の主要駅前の再開発を行う計画が発表された[(1)]。再開発計画には，この追悼行事の行われる駅前の空間も含まれていた。「便利になるからいいではないか」，「どないなるんやろうか…」，「いますぐには変わらないと聞いている」など，現場（フィールド）から聞こえてきた声は，期待，戸惑い，憶測も含めてさまざまだった。いずれにせよ此度の再開発――担い手の高齢化や記憶の風化という理由ではない，外在的な理由――によって，震災から20年続けられてきた追悼行事の在り方が変わる恐れが出てきたのである。

このように「ポスト震災20年」の神戸においてなされる再開発を介した諸変化にこそ，筆者の見ている問題状況がある。そもそも，戦後日本社会の公共空間をつくってきた支配的な考え方として開発主義があり，神戸市の自治体行政も長らく「株式会社」に喩えられる神戸型開発主義に貫かれてきたことが言われる（広原編 2001；日本建築学会編 2019[(2)]）。開発主義は「動員」を通じた「主体化」へと人々を導いてきたという見立てがあるが（町村 2011），本章では開発が行われる際に用いられる語彙に着目しながら，神戸における開発主義の現在とその論理について考えたい。

此度の再開発について神戸市は「街と地域を創る」ことを通じた「新たな公共空間」の「デザイン」を進めるものだとしている[(3)]。創る／デザインするという語彙は，グローバル化と「地方創生」を背景にしたシティ・プロモーションの結果，いまや氾濫している感すらある。震災の被災地となった神戸では，「創造的復興」の名の下に行われてきた県と市の協働による一連の政策と[(4)]，市が2008年にユネスコの「クリエイティブ・シティ・ネットワーク（創造都市ネットワーク）」のデザイン部門に加入したことによる（野田 2014：ch.14），2012年の「デザイン・クリエイティブセンター神戸」開設に至る経緯を指摘できる。

これらの語彙の背景をなす文脈が「ポスト震災」の神戸においてどのように結びついていったのか。一見すると，震災復興の街づくり・地域づくりとデザインを通じた街づくり・地域づくりは，直接結びつかないように思える。震災復興についていえば，市民による社会運動を通じた異議申し立てもあり，「創造的復興」計画の実施過程で，数々の社会問題が生み出されてきたことも知られるようになった。例えば，避難生活におけるコミュニティの分断，復興公営住宅からの立ち退き，住民の暮らし向きに合わない再開発計画など，自然災害による被害のみならず，創造的復興の下で生み出される災害後の人為的な被害である（塩崎 2014）。後述するように，この議論からは災害後の復興政策を通じて誘導された資本と開発の問題が指摘されてきた。

他方，2006年４月より市は「デザインをまちづくりに生かすための研究会」を設け，2007年12月からは「デザイン都市・神戸」を推進するようになる。そこで「デザイン」とは「目に見える『形や色』だけではなく，それらを生み出す『計画や仕組み』，そのベースとなる『意図や考え方』」も意味するようになる[5]。これにより「デザイン」は，これまでの開発主義をめぐる都市計画や都市景観の議論に限りなく近い意味を示す語彙へと変化した。

その後，2008年の創造都市ネットワークへの加入を経て，震災15年を迎えた2010年には「社会の課題に，市民の創造力を。」をキャッチコピーとする『issue＋design』プロジェクトが開始された。これは，東京の大手広告代理店と特定非営利法人，そして市が協働して，震災をはじめとした社会課題の「解決」を目指す枠組みである。震災20年を迎えた2015年にも，「神戸からのメッセージ発信事業」として震災体験のアンケートやワークショップが開かれるなかで，次節に述べるシティ・プロモーション戦略に至る経緯がつくられてきた。

このように震災復興における課題に対して，「創る」や「デザイン」のみならず，「市民」や「創造（力）」，「クリエイティブ」という語彙が駆使されだしたことで，一見結びつかないように思われたこれらの文脈が「ポスト震災」の語られる時期に重なりを見せはじめたのである。デザイン都市・神戸のホームページには「すぐれたデザインは，人をひきつけ，人を動かす力を持」つとあるが[6]，本章では，この「力」の内実を理解しながら，「創る」ことや「デザイン」することを通じて，現在の神戸型開発主義が人々を動員し，主体化する際の論理を捉えてみたい。

以下，第２節では「ポスト震災20年」の神戸において明確な形をとったシティ・プロモーション戦略に着目しながら，神戸型開発主義をとりまく状況の変化について論じる。第３節では，この20年のうちに新たにつくられた論理の問題点を，「チカラ（力）」いう語彙とその表象に着目しながら考える。第４節では，この力を問い直す上での課題と方向性を探り，まとめにかえる。このように「ポスト震災20年」の神戸を形づくる力の論理を明らかにしながら，被災地を創造の実験場とし続けてきた開発主義の変容局面を描きだしてみたい。

## 2 『BE KOBE』の示す状況の変化

「ポスト震災20年」という語彙が用いられだした2015年１月のこと。これと軌を一にするように神戸市は，『issue＋design』企画とデザイン・クリエイティブセンター神戸との協働で『BE KOBE』というシティ・プロモーション戦略を発表した。『BE KOBE』のプロモーションは『I♥NY』や『I amsterdam』のように，それ自体がデザインとして抽象化された都市を指すロゴマークが用いられる（図８‐１）。この戦略には，グローバルな都市間競争に煽られながら特定地域にデザインを通じて半ば強制的に差異や意味を与える，場所の美学化の動きを見てとれる（Harvey 1989＝1999）。グローバル化の影響が私たちの暮らすローカルな位相に現れることはマクドナルドやディズニーの例でも紹介されてきたが，デザインを通じて場所の美学化を促す競争もその例外ではない。

こうした競争を促す文脈としては，グローバル化に加えて，国民人口の減少を背景に国家によって煽られる地方間競争も念頭におく必要がある。「創」という語彙が地域政策に用いられる際の背景を成す，「まち・ひと・しごと創生法」を受け，2015年から2016年にかけてつくられた「神戸創生戦略」や『第５次神戸市基本計画』の「神戸2020ビジョン」でも，神戸市の人口減少が認識されるなかで，上述した「デザイン」の政策的な位置づけがなされてきた。(7)

このようにグローバルな位相とナショナルな位相との相互交渉を通じて，ローカルな社会の位相が現出する。そしてそこに「創」や「デザイン」という

BE KOBE

**図８−１**　『BE KOBE』ロゴマーク

出所：神戸市，2015，「BE KOBE」（https:bekobe.jp 2019年５月31日閲覧）

語彙が用いられるのは，神戸に限らず，いまではありふれたことであるが，それにより何が「創」られ，「デザイン」されようとしているのかが問われなければならない。その意味で本章の課題は『BE KOBE』の内容が説明される際の語彙と論理にある。2019年４月現在，『BE KOBE』のインターネットサイトの説明には，「市民が神戸市民であることを誇りに思う『シビックプライド』の取り組みです」とある。

その論理と精神は次節に述べるとして，ここではシビックプライドという語彙に示された状況変化それ自体を考えたい。都市工学の議論では，これは「市民が都市に対して持つ自負と愛着」のことであり，技術的には「従来，都市計画，建築設計，ランドスケープ，アートディレクション，イベントプランニング，マーケティング，コミュニケーション，プロダクトデザインといった個別の分野から興味が注がれてきた事柄」を包括する「戦略的なコミュニケーション全体をプランニングすること」と定義される（シビックプライド研究会編 2008：6-7）。その対象は，①広告・キャンペーン，②ウェブサイト・映像・印刷物，③ロゴ・ヴィジュアル・アイデンティティ，④ワークショップ，⑤都市情報センター，⑥フード・グッズ，⑦フェスティバル・イベント，⑧公共空間，⑨都市景観・建築といった，複数の「コミュニケーション・ポイント」から成る都市の情報，シンボル，アクティビティ，そして空間にまたがるという（ibid：12-13）。

ここに見て取れるのは，近代の都市計画を推進してきた官僚組織とテクノクラートを中心とした開発主義（広原編 2001）の拡がりである。このとき重要視されるのが，消費社会化や情報社会化を背景としたコミュニケーションの変容，そしてアートや建築といった文化的実践に他ならない。まさにシビックプライドという語彙で示される状況そのものが，既存の開発主義といわゆるポストモダン現象との複合的状況についての考察を要請していると言える[8]。官僚組織のみならず，民間企業，非営利団体，アーティストといったさまざまなアクターのネットワークを前提としながら，都市計画だけではなく，都市の表象やコミュニケーションの在りようからも，開発主義をとりまく状況の変化を捉え直すことが求められている。

神戸型開発主義の現在形は，例えば，港湾都市である神戸のポスト工業化の側面を示す波止場の変化に如実に現れてきた。2017年の「神戸港開港150年」事業のひとつとして，『BE KOBE』を象ったモニュメントがメリケンパーク（波止場と突堤を公園化した埋立地）に設置され，「インスタ映え」スポットとして話題になったことは，まさしくポスト工業化する港湾を象徴する変化と言えるだろう。「山，海へ行く」と呼ばれてきた開発主義の帰結であるメリケンパークは，これまでも港湾の歴史性を展示した海洋博物館（1987年），震災の液状化被害を遺構化した神戸港震災メモリアルパーク（1997年）をはじめ，多くのアート作品やモニュメントが配置されてきた空間である。2007年から2015年まで2年ごとに『神戸ビエンナーレ』が開かれ，2017年の秋には『港都KOBE芸術祭』の会場にもなってきた。一連の芸術祭が開かれた背景には，「ポスト震災10年」が語られる直前の2004年12月に行われた「神戸文化創生都市宣言」がある[9]。

このように『BE KOBE』のシティ・プロモーションにはグローバル化と国民人口の減少を背景とした場所の美学化競争のみならず，ポスト工業化していく港湾都市という文脈が見て取れる。既存の開発主義を土台に展開しているこの複合性こそが，「ポスト震災」の語られる神戸で顕在化してきた変化である。しかし，『BE KOBE』に示された「KOBE（神戸）」は空虚な記号に過ぎない。むしろ，「プライド（誇り）」という精神の説明を通じて，この変化する状況への定義が与えられていくと考えられる。プライドという語彙で説明される「市民」像を見定めることで，現在の神戸型開発主義がどういった論理をもって人々を動員と主体化へと導くのか，その一端を描きだせるに違いない。

## 3 「ポスト震災」における力の論理とその精神

### 「山より，海より，人でした」――神戸型開発主義の向かう先

2015年も年の瀬に迫った11月のこと――神戸市内で配布された『BE KOBE』の広報用リーフレットを手に取る機会があった。その表紙には『BE KOBE』のロゴマークと無地を背景とした人物写真，そして「神戸は，人の中にある」というキャッチコピーが記されていた（図８－２）。

これを開くとＡ１サイズ全面にカラーで人々の集合写真（中央）が印刷され，新聞社のデータをもとにデザイナーが制作した震災後20年の年表（左上「BE KOBE CHRONICLE」），そして山間エリアから中心市街地を挟んで港湾エリアを眺めた景観写真（右上の右ページ）に加えて研究者と元市広報官による寄稿文（左上図の説明・右上の左ページ）が配されていた（図８－３）。さらに表紙の裏面には，現在も『BE KOBE』のホームページに転載されている，次の文章が記されていた。

> 神戸の魅力は，山より，海より，人でした。震災から20年。この歳月の中で，ひとつ，はっきりしたことがあります。それは，神戸のさまざまな魅力の中で，いちばんの魅力は，人である，ということ。この街には，街の復興のためにチカラを尽くす人々がいます。困っている人に対して当然のように手を差しのべる人々がいまだに数えきれないほどいます。人は，どれほどの困難に出会っても，それでも前を向き，心を合わせて生きていく，大きなチカラを持っている。そのことを教えてくれた20年を，私たちは大切にしたいと思います。それぞれの心の中で育まれてきた，それぞれの「神戸」。「BE KOBE」は，ひとりひとりにそれを語ってもらい，みんなで共有し，歩みを進めるための取り組みです。あなたも，あなたの中の神戸といまいちど向き合ってください。

**図8-2**　神戸市内で配布された『BE KOBE』リーフレット（表紙）

出所：KIITO, 2015,「BE KOBE｜PROJECT｜KIITO」(http://kiito.jp/project/be-kobe/　2019年5月31日閲覧)

**図8-3**　展開したリーフレット

出所：KIITO, 2015,「BE KOBE｜PROJECT｜KIITO」(http://kiito.jp/project/be-kobe/　2019年5月31日閲覧)

ここで「震災から20年」を契機に強調されたのが，「山」でも「海」でもなく「人」であるということを，どのように理解すればよいだろうか。そもそも山間エリアと港湾エリアの双方で展開された神戸の開発主義が「山，海へ行く」と言われたことは，前節でも触れた通りである。つまり，神戸の開発主義の展開に照らしたとき，「魅力」とされる「山」と「海」とは明確に開発の対象であると同時に，開発を通じて人為的に生み出されてきた景観なのである。

震災という出来事の後でも，自然（「山」と「海」）を対象とした開発主義の展開は止まることなく，震災以前から計画されていた海上空港の建設を含めた震災復興計画（創造的復興）へ向かったと言われる（広原編 2001：4-5）。その後，この海上空港建設反対運動に後押しされ，建設是非を問う住民投票実施を求める30万余名の声が市議会に提出された。しかし，これを議会が否決した帰結として，2006年2月に神戸空港がポートアイランド沖合に開港された。『BE

KOBE』のリーフレットに掲載された景観写真は，まさしく，この復興政策の結果としてつくられた空港を含めた「神戸」を俯瞰したものに他ならない。

リーフレットでは，既存の開発主義によって生み出された都市の景観と，「人」の姿が，同じ冊子の中に収まりながらも，別々のページに切り離されている。加えて，個人であれ集団であれ，景観よりも「人」の写真が大きくレイアウトされていることも特徴的である。こうしたレイアウトならびに「神戸は，人の中にある」「山よりも，海よりも，人でした」というキャッチコピーそのものに，「ポスト震災10年」から「ポスト震災20年」のあいだに自然から人間へと対象を確実に変化させた，神戸型開発主義の展開を見てとれる。

自然を都市へと造成することに力点を置いてきたのが既存の開発主義だとすれば，それに則りながらも，「人」を動員し主体化させることへと力点を移していくことが，ポスト開発主義の方向性だと仮定してみよう。前節の議論もふまえるならば，このとき「市民」として開発対象とされた「人」に対して，どのような論理が用いられるのか。言いかえれば，神戸のシビックプライドをめぐる状況の定義は，このとき，どのように与えられることになるのだろうか。

再び，上の引用文に戻ってみたい。ここでは「人」に加えて，「チカラを尽くす人々」や「人は……大きなチカラを持っている」とあるように，「チカラ（力）」という語彙が強調されている。この「人」と「力」を結びつけるのが「街の復興」という語彙である。この文章に主張される「神戸」は，「あなたの中の神戸と……向き合って」と言われるように，あくまでも個人の「心の中」で理解された「街」である。「困っている人」という漠然とした他者との対比から，「あなた」を含む「ひとりひとり」の個人や，「私たち」そして「みんな」の思う「街」が「心の中」につくられる。こうして「街の復興」を構成してきた開発主義の是非は問われないままに，「街の復興」に動員された「力」が，「私たち」「ひとりひとり」の「心」から主体的に語られていくという状況が成立することになる[(10)]。

こうした状況が問題なのは，これまでの開発主義を不問にし，あくまでも個人の「心の中」だけで「街の復興」を語ることが「市民」に望まれる精神的な態度（「誇り」）として規定されていることだ。こうした精神の涵養を「私たち」に促すのが，ここで説明されている力の論理だと仮定できる。しかし，この論理が奇妙なのは「困っている人」という曖昧模糊とした他者像が「私たち」との対比で置かれていることだ。「私たち」の態度が強調される一方で，ここで言う「困っている人」が抱えている困難の内実は，「当然のように手を差しのべる人々」と「前を向き，心を合せて生きていく」という論理によって，顧みられることがない。

このように「ポスト震災」における開発主義を考える上では，力の論理と「街の復興」の関わりのさらなる理解が重要となる。力の論理による動員と主体化を通じて，「私たち」はどのような「市民」になることを求められているのか。同時に「私たち」にとっての他者である「困っている人」はこの論理においてどのように位置づけられることになるのか。その一例を次にみてみたい。

### 「強い街」の「私たちの誇り」――ポスト開発主義の示す「未来」と不在の他者

『BE KOBE』というシティ・プロモーションが発表される前から，力の論理は「ポスト震災」期において断片的に現れていたと言える。例えば，ここに2013年１月17日の『神戸新聞』の震災特集の別刷に掲載された全面広告がある（図８-４）。インターネットのまとめサイトには「阪神淡路大震災から18年，感動を呼ぶ神戸新聞の４枚の写真」という見出しの下に，この広告に言及したTweet（つぶやき）が並べられており，発表当時，一定の注目を集めたことが見て取れる。まとめサイトの末尾には「復興の力を信じ続けてほしい」という匿名の書き込みもみられるが[11]，では，この広告の受け手がいう「復興の力」とは，いったいどのような「力」なのか。

広告を具体的に見てみると，そこには

1938年，神戸を水災が襲った。

1945年，神戸を戦災が襲った。

1995年，神戸を震災が襲った。

**図８－４**　「神戸は，強い街だ」

出所：『神戸新聞』2013年１月17日付朝刊掲載（なお，右下は本来カラー写真）

2013年，神戸はここまできた。

という但し書きのなされた４枚の写真が配置されている。左上には阪神大水害により濁流に飲まれた街が，右上には神戸大空襲により焦土となった街が，そして左下には，震災により高速道路が横倒しになった街がモノクロで掲載される。これらはいずれも「災」に見舞われた神戸の写真だが，モノクロであることと，被災地および戦災地を行き交う人たち，ないしは移動する車両をとらえていることが特徴的である。ここには，広告製作者が焦点を当てたという「人々の営み」[(12)]への確かなまなざしを見て取ることができる。

だが，この広告が奇妙なのは，これらの写真と明らかに異なる俯瞰的な視座から撮影された写真が1枚だけ配置されていることだ。「2013年」の「神戸」を示すカラー写真（右下）には，上の『BE KOBE』リーフレットの景観写真とほぼ同じ角度から見た港湾エリアが写し出される。その視座からは「人々の営み」を見ることすら叶わない。その代わりに，次の文面が付されている。

2013年，神戸はここまできた。
水浸しでも，焼け野原でも，瓦礫の中でも，
この街を何度も立て直した人たちがいる。
今日の神戸があるのは，その勇敢な市民のおかげです。
あの時，あきらめていたら，今の神戸はありません
どんなに苦しい時でも，どんなに辛い時でも，
立ち上がるチカラ，前へ進むチカラ，笑顔になるチカラ。
あきらめない大切さを，この街は知っています。
それがここで暮らす私たちの誇りであり，明日への希望です。
もっと明るく，さらなる発展を。
神戸の未来は，私たちにかかっている。
神戸は，強い街だ。

ここにも，「この街」に働きかける「チカラ（力）」が，「誇り」という語彙とともに示されている。その力は，「水浸し」になり「焼け野原」になり「瓦礫」で埋め尽くされた「この街」の空間に「何度も」働きかけてきた力，「今日」「ここまで」続いてきた歴史的な力であることが強調される。その上で，この力を「ここで暮らす私たちの誇り」とすることが，「この街」の「明日への希望」として示される。つまり，この力を「誇り」とする「私たち」になることが，「この街」の「明日への希望」のために不可欠だというのである。ここにはシビックプライドによる「人」を対象としたポスト開発主義の方向性が，『BE KOBE』のプロモーションに先立って展開していたことを見て取れる。

では，こうした力の論理が導く肝心の「未来」とは何なのか。広告を見直す

と，それは最後に強調されている「神戸は，強い街だ」という街の内実にかかわっている。それはモノクロで示された「災」と対比された，カラー写真の文字通り「明るく」「発展」した「未来」像として示される。こうして，「私たち」は「明日への希望」という「前へ進む」語感をもった語彙とともに，「強い街」の「未来」を肯定していくことになる。

ここで「私たち」に示された「神戸」の街は，あくまでも開発に次ぐ開発によって「発展」してきた景観に他ならない。だが，この「強い街」の景観には，他の写真に見られる「人々の営み」や，説明で強調された「市民」の姿を決定的に欠いている。いわば，戦災地と被災地を行き交った「人々の営み」を消し去った「街」の「未来」が，「明日への希望」として措定されているのだ。「私たち」のことを考える際に欠かせないはずの「困っている人」という他者の存在を仮定しながら，実はその困難ごと顧みないようにするという，前節にみた力の論理の問題をここにも見てとることができる。

こうした「未来」をつくる力の担い手（「何度も立て直した人たち」）とは，いったいどのような対象を指しているのか。写真にその姿はなく，文章中に「勇敢な市民」と記されるだけである。震災に限定しても，1997年に兵庫県が把握しただけで167万人の災害ボランティアが支援にかけつけたと言われる。そこから「ボランティア元年」とも呼ばれた市民社会が拡がりを見せたことはよく知られている。だが，４枚目の写真にある「強い街」の景観をつくった「勇敢な市民」が，ボランティアにかけつけた市民を指しているとは考えにくい。なぜなら，カラー写真に収められた中心市街地の高層ビルの再建はもとより，ポートアイランドや神戸空港の埋め立ての計画から実行までを災害ボランティアが担ったわけではない。何より神戸空港については，前述の市民による反対運動もあったからだ。

先に「強い街」を示したカラー写真が，他と比べて色だけでなく，視座自体が異なっていることは述べた通りだが，ここから「強い街」を見出せる「勇敢な市民」とは，この街の「人々の営み」を俯瞰している他者であるとわかるだろう。

実際，震災に限らず，戦争やテロのような災禍を契機として都市が壊れるたびに呼び込まれてきたのは，中央政府や地方政府をはじめ，政治家やディベロッパー，投資家は言うに及ばず，都市計画，住宅政策，建築規制，市街地修復といった専門知識と専門技術を有するアクターたちである（平山 2003）。震災復興計画の実施過程においても，「地場産業や地元の中小零細企業や自営業よりも，大規模開発型で地域外の大手ゼネコンや地域内の大企業を重視した政策」が展開されたために，復興政策を通じた東京や大阪への利益流出がもたらされた（池田 2001：315）。これが災害に便乗する資本主義に導かれた開発主義であったことや（岩崎 2016），被災地への不均等な資本投下につながったことは，既存研究でも指摘されてきた通りである（Edgington 2010＝2014）。

先行研究は，このように「人々の営み」を俯瞰する「勇敢な市民」の下に，この街がいかにして「立て直」されてきたのかを明らかにしてきた。その意味で，この広告のいう「未来」の「勇敢な市民」とは，モノクロ写真にうかがえる戦災者や被災者，ひいては彼らと行動をともにする「人々」ではない。むしろ，ここに貫徹されているのは，「この街」の「人々の営み」を俯瞰できる位置にいる他者のまなざしである。

このまなざしは，広告から不可視化されながらも，その存在が徹底的に消滅させられる「人々の営み」が有する視座とは，まったく質を異にする視座だと言える。改めて，４枚目の写真が示していたのは，「この街」の「私たち」がつくられる過程において，俯瞰した視座から「この街」の「人々の営み」をまなざすと同時に消滅させる別の「市民」がいるということだった。それは，広告からは不可視化されているにもかかわらず，この広告を見る者たちのまなざしと重なることによってはじめて，その存在が浮かび上がってくる不在の他者である。

つまり，「この街」の「さらなる発展」を生み出そうとしているのは「この街」の「私たち」自身ではなく，「この街」を見えないところから俯瞰している不在の他者たちと言える。ゆえに，ここでの「発展」も「自らの内部に秘められていた潜在性がときの流れとともに自然に開花」する，という本来の意味ではなく,「他者によって定義された『開発』」として理解できる。ここには「本来多様であるはずの『発展』に対して単一の『開発』」が割り当てられることで「『開発＝発展』の神話を創りだ」され,「そこに含まれない『豊かさ』の形,『発展』の形を,『開発』イメージから逆に排除」するという典型的な開発主義の論理展開を指摘できるだろう（町村 2011：10)。

このように「この街」の「さらなる発展」のために,「ここで暮らす私たちの誇り」を動員していく力の論理が,「私たち」自身の主体性を方向づけていく。これが問題なのは,不在の他者のための開発を支える力を「誇り」とする「勇敢な市民」となり,「強い街」づくりに動員されることでしか,「私たち」の「希望」や「未来」が示されえないということだ。ここには「この街」の「人々の営み」を消滅させる暴力が伴うにもかかわらず,それを不問にしていく論理の展開がある。この論理による「人」の動員と主体化が図られることで,「私たち」は「人々の営み」に暴力的に介入する開発主義を基本的に肯定せざるをえなくなるのみならず,「私たち」自身が「本来多様であるはずの『発展』」の道筋」から疎外されていく。つまりそれは,開発主義以外でもありうるはずの「この街」の「未来」を想像することの困難に他ならない。

## 4　力の論理を問いなおす
### ――多様でありうる「未来」のために――

本章では「ポスト震災」の語られる神戸からの問いとして,神戸型開発主義の変容とそれを促す論理ならびに精神を考察してきた。これにより,被災地という社会空間を創造の実験場としてきた力の論理とその問題点を明らかにした。「山より,海より,人でした」というキャッチコピーに明らかなように,シビックプライド論に基づくポスト開発主義は,「市民」の「誇り」に訴えかけることで,公共空間の開発のみならず,いまや人間のコミュニケーションの在り方や精神の領域にまで,確実に介入している。そこでは「創造的復興」も含めた開発主義のもたらす問題をはじめ,人々の抱える困難が不可視化されながら，「新たな公共空間」の開発に向けて人々を動員し，内面から主体化させようとする方向づけがみられる。

ここで注意しておきたいのは，あくまでも論理としてあるこの力が現実化する際に，すべての人々があらかじめ計画的に一元化された行動をとっているわけではないことだ。第２節にみたように，現在の開発主義は，テクノクラートに限らない幅広いアクターと，役所・官庁に限らない場所において「デザイン」される。行政は言うに及ばず，新聞社，広告代理店，非営利団体，アーティスト，デザイナー，研究者たちが各々の関心や利害を調整することで，表面的にはそれぞれの関与が果たされながらも，全体としては緩やかに動員されているところに「人」を主たる対象とする今日の開発主義の特徴がある。ポスト開発主義はまさに状況ごとに異なるアクター同士の出会いや節合として現れるはずであり，そのケーススタディが今後も欠かせないだろう。

「創造」や「デザイン」の語られる開発主義の現場は，公共空間の開発のみならず，公共空間におけるよき「市民」の開発をめぐるポリティクスの生じる現場となる。第２節に紹介した『BE KOBE』のモニュメントは，その後，写真撮影などのために「よじ登る人の重みで亀裂」が入ってしまい「２年もたず修理」することになった（『神戸新聞 NEXT』2019年２月16日）。シビックプライドの象徴であるモニュメントに亀裂が入るという事態は，力の論理への打ちこわしを通じた抵抗可能性を示すことになる。案の定，修理の後には「登らない」「汚さない」「壊さない」といった禁止事項と「撮影ポイント」（立ち位置）を指定する看板やサインがモニュメント周辺に示されるようになった（図８-５）。ここで争われているのは，まさに「ポスト震災20年」の神戸における，よき「市民」とはどういう存在かということになるだろう。これは冒頭に紹介した震災追悼行事の行方においても問われている課題と言える。

開発主義以外にも多様でありうる「この街」の「未来」を想像し直すにあたっては，力の論理が生み出す困難をやり過ごさず，それと真摯に向き合う構えこそが求められる。第２節でも言及した『神戸 2020 ビジョン』において，「デザイン」は「市民に身近な行政課題や複合的な課題に対して解決策を見い

**図８-５**　モニュメント周辺に示された注意書きのデザイン

出所：2019年６月９日筆者撮影

だしたり，伝わりやすくするなどコミュニケーションをスムーズにする効果的なツール」として再定義された[13]。であれば，「解決策」など容易に見つからず，何かと「スムーズ」にいかない「コミュニケーション」を通じた「人々の営み」にこそ，開発主義の示す以外の「未来」との予期せぬ邂逅を果たしうる契機が宿っているに違いない。「デザイン」による創造性が街中に複製され増殖していくなかにあって[14]，不可視化されていく「人々の営み」から多様な「未来」を批判的に想像し直す必要性と重要性は，未だ失われていない。

注

(1)　久元喜造，2019，「定例会見2019年（平成31年）２月８日」（http://www.city.kobe.lg.jp/information/mayor/teireikaiken/h31/310208.html#midashi87851　2019年５月31日閲覧）。

(2)　神戸型開発主義の特徴として次の４点が指摘されてきた（広原編 2001：４）。①開発単位と開発目標の重点が都市発展に置かれ，市民生活の向上は，開発による都市の経済力の上昇の結果として得られるものと考える。②都市開発のためには市民の消費生活や福祉，個人の政治的自由が制限されることもしばしば起こりうる，あるいは制限されても止むを得ないと考える。③自治体は市場の失敗や不完全性を補うための補助的機関ではなく，都市発展の目標を遂行する主体として経済や社会の運営に広範に介入する，あるいはすべきだと考える。④開発主義の普及と持続にとって不可欠な経済成長イデオロギーが行政機構や地域社会に浸透し，企業主義的地域統合が定着している。

(3)　注(1)と同じ会見より引用。

(4)　「創造的復興」については，県の『阪神・淡路震災復興計画』（1995年７月）の定義がよく知られる。それは「復興にあたって重要なことは，単に１月17日以前の状態を回復するだけではなく，新たな視点から都市を再生する『創造的復興』を成し遂げること」とし，具体的には「関西国際空港開港，大阪湾ベイエリア整備，明石海峡大橋建設等により世界都市関西の形成が期待されるなか，阪神・淡路の文化的特性を活かし，新しい都市文明の形成をめざす」こととされた。これに先立つ市の『神戸市復興計画』（1995年６月）では，「創造的」という形容はないものの，「21世紀を目前にひかえ，単に都市機能を震災前の状態に復するのではなく，以前にもまして住みやすく，質の高い魅力あふれるまちとしての復興を図ることが求められている。神戸が培ってきた国際性や海・空・陸の総合交通拠点性を生かし，世界の人・物・情報の交流が新たな産業を産みだす活力ある都市として復興しなければならない」とされた。震災以前の「状態の回復」を目指す「復旧」ではなく，港湾開発・空港開発・大橋建設といった一連の開発事業に基づく「新しい都市文明」づくり，「活力ある都市」づくりが，実質的な「（創造的）復興」とみなされていたことがわかる。

(5)　「デザイン都市・神戸」（https://design.city.kobe.lg.jp/about-us/　2019年５月31日閲覧）。

(6)　同上より引用。

(7)　神戸市，2016，「神戸2020ビジョン」（http://www.city.kobe.lg.jp/information/press/20160330040301.pdf　2019年５月31日閲覧）。

(8)　思想的立場をめぐる，モダン―ポストモダン論争に踏み込むことがここの目的ではない。あくまでも「モダン」との対比で問題化されながらも，これまでの開発論では埒外にされがちだった諸状況や諸議論を想起させるための思考の道具として，「ポストモダン」という語彙を使用していることを付記しておく。

(9)　神戸市，2004，「神戸文化創生都市宣言」（http://www.city.kobe.lg.jp/culture/culture/enterprise/declaration/index.html　2019年５月31日閲覧）。

(10)　『BE KOBE』の書籍企画（BE KOBE プロジェクト編 2015）やインターネット

サイト上でも人物インタビューが公開されているが，ここの議論の眼目はこれらの経験的なエピソードとの厳密な対応関係ではなく，このプロジェクトの基調そのものを成す論理の方にある。

(11) 「阪神淡路大震災から18年，感動を呼ぶ神戸新聞の4枚の写真」（https://matome.naver.jp/odai/2135839248937978601　2019年5月31日閲覧）。

(12) 「新聞広告報752号〈話題の広告事例〉神戸は，強い街だ」（https://www.pressnet.or.jp/adarc/ex/ex.html?dno=c0356　2019年5月31日閲覧）。

(13) 神戸市，2016，「神戸2020ビジョン」（http://www.city.kobe.lg.jp/information/press/20160330040301.pdf　2019年5月31日閲覧）。

なお，同ビジョンでは「＋design」（デザイン）以外にも，前述の「シビックプライド」に加えて「ICT」や「イノベーション」が，市職員の留意すべき「視点」としてまとめられている。

(14) メリケンパークの『BE KOBE』モニュメントに続き，2019年7月にはメリケンパークを眺める人工島ポートアイランド西側の公園にも，『BE KOBE』の文字を象ったモニュメントが新たに設置された（『神戸新聞NEXT』2019年7月8日）。

## 文献


阿部潔，1998，『公共圏とコミュニケーション――批判的研究の新たな地平』ミネルヴァ書房。

BE KOBEプロジェクト編，2015，『BE KOBE――震災から20年，できたこと，できなかったこと』ポプラ社。

シビックプライド研究会編，2008，『シビックプライド――都市のコミュニケーションをデザインする』宣伝会議。

シビックプライド研究会編，2015，『シビックプライド2――都市と市民のかかわりをデザインする』宣伝会議。

Edgington, David, W., 2010, *Reconstructing Kobe : The Geography of Crisis and Opportunity*, UBC Press.（＝2014，香川高志・久保倫子訳『よみがえる神戸――危機と復興契機の地理的不均衡』海青社。）

藤田弘夫，2006，『路上の国柄――ゆらぐ「官尊民卑」』文藝春秋。

Harvey, David, 1989, *The Condition of Postmodernity : An Enquiry into the Origins of Cultural Change*, Blackwell.（＝1999，吉原直樹監訳・和泉浩訳『ポストモダニティの条件』青木書店。）

平山洋介，2003，『不完全都市――神戸・ニューヨーク・ベルリン』学芸出版社。

広原盛昭編，2001，『開発主義神戸の思想と経営――都市計画とテクノクラシー』日本経済評論社。
池田清，2001，「神戸市財政の検証」広原盛昭編『開発主義神戸の思想と経営――都市計画とテクノクラシー』日本経済評論社，285-321。
稲津秀樹，2017a，「阪神・淡路大震災を『想像し続ける』歴史実践のために――『1995年生まれ』の空間性と帰属感覚」塩原良和・稲津秀樹編『社会的分断を越境する――他者と出会いなおす想像力』青弓社，250-271。
稲津秀樹，2017b，「被災地はどこへ消えたのか？――『ポスト震災20年』における震災映画の想像力」『新社会学研究』(2)：46-56。
岩崎信彦，2016，「災害資本主義とリスクマネジメント――阪神大震災20年と東日本大震災4年から見えてくること」『地域社会学会年報』28：45-60。
町村敬志，2011，『開発主義の構造と心性――戦後日本がダムで見た夢と現実』御茶の水書房。
日本建築学会編，2019，「特集　神戸にみる『都市経営』のこれまでとこれから――『開発主義』を越えて」『建築雑誌』134(1721)：18-36。
野田邦弘，2014，『文化政策の展開――アーツ・マネジメントと創造都市』学芸出版社。
塩崎賢明，2014，『復興〈災害〉――阪神・淡路大震災と東日本大震災』岩波新書。
吉見俊哉，2016，『視覚都市の地政学――まなざしとしての近代』岩波書店。

## *Column*

### 朝鮮学校の子どもたちの絵と私たち

三谷　昇

それは，１枚の「在日朝鮮学生美術展」（以下，「学美展」）のポスターとの出会いからだ。「学美展」は，日本にある朝鮮学校の子どもたちの美術展で，2019年で47回を数え，毎年１万点近い中から選ばれた約700点の平面・立体・写真・映像などの作品が全国11ヶ所を巡回する。朝鮮学校は，母語である朝鮮語の習得や自国の歴史を学ぶ学校として在日朝鮮人自らが戦後まもなく作った学校で，現在全国に幼稚園から大学校まで約60校ある。私は，公立小学校の教員をしていて，日本の学校に通う朝鮮・韓国籍の子どもたちと出会うなかで，朝鮮学校のことを知り，1995年に松江市にあった山陰朝鮮初中級学校を訪れた。1999年の山陰校の閉校に伴い，岡山朝鮮初中級学校と統合された後も交流を続けている。岡山校には，鳥取出身の子どもたちが寄宿舎生活をしていて，私が代表を務めていた「鳥取県在日外国人教育研究会・倉吉」（以下，「県外教・倉吉」）や鳥取県教職員組合員とともに，運動会や学芸会など行事のたびに訪れ，子どもたちや先生方，地域同胞の方たちと交流してきた。2008年11月の授業公開日に訪れた際，「学美展」のポスターを目にした。何度も学校を訪れる機会があったが，それまで「学美展」のことは知らなかった。幼稚園児から高校生までの作品を一同に展示する美術展は珍しく，また岡山校でも美術の授業風景を見ることはなかったので，民族学校の美術教育でどんな作品が作られているのか興味を持った。

そんな中，2008年11月末に川崎市で開催された「学美展」に行く機会を得た。会場には，幼稚班から高級部までの絵画や立体作品が数多く飾られ，交流のある日本の学校からの出展もあった。「学美展」で出会った作品の多くは，自分の「思い」「願い」「叫び」「悩み」といった心の内面をしっかり表現するものばかりで，さらに「躍動感」「訴える力」がどの作品からも感じられ圧倒された。私も小学校で図工教育をしてきたが，私の絵画指導が，どちらかといえば教師の思いをそのまま子どもたちに表現させるものであったのに対し，画面の隅々まで自分の思いを描き込んだ絵には，本来のあるべき美術教育の姿を感じた。いままでこの「学美展」に出会わなかったことを後悔し，自分だけ出会えたことがもったいなく感じた。そこで会場係だった神奈川県南武初級学校の成明美先生にお話し，「ぜひ鳥取でも展示をしたい」と申し入れると，「日本人側からの開催申し入れは今までなかった」といわれ，これにもさらに驚かされた。「朝鮮学校のない鳥取県で，ぜひこの作品を見てもらい，朝鮮学校で学ぶ子どもたちの思いに作品を通して接してもらいたい」と考え，「学美展」審査委員長への取り次ぎをお願いし，12月末に神戸朝鮮高級学校に出向いて朴一南先生にお願いすると，鳥取での「学美展」開催を快く承諾いただき，早速2009年３月の開催に向けて地元実行委員会を立ち上げることにした。

私は，在日コリアンをはじめ外国にルーツを持つ子どもたちの人権や教育支援を行う活動に，故仲野誠鳥取大学教授や県教組の仲間，「県外教・倉吉」会員のオールドカマー・ニューカマーの外国人と取り組んできた。その人たちに倉吉市での

「学美展」開催を呼びかけ，３日間の展示を成功させようと準備に取りかかった。これが，日本人の手で開催する初めての「学美展」のスタートであった。

その後，2009年から連続12回（鳥取県内３地区で８回，島根県内３地区で４回）開催することができた。開催実行委員会もその都度結成し，さまざまな立場や関心による市民運動として定着してきた。開催費用も当初は行政の支援事業費を受けていたが，現在は市民や支援団体からの寄付金で運営している。島根県での開催は，回を増すにつれ支援の規模も大きくなり，とりわけ県立島根美術館での２回の開催は全国への大きな発信となった。近年，鳥取と島根両県での隔年開催が定着してきているが，両県の行政機関・教育機関・マスコミ・人権文化団体など70以上の後援・支援を受け，毎回開催地に関係なく山陰展として名前を連ねてもらっている。

山陰での「学美展」の取り組みは，この国で在日コリアンのおかれている現状を直視し，日本人自身が他民族とどのように共生していくのかを考えるひとつのきっかけになった。戦後の在日コリアンがどのような状況におかれ，暮らし，民族性を保ってきたのか。朝鮮学校の姿，そこに学ぶ子どもたち，そして多くの在日の思いを私たちはあまりにも知らなすぎる。なぜ，日本人は無関心であるのか，あったのか。外国人を疎外し抑圧してきた私たち自身を振り返るきっかけとなったと思う。

在日コリアンの子どもたちの絵画に直接触れることで，日本社会のいまを子どもたちがどう感じているのか知ってほしいとの願いで始めたこの「学美展」ではあったが，来場者の「こんな絵を描きたかった」「心を表現するものが絵だと気づいた」との感想でも，１枚の絵の前で立ち続ける姿に，やさしさ・強さを託された「絵の力」を感じずにはいられない。「自分のこと」として絵に見入る美術展が，私たちの周りにあっただろうかと……。

今後も「学美展」の開催を全国に広く呼びかけ，より多くの子どもたちの作品に出会って欲しいと願っている。

「学美山陰展」は，日本人が主催する「学美展」として行ってきた。その中心となられていたのが写真（前列左端）の故仲野誠鳥取大学教授であった。先生の「学美展」に関わる多くの論文は，まさに朝鮮学校に学ぶ子どもたちへの応援歌であった。

▲ 第43回学美展島根出雲展交流会にて

第9章

# 宇部の野外彫刻とまちづくり
## ——上田芳江と土方定一の役割

筒井宏樹

## 1 草分けにして特殊な「宇部の野外彫刻」

山口県宇部市は現在，「緑と花と彫刻の町」として知られる。かつて石炭採掘を基幹産業とし，灰の降る工業都市として知られたが，全国に先駆けて市民，企業，行政が協力して公害対策に取り組み，また市民運動として緑化運動が推進されたことで，緑と花が溢れる町へと奇跡的な転換を遂げた。さらに町の各所には先進的な野外彫刻が設置されており，独特な文化の香る町となった。本章では，宇部市の彫刻設置事業および野外彫刻展を事例に，行政主導による芸術事業の実現の経緯を市民運動との関わりから考察していく。

宇部市で1961年から継続的に開催されている野外彫刻展は，都市計画の一環である彫刻設置事業からはじまっており，その草分けという点において重要性が高い。戦後日本における野外彫刻展の先駆的な例としては，1950年に東京都と小野田セメントによって井の頭公園で開催された「林間彫刻展」（翌年から日比谷公園に会場を移して「野外創作彫刻展」と改称し73年まで続いた）などがある。だが，たんなる野外彫刻展ではなく，都市計画と結びついた野外彫刻展の事例としては宇部市が先鞭で，全国各都市で行われている「彫刻のある街づくり事業」のモデルとなっている。

ところで，野外彫刻展で発表される彫刻作品には，どのような特徴があるのだろうか。一般的に野外彫刻展で発表される彫刻作品は，彫刻史においていくつかの転換をもたらしたといえる。第一に，抽象彫刻の登場である。「平和」や「自由」などを主題とする男女の裸体像のようなそれまでの野外彫刻の定型とは異なっている。第二に，必ずしも恒久設置ではなく，むしろ一時的な設置形態を志向して制作されたものがあることである。第三に，われわれ鑑賞者が立つ地面と同じ高さに設置されることが増え，もはやこれまでのような台座の上の彫刻を見上げる構造ではなくなったことである（小田原 2018）。宇部の野外彫刻展で発表される彫刻作品の特徴は，初期から先進的な抽象彫刻をひとつの傾向としていた。

宇部の野外彫刻展および彫刻設置事業では以下の点が問いとなる。彫刻設置事業は58年から始まる「花いっぱい運動」という緑化運動が端緒となっているが，この緑化運動と彫刻設置事業はどのように結びついたのか。また，都市計画の一環として始まった彫刻設置事業にもかかわらず，むしろ都市の文脈から自律するような抽象彫刻が多く制作されたのはなぜか。そしてそれらの彫刻が市民に受け入れられたのはなぜか。

これらの問いを明らかにするために，二人の人物に特に着目していく。一人は，緑化運動の中心的役割を担った地元の市民運動家の上田芳江（1911-2008）である。宇部の野外彫刻についての研究調査において上田の文章は必ず言及されるものの，彼女自体が分析の対象とされることはなかった。その活動や思想をたどっていきながら，上田が宇部の彫刻事業に果たした役割についてあらためて考察していきたい。加えて，宇部市の市民の一人である上田の彫刻観についても分析していく。本章で着目するもう一人の人物は，美術批評家で，神奈川県立近代美術館副館長でもあった土方定一（1904-1980）である。土方の宇部野外彫刻展における役割は，先行研究でもすでに考察されている（竹田 2002，田中 2018）。竹田直樹は，彫刻により都市環境の改善を目論む宇部市と，彫刻を自由に制作したい彫刻家とのあいだの乖離を，土方が彫刻設置事業と野外彫刻展を組み合わせることによって調停したという見解を示している。本章では竹田のこの見解を前提とした上で，宇部市と彫刻家とのあいだの乖離を調停した土方の芸術観についてより掘り下げていきたい。

宇部市の野外彫刻展は，確かに全国各都市で行われている野外彫刻展の先駆的なモデルとされているが，むしろ本章では市民運動家の上田と美術批評家の土方が果たした役割によって彫刻設置事業によるまちづくりが成功した特殊な事例であると考える。この宇部市の事例は，90年代以降普及したパブリックアート，2010年代以降に隆盛しているアートプロジェクトなど，行政主導の芸術事業とその地域との関係について考察する上でも重要な比較対象となりえるだろう[(1)]。

## 2　宇部市における彫刻設置事業の概要と創設経緯

宇部市野外彫刻展は1961年より隔年で開催された。面積 188 ha の総合公園である常盤公園を会場に，61年の第１回展は「宇部市野外彫刻展」，63年の第２回は「全国彫刻コンクール応募展」，65年の第３回以降「現代日本彫刻展」という名称で開催され，2009年に UBE ビエンナーレ（現代日本彫刻展）と改称して現在も続いている。

主催者は宇部市で，63年以降は毎日新聞社も主催者に名前を連ねている。年度によって日本美術館企画協議会あるいは現代日本彫刻展運営委員会が加わることもある。初期の選考委員は５名で，そのあと増加して十数名となっている。

本展には69年からテーマが設けられるようになり，69年「三つの素材による現代彫刻――ステンレス・アルミニウム・プラスチックス」，71年「材料と彫刻――強化プラスチックスによる」，73年「形と色」などである。

初回から会場となっている常盤公園に設置された看板「第１回宇部市野外彫刻展趣意書」には，宇部市ならびに宇部市教育委員会名義で次のような趣意文が記載されている。

> 宇部市の環境を整備し住みよい街造りの一環として，さきに緑化運動の推進があり，この度都市を彫刻で飾る運動が大きくクローズアップされた。

**図9-1**　降灰量世界一の工業都市（1940年代後半頃）
注：本章の図版の年代はいずれも筆者による推定。
出所：上田芳江編，1979，『ふるさとの想い出 写真集 明治大正昭和宇部』国書刊行会，91頁。

その前哨として，ここに大野外彫刻展を開催されることになった。このような試みは外国においては戦後欧米の各地に見られることであるけれども，我が国においては規模の広大さはもとより都市として初めてのことである。土方定一氏ら宇部市彫刻運営委員会の責任においてここに推薦出陳された作家は，抽象・具象を問わず正に文字通り現代日本の彫刻界を代表する人々である。本展の後を受けて宇部市をテーマとする彫刻が製作され，本市に飾られる予定である。

野外彫刻展を開催する背景に「宇部市の環境を整備し住みよい街造りの一環」として「緑化運動」の推進があったことが明記されている。ここで宇部市の戦後の社会状況がどうであったのか，また緑化運動から彫刻設置事業がどのように始まったのかを確認しておこう。

宇部市は，戦災から奇跡的に焼け残った沿岸の炭鉱地域および工業地帯を起点に戦後の復興を果たした。しかし同時に，戦後の急速な工業化に伴う大気汚染公害のために「灰の降る町」と呼ばれてもいた。その降灰量はイギリスのマンチェスターをしのぎ世界一であると49年に山口大学公衆衛生学研究室から発表された（図9-1）。大気汚染によって町の自然環境は悪化し，人々は喘息などの深刻な健康被害に苦しめられた。また，生活環境も劣悪で，都市は荒廃し，

**図9－2**　緑化運動（1958年頃）

出所：上田芳江編，1979，『ふるさとの想い出 写真集 明治大正昭和宇部』国書刊行会，104頁。

青少年の非行や暴力団による抗争といった問題を抱えていた。

このような社会問題を抱えながら，50年代初頭からは宇部市都市計画課公園係の山崎盛司の先導によって緑化事業の取り組みが始まり，58年からは「花いっぱい運動」が開始された。「花いっぱい運動」とは，まちを花で満たすことで，住みよいまちを目指すための市民運動であった（図9－2）。この市民運動を牽引したのが，市の教育委員で，女性問題対策審議会会長を務めていた上田芳江である。上田らは町の空き地に花壇をつくり，花を植えることから始めた。空き地には雑草が生い茂り，暴力団の喧嘩に格好の広場となっていたからである。

市の公園係による緑化事業に上田を中心とする市民運動が加わることで緑化運動は軌道にのったが，偶然この「花いっぱい運動」から彫刻事業のきっかけが生まれることになる。58年に「花いっぱい運動」のために集められた寄付金20万円のうちの残金10万円を利用して，公園係の山崎が18世紀フランスの彫刻

**図9-3**　宇部駅（現・宇部新川駅）前のファルコネ《ゆあみする女》（1958年頃）

出所：上田芳江編，1979，『ふるさとの想い出 写真集 明治大正昭和宇部』国書刊行会，109頁。

家エティエンヌ・モーリス・ファルコネ作《ゆあみする女》のレプリカ（図9-3）を独断で購入した。それを宇部駅（現・宇部新川駅）駅前広場の噴水池に設置したところ，小学生がスケッチブックを持って集まるようになるなど，それが市民のあいだで注目を集めるところとなったのだ。

ところがある日，《ゆあみする女》の彫刻が忽然と消えてしまったのである。上田が市へ問い合わせたところ，市民に告知することもなく別の場所へ移設したという。上田は市に対して抗議し，市長の星出寿雄および山崎と話し合いを持った。その話し合いのなかで，市民の寄付で購入したものは市に管理する責任があることを確認し，さらに安易にレプリカを設置するのではなく，教育のために芸術性のより高い彫刻を市内に設置すべきという話へと進展した。

「立派な彫刻を町におくことを考えようではありませんか。芸術作品として，美術史に残るような作品を宇部に持ち込んで町を飾ることを考えようではありませんか」（上田・山崎 1972：69）。このように，59年から市長に選ばれた星出は，「文化の香り高い町づくり」を目指し，彫刻設置事業へ積極的な姿勢を示したのである。こうして61年に「宇部を彫刻で飾る事業」の事務局が発足し，上田を中心とする市民運動「宇部を彫刻で飾る運動」がはじまった。

**図9-4**　第1回展「宇部市野外彫刻展」常磐公園（1961年）

出所：上田芳江編，1979，『ふるさとの想い出 写真集 明治大正昭和宇部』国書刊行会，111頁。

このように彫刻設置事業の機運は高まったが，では，いかにして全国的に見ても先駆となる「野外彫刻展」の開催へと至ったのだろうか。それは，基幹産業である石炭需要の斜陽に伴い，宇部市が財政難の状況であったことも一因といえる。上田の依頼により，美術批評家で宇部市立図書館長であった岩城次郎が彫刻設置事業を実現すべく尽力した。その成果として，岩城の大学の先輩で当時神奈川県立近代美術館副館長であった土方，彫刻家の向井良吉と柳原義達，建築家の大高正人の協力が得られることになった。限られた予算で，宇部市にいかにして彫刻を設置するか。この難題に対して，土方が「野外彫刻展」という発想で解決の糸口を見出したのである。こうして61年に宇部で開催されたのが「宇部市野外彫刻展」であった（図9-4）。土方の計らいで，前年に神奈川県立近代美術館で行われた「集団60野外彫刻展」のメンバーを中心に，外国人作家を含む16名による60点余りの彫刻作品が，常磐公園を主な会場に展示されたのである。彫刻作品の輸送は，地元企業である宇部興産株式会社のセメントタンカーが担った。

その後，63年には「全国彫刻コンクール応募展」，そして65年からは「現代日本彫刻展」（図9-5）として隔年で開催されており，全国でもっとも歴史のある現代彫刻展として現在に至っている。さらに特筆すべきこととして，この野外彫刻展での入選作品の買い上げ（毎回5～10点），市民からの寄贈作品，民間所蔵作品など合計170点余りの野外彫刻が宇部市内各所に恒久設置され，町

**図９－５**　第３回展「現代日本彫刻展」常磐公園（1965年）
出所：上田芳江編，1979,『ふるさとの想い出 写真集 明治大正昭和宇部』国書刊行会，115頁。

の景観の一部となっていることがある。つまり，野外彫刻展は，彫刻設置事業としても機能しているのである。

ここまで，宇部市における緑化運動のはじまりから「宇部を彫刻で飾る運動」へ，そして野外彫刻展開催へと至る経緯を見てきた。次に，野外彫刻展開催に至るまでの過程に上田がいかに関与してきたのかを分析していく。

## 3　上田芳江と市民運動

### 上田芳江の来歴

宇部市における彫刻事業の契機となった緑化運動の立役者は，上田である。宇部市教育委員，同文化財審議委員，同図書館協議会委員，同郷土文化会委員，同女性問題対策審議会会長，同緑化運動推進委員会理事長を歴任した上田の来歴を振り返ることで，宇部市の緑化運動から彫刻設置事業がどのようにしてはじまったのか，そしてその活動の動機がいかに宇部の歴史性を踏まえていたのかを見ていきたい。

上田は，1911年に広島県広島市で生まれ，宇部市にあった香川実科高等女学校を卒業後，徳山市（現在の周南市）で終戦を迎える。戦後は宇部市に住み，「文学者」同人として小説「座を失った女」（『中央公論』1953年３月号）を発表するなど作家として活動していた。52年には作家活動の功績で山口県芸術文化振興奨励賞を受賞している。

また上田は,「花いっぱい運動」など数々の市民運動においても中心的な役割を担った。彼女が推進した市民運動のなかでも，炭鉱主婦協議会（以下，炭婦協）の活動にまず触れておこう。炭婦協は，炭鉱ストライキでは「おかみさんスト」と呼ばれるほどの存在感を示した。上田は,『中央公論』1953年2月号に「ルポルタージュ炭婦協　静かな炭坑(やま)をゆく——山口」を発表している。ここでは，炭鉱ストライキによって寂れた宇部の町の状況を報告するとともに，炭婦協メンバーの主婦の声を紹介することで，その過酷な暮らしぶりや彼女たちの悩みなどを生々しく伝えている。一例を挙げると以下のようなものである。

> 平素から不自由に馴れています。私たちの生活では，収入のほとんどが飲食費です。ストにはいった当初はやはりこの点を心配していました。炭婦協としては格別内職の斡旋をしたりはしませんでしたが，各単組毎には斡旋をしたりしております。私のところでは，行商隊は，希望者だけに仕入れの心配をしておりました。しかし，長引けばこうした急場しのぎだけではいけないと思い，途中から，永続できる内職に切りかえました。今では機器を共同購入して編物をしております。（上田 1953）

炭鉱労働の賃上げ闘争を契機として，日本炭鉱主婦協議会が52年に結成された（古村 2005）。家族，特に主婦たちが組織の中心となり，労働組合員である夫と同じ戦列に立って労働組合の率いる闘争に参加したのである。東京を本部に，各地の探鉱で炭婦協が組織され，全国的な炭鉱ストライキを展開した。上田は，合計して7,000人以上の参加者を有する組織の山口地方炭鉱主婦協議会の一員として，その実情を『中央公論』という総合誌で報告したのである。上田は炭婦協での活動によって宇部ではすでにかなり知られた存在であったといえよう。

上田は，52年秋から宇部市教育委員を務めている。彼女は教育の専門家ではなかったが，「平凡な家庭の主婦で子育ての現役」（上田 1983）という理由で委員に推薦された。そのすぐ後には，宇部市女性問題対策審議会（以下，女審会）の会長も兼務することになった。女審会は女性の声を行政に反映させることを目的に設置され，女性の政治参加への道を切り拓いた。上田はこの女審会を通じて地域の女性たちに呼びかけ，市民運動を展開していったのである。宇部市が市民運動という名で実施した数々の運動は「ほとんどすべてこの女性問題対策審議会で立案企画された」（上田・山崎 1971：27）という。例えば，上田はこの女審会を通じで市長に暴力団追放について進言し，安心して子どもを育てられる町にすべく，自らも市内東西にあったふたつの暴力団の事務所へと出向いて組長との直接対話を試みたこともあったという。こうして上田を中心とした女審会を起点に数々の婦人団体の活動が始まり，彼女たちが宇部市の緑化運動も担っていく。

緑化事業は，先述の通り，建設省の推薦で宇部市公園係の職員となった山崎によって取り組みがはじめられた。宇部市には，戦前から長い緑化計画の歴史があったものの，50年10月に山崎が東京から赴任した当時は戦災と降灰のため街路樹の一本，公園のひとつもない町だったという。初年度の緑化計画予算はわずか50万円であったが，山崎は道具を整え，市が雇用した５名ほどとともに山に入り，樹木を伐り出して苗圃で苗木を育てては「常磐通り[(2)]」に植えていった（図９-６，図９-７）。他方の上田はいかにして緑化運動を推進することになったのだろうか。まず先に少し触れた「花いっぱい運動」をはじめた経緯について詳細に見ていこう。

山崎を中心とする市の緑化事業は当初，困難を極めていた。市街地のほとんどは砂地で，さらに炭坑から掘り上げた廃土と石炭の燃えがらが廃棄されており，緑化には明らかに不向きの劣悪な土壌であった。緑化を推進しようという山崎らの計画は狂気の沙汰であると市民の一部から嘲笑され，彼らの植えた苗木が一晩のうちに100本も抜かれたことさえあったという。山崎は当時の状況を次のように振り返っている。「毎日毎夜のように引き抜かれ，折られ，傷つけられました。そしてこれらの樹木が根づく翌年の春ごろまでには，そのほと

**図９－６**　常磐通り（建設中）（1940年代後半頃）
出所：上田芳江編，1979，『ふるさとの想い出 写真集 明治大正昭和宇部』国書刊行会，90頁。

**図９－７**　常磐通り（緑化活動開始後）（1960年代頃）
出所：上田芳江編，1979，『ふるさとの想い出 写真集 明治大正昭和宇部』国書刊行会，126頁。

んどの樹木が心ない人々によって傷つけられたのです」（上田・山崎 1971：137)。だが山崎は引き抜かれても翌日にはあらためて樹木を補植し，辛抱強く仕事に取り組んでいた。このような状況をみて，後に宇部市市長となる星出助役が「街路樹を一生懸命に植えている職員を助けてやって下さい」と上田に協力を依頼したのである。

上田は山崎に対して「黙々と仕事をしていればよいというものではない」と叱咤し，市民と対話することで緑化事業を知ってもらうことの重要性を説いた。

山崎は上田について次のように述べている。「先生が提唱された『花いっぱい運動』や『彫刻で街を飾る運動』などを通じて，市民との対話，市政への市民参加という方法を教わり，また先生はこれら市民運動の中心として，私たちの仕事をかげになり，ひなたになって推進してくれました」（上田・山崎 1971：126）。上田は女審会を通じて市民に呼びかけ，町ぐるみの緑化運動を展開したのである。やがて緑化事業は軌道にのり，54年には公園係の職員数は22名に増員，予算は3,000万円まで増額され，59年には公園緑地課が新設されるに至った。さらに上田は，成長に年月を要する樹木による緑化に加えて，毎年咲く花も植えることを提案し，58年から「花いっぱい運動」を開始したのである。

### 上田芳江の彫刻観

上田が「花いっぱい運動」のために集めた寄付金の残金で山崎が購入した彫刻のレプリカが告知なく別の場所へ移されたことが彫刻設置事業をはじめる契機となったことは，すでに述べた通りである。しかしながら，このときの上田の怒りは少なからず注目に値するといえよう。星出と山崎に対して上田は「わたくしは怒りました。あの彫刻は市民の寄付で買ったものだから，市にはこれを管理する責任がある。盗難だ，いたずらだと市民から騒がれない前に，移転のことを市民に知らせるのが市民サービスというものではないか」といってなお，上田の怒りはエスカレートし，次のように述べている。

> わずかばかりの残り金で手近いところに売っているものを買ってくるから，場所を変えるときにも手軽にどこへでも運べるのである。そんな思いつきばったりの仕事をされては困る。彫刻にだって生命があるから，置いてしまったらそこを生きる場として呼吸することになる。せっかく根を下ろして生活を始めたものを勝手に動かすのは横暴というものではないか。（上田・山崎 1971：69）

この上田の怒りの言葉のなかに，彼女の彫刻観が明確にあらわされている。

つまり，彫刻作品はそれ自体で自律して存在するのではなく，その場所とともに存在することが望ましいという考え方である。

上田のこうした彫刻観は，故なきことではない。彼女は56年８月に「日本母親代表」としてローマからルーマニアにかけて１ヶ月余りの旅をしている（上田 1957)。「外国旅行に出かける人たちがこの町にも多くなった。旅行者が帰って来て一様に話題にのせることは，緑が，のびのびした街路樹となって街を覆っていること。街のなかに森のような広場があること。そして随所に噴水と彫刻が置かれていることである」(上田 1972：197-198)。このように，緑や噴水と同様に彫刻が呼吸するように街のなかにある外国の状況を上田は経験していた。だが，野外に置かれた彫刻なら何でもよいと考えていたわけではなかった。「日本では，屋内の，それもサロンの置物として一部の愛好者たちに愛玩されているに過ぎません。ときたま屋外に出る機会を得ても，それは権威の象徴として，庶民は下から仰ぎ見るばかりでした」（上田・山崎 1971：67）と述べているように，権威の象徴としての従来の野外彫刻を上田は決して好ましいと考えてはいなかった。むしろ，上田が想定する野外彫刻の日本における先例について次のように述べている。

> わたくしたち庶民は，父祖の代，いやもっと昔から，人間と自然との空間に在って人間とともに生きて来た彫刻を持っています。それは道端に立った地蔵様であったり，庚申塚であったり，旅の里程標であったり，形はいろいろですが，わたくしたちの先祖はそれに息吹きをふきこんできました。着物を着せたり，花をあげたり，食べものを供えたりして，人間と雑居していたのでした。信仰の対象にしたり，愛情の表現にしたりという原始的な考えのなかで始まった雑居生活でしょうが，いつのまにか離れがたいものになっていました。(上田・山崎 1971：67)

「地蔵様」や「庚申塚」のように歴史のなかで人間と結びついたものこそ，彼女が期待した野外彫刻であるといえよう。それは「一部の愛好者」のためのものではなく，「庶民」のためのものであった。そして，こうした野外彫刻に彼女が託したのは，荒廃した町を安心して子どもたちを育てることのできる町へと変えていきたいという，母親としての切実な願いであった。荒廃した町を「緑」と「花」と「彫刻」によって子どもたちが育つ環境へと改善していくという社会変革のビジョンを彼女は思い描いていたのである。

前述のように，宇部市における彫刻設置事業の契機はまったくの偶然の産物であったが，上田はその必然性を見出す。「『町に彫刻を飾る運動』が起こったのは偶然でも唐突でもありません」（上田・山崎 1971）。『歴史の宇部』（1972）という本で宇部市の歴史も執筆した上田にとって，長期的な展望のなかで宇部市を考えたとき，芸術のあるまちづくりという構想は将来的に必ず突き当たる問題であった。

上田は，こうした理想的なまちづくりを実現するために「花いっぱい運動」や「宇部を彫刻で飾る運動」といった市民運動を積極的に推進した。宇部市は「困難な事態に遭遇すると，どこからか力が集まって克服してゆく不思議な町なのである。だからこそ，ここに生活する人たちは，ユートピアの実現を信じて，くり返しまき返し，町ぐるみの市民運動を起こすのである」と彼女は言う。社会変革のビジョンを町ぐるみの市民運動によって実現する力があることを彼女はまさに行動で示してきたのである。

## 4　土方定一の役割

### 土方の芸術観――美術の社会化

先述の通り，低予算で彫刻設置事業を推進したいという宇部市の要望を野外彫刻展の実施という案によって実現させたのは，神奈川県立近代美術館副館長であった土方定一である。50年以上にわたって継続的に開催されている野外彫刻展は，宇部市を文化の香る町へと変貌させただけでなく，彫刻コンクールとしての機能も果たし，戦後日本美術史においても大きな意義を持ったといえる。しかし竹田が分析する通り，彫刻によって町の改善を期待する宇部市と，野外彫刻展に社会から自律した彫刻を出展する彫刻家たちの思惑とのあいだには大きな乖離が存在した（竹田 2002）。「私は作る側が公共性などを考えたら彫刻などは出来ないと思うんです」という向井良吉の言葉のように，彫刻家たちはよりよい芸術を目指して彫刻作品を制作することに専心しており，公共性を考慮して彫刻を制作することには否定的でさえあった。しかも，このような芸術の自律性というイデオロギーは当時支配的であったという[(3)]。では，宇部市の期待と彫刻家たちの思惑のあいだに乖離があったにもかかわらず，なぜ宇部市の野外彫刻展は都市計画の一環として成功をおさめることができたのだろうか。土方の役割に注目しながら考察していく。

まず土方の美術に対する思想的立場を確認していこう。土方は東京帝国大学文学部美学美術史学科でヘーゲル美学の研究から出発し，戦前から美術批評家として活動している。また，美術批評家と同時に，51年から神奈川県立近代美術館副館長（65年から館長）を務め，そして61年からは宇部市の彫刻設置事業を契機に野外彫刻展のプロモーターという役割を担い，美術界において「三位一体」の活動を続けてきた。峰恭介が指摘する通り，いずれの活動においても「美術の社会化」という思想が彼の底流をなしていたといえる（峰 1981）。土方の美術シーンにおける多角的な活動はいずれも，美術が社会のなかで自律した存在としてではなく，社会のなかの一存在として機能するよう尽力したものである[(4)]。

50年代の３度にわたるヨーロッパ旅行の経験が，土方の企画する野外彫刻展の直接的な着想源といえる。特に52年に共同通信社の特別通信員という名目で美術の視察のためオランダのロッテルダムを訪れた際に，オシップ・ザッキンの《破壊された都市》などの彫刻を町のなかで見たことが，戦争で破壊された都市の復興における彫刻の機能を思考する原体験となっていた（田中 2018）。さらにアントワープや北イタリアのスポレットで見た町ぐるみの野外彫刻展が，日本における野外彫刻展の実現へと彼を駆り立てた（土方 1963）。だが，それ以前の美術批評家として活動していた時代から土方は「美術の社会化」という思想を一貫して抱いていたのではないだろうか。

土方が美術批評家としてもっとも渦中の人となったのは，40年代後半に勃発した「リアリズム論争」においてだろう（中村 1981）。共産党員の評論家で社会主義リアリズムの立場に立つ林文雄が，印象派以降の近代美術に対して総じて否定的な立場から土方の『近代日本洋画史』（1941）を批判したのに対し，美術評論家の植村鷹千代は抽象絵画やシュルリアリスムへと発展した前衛美術こそ主体のリアリティを捉えていると近代美術擁護の立場から林を批判した。土方は林に対して，歴史的ないし思想史的な意味付けと絵画的な意味付けを混同，あるいはすり替えており，そうした社会主義リアリズム論は「将来美術をセンチメンタルな政治的挿絵にする理論となってくる」と反論し，さらに同じく近代美術擁護の論陣を張る植村のことも「まず肉眼でものを見よ」「絵画の背後に人間がいることを忘れるな」と批判した。その上で土方は，林の支持するのを「19世紀的リアリズム」，植村の支持する戦前の前衛美術を「アヴァンギャルド的リアリズム」，土方の言うのを「現代的リアリズム」と名づけ，「リアリズム論争」の３つの立場を区別した（土方 1949）。

土方は「現代的リアリズム」については，岡本太郎らの作品にその可能性を見るにとどまり，具体的に論じられたとは言い難い。しかしながら「リアリズム論争」には土方の美術的立場が少なからず示されているといえる。土方にとって美術の理想は，「政治的挿絵」ではなく，他方で「主体のリアリティ」を重視するような社会から自律した芸術でもない。あえて言えば「主体のリアリティ」を重視しつつも社会とのつながりのある芸術を理想としていたのではないだろうか。

1950年代になると，桂川寛，池田龍雄，中村宏，山下菊二といった，ダム建設への反対運動や炭鉱争議といった市民運動に参加した体験をもとに絵を描く「ルポルタージュ絵画」のような，現実社会を変革するという意図のもとに制作していく美術が登場した（武居 2017）。「ルポルタージュ絵画」は，岡本太郎の影響と「リアリズム論争」が扱った問題を継承しており，土方が40年代後半に思い描いていた「現代的リアリズム」の事例として指摘されることがある（中ザワ 2014）。土方自身は「ルポルタージュ絵画」について積極的に語らなかったが，少なくとも「リアリズム論争」を通じて示される土方の芸術観には，自律した芸術ではなく，社会とのつながりのある芸術を理想とする「美術の社会化」の姿勢が見られたといえよう。

### 土方の芸術観——彫刻と都市の総合

土方の思想である「美術の社会化」が，彼の求める美術作品の傾向でもあったとするならば，土方は先述の向井のように公共性を意識することを否定して制作された抽象彫刻をなぜ支持していたのだろうか。

向井に限らず，宇部の野外彫刻展ではそのはじまりより社会から自律した傾向の抽象彫刻が多く出展された。竹田が指摘するように，土方は自らが副館長を務める神奈川県立近代美術館で「集団58野外彫刻展」（1958年），「集団60野外彫刻展」（1960年）と相次いで既成の美術団体の枠とは無関係な展覧会を企画しており，官展のような権威主義的で統制的な美術団体が支配する美術界を刷新したいという思いがこうした取り組みにはあったことは確かだが，出展作品である抽象彫刻の意味するところが市民にはまったくわからないという理由でこれらの展覧会の存続は常に風前の灯火であったという（竹田 2002）。抽象彫刻は，当時の都市部の市民にさえ受け入れられることは困難であった。

土方の当時の彫刻観は，宇部市の彫刻設置事業がはじまる直前の『朝日新聞』（1960年６月11日付）の記事「彫刻—都市・建築—共通した理想像がほしい」において，イサム・ノグチや向井，ヘンリー・ムーアなど国内外の屋外の抽象彫刻を事例にしながら示されている。それは，自律した抽象彫刻は近代都市の形成に適しているという見解である。「公園，広場に置かれる彫刻や建築と協同する彫刻はおざなりの飾りものであるという常識から離れて，彫刻の独自の魅惑をもっているものにしてもらいたい」。また，彫刻だけでなく，広場や花壇についても「近代建築の抽象的な美しさに調和しながら，同時に広場として，また，花壇として独立した美しさと独立した性格をもった広場をつくられねばならない」と述べている（土方 1960）。つまり，抽象的な美しさを備える近代建築の建ち並ぶ近代の都市においては，彫刻も広場も花壇も他律的な

「飾り」ではなく，自律した美を持ってこそ総合的に調和するというのである。土方のなかで自律的な彫刻は，都市と必ずしも矛盾したままではなく，よりよい都市へと「総合」されるのである。

土方は63年の宇部の野外彫刻展の際に次のように述べていた。「参加作家は，この自然環境のなかで，あらためて野外に置かれた彫刻の本質を反省し，彫刻のもつ自然的，精神的環境について反省せざるを得なかったにちがいない。現代彫刻の新しい実験と前進のための第一歩がここにはじまった，といっても誇張ではないだろう」（土方 1963）。つまり，土方は，彫刻が自律したままでよいとは考えていなかった。野外彫刻展によって彫刻作品は自然環境のなかで自己批判の契機をもち，「新しい実験と前進のための第一歩」を踏み出すことが期待された。

また土方は，芸術の自律性の極限といえる「発注芸術」に対しては批判的であった。60年代後半からミニマルアートの受容を契機に，美術家が自身で制作せず他者に制作を委ねた「発注芸術」が登場した。1975年の『読売新聞』（1975年10月25日付夕刊）の記事「人間存在としての彫刻　宇部市の野外彫刻展」で「いわゆる発注芸術にみられる人間疎外の作品とは異なって，作家（人間）が材料の性質をよく知り，その親密感と一体感が作品に加わったことが重要」であると土方は述べている（土方 1975）。作家の主体性を作品からいかに排除し得るかという問題が議論されていた当時の時代背景を考慮すれば，「人間存在」を重視する土方の主張は，いささか保守的に映るかもしれない。だが土方は，「人間存在」こそが「公共的な野外彫刻の本質」であると主張する。「美術の社会化」を思想とする土方は，抽象彫刻のような自律した彫刻を，むしろ近代の都市と調和するものとみなした。しかしながら，その彫刻にはあくまでも息づくような「人間存在」が欠かせなかったのである。

以上のように，町の改善を期待する宇部市とよりよい作品を目指す彫刻家とのあいだの乖離は，自律した彫刻だからこそ都市と調和するという土方の芸術観のなかでは両立可能な問題であったといえる。土方の芸術観は，都市計画の一環としての彫刻設置事業を推進する上で重要な理論的支柱の役割を果たしたのである。土方の発案による「野外彫刻展」という形式は，彫刻家にとっては自由に制作した彫刻が許容される言わば実験場となった[(5)]。そのなかで宇部市などによる買い上げに選ばれた彫刻は，彫刻設置事業として市内各所に設置され，町のなかで受け入れられていった。土方の芸術観がこうした具体的な彫刻設置の下支えとなったのである。

## 5　上田芳江と土方定一のつながり

宇部市の彫刻設置事業の成り立ちにおいて，上田が発案に関わった経緯や彼女の彫刻観，そして宇部市と彫刻家とのあいだの乖離を解消する土方の芸術観について分析してきた。

野外彫刻展に出展される先鋭的な彫刻作品群の芸術性を，必ずしも上田が把握していたとは限らない。しかしながら，上田には地域に根ざす彫刻を推奨し，長期的にそれらを受け入れる覚悟があった。また，彼女には荒廃した町を「緑」と「花」と「彫刻」によって改善していくという社会変革のビジョンがあり，それは美術を社会のなかで機能させる土方の「美術の社会化」の思想と通じていたといえる[(6)]。土方もまた「彫刻」と「広場」と「花壇」が調和する都市を思い描いていた。こうした接点があるのも，彼らはともに50年代のヨーロッパの都市を経験しており，まちづくりの理念に共通点があったからである。

上田と土方のどちらかが欠けていたら，この彫刻設置事業は実現しなかったといえる。もし土方がいなければ，そもそも「野外彫刻展」という発想自体，宇部において存在しなかっただろう。また，もし上田がいなかったらどうだろうか。たとえ土方の提案や芸術観がいかに優れていたとしても，実際に先進的な彫刻が市民に受け入れられなければ，彫刻設置事業は成功に至らないどころか，「彫刻公害[(7)]」を招きかねない。事実，神奈川県立近代美術館の野外彫刻展は市民から受け入れられず，展覧会の開催が風前の灯火となっていた。先進的な野外彫刻展の開催という土方の提案を実現させ，長きにわたり継続されているのは，上田を中心とする「宇部を彫刻で飾る運動」などによって野外彫刻に対する市民の理解が得られていたことが大きい。

もっとも宇部市においても「星出市長は文化がお好きらしいが，文化とはどんな味のするものか教えてもらいたい。市民のなかの，ごく一握りの人たちにしか理解できないようなものは不都合である。そんなところへ使う金があるなら困っている人たちにもっと保護費を出せ」などの批判もあった（上田 1971：207）。しかし上田は，彫刻をたんに教養を高めるためだけのものと考えるのではなく，市民全体にとっての文化財であり，それらを増やしていくことで去りがたい町という地域への愛着と誇りを抱かせることこそ重要視していた。彼女にとって野外彫刻は，「一部の愛好家」のためのものではなく，あくまでも「庶民」のためのものなのである。

野外彫刻がただ設置されるだけでなく，町に根ざして定着するという点に関しては，上田にとってもかなりの冒険であった（上田・山崎 1971：82）。だが，宇部市における彫刻設置事業が10年経過した段階では，市民全員が彫刻の管理人となっており，設置された野外彫刻が悪戯されたり，壊されたりすることなどはなかったという。また行政の側も，1ヶ月にわたる滞在制作を行った，「宇部を彫刻で飾る運動」の第1号である向井良吉の62年の作品《蟻の城》が風雪によってひどく損傷したことを受け，78年に全面的に修復を行った（図9-8）。基本的に野ざらしである野外彫刻がまちづくりの一環としてその土地に定着するためには，緑化活動と同様に長い年月にわたる持続的な管理やメンテナンスが必要になってくるのである。(8)

土方は，亡くなる直前に『神奈川新聞』の連載「週言」にて，20年来通う宇部についての所感を述べている。「町の上空は黄褐色におおわれていた宇部市は，現在は緑化計画が計画通りに進行して見事な緑の町となり，また，この野外彫刻展については，先年，市民のアンケートをとったところ，この彫刻展を続けるようという要望ばかりで反対はひとつもなく，この彫刻展が市民の意識のなかにとけこみ，宇部市民のひとつの誇りとなっていることを語っている」（土方 1980）。この土方のユートピア的な宇部へのまなざしは，逆説的に彼の宇部に対する愛着を感じさせる。この文章の続きでは「昨年は，同行のA君が西

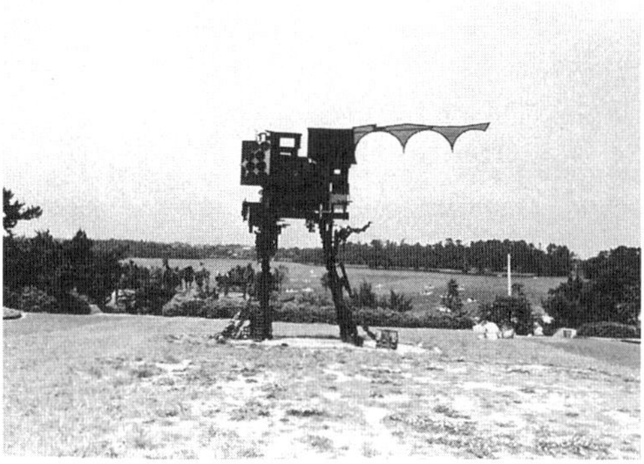

**図9-8**　向井良吉《蟻の城》(1962年）の修復後（1978年）

出所：上田芳江編，1979,『ふるさとの想い出 写真集 明治大正昭和宇部』国書刊行会，142頁。

周，森鴎外の生誕地，津和野市をしらないとのことで，上田芳江さんに案内していただくことになった。上田さんは，その途中のやまめ庵というやまめ料理を食べさせてくれる珍しいところに案内しようということであった」と述べており，土方と上田は20年来にわたって交流を続けていたことがうかがえる。

本章では，まちづくりの一環としての彫刻設置事業という先例のない宇部における試みの実現の経緯を，上田と土方に着目して論じてきた。宇部市在住の市民活動家である上田と県外の美術館副館長で第一線の美術批評家である土方は，立場はまったく異なるが，環境に根ざした彫刻という芸術観，そしてまちづくりの理念において共通していた。土方の野外彫刻展という案は，彫刻家たちにとって挑戦すべき実験場を用意し，結果として日本彫刻史の形成において重要な役割を担う大胆なものであったが，それが宇部市という日本のローカルな場所で実現し，まちづくりとして長年機能し得たのは，何よりも上田の理解があったからにほかならない。

注

(1)　パブリックアートについて竹田直樹および工藤安代の文献を参照（竹田 1993，工藤 2008)。また，アートプロジェクトについて熊倉純子の文献を参照（熊倉

2014)。

(2) 幅員50メートル，延長800メートルのメインストリート。戦後直後に「道路と見せかけて飛行機の滑走路をつくっているのではないか」との疑惑から市長が GHQ に呼び出されるという一幕があった。

(3) 芸術の自律性は，アメリカのフォーマリズム美術批評家クレメント・グリーンバーグを中心に当時世界的に散見される思想であった（グリーンバーグ 2005)。また，芸術の自律性という思想が冷戦時代のアメリカにおいて自由を体現するものとして機能していたという研究もある（Guilbaut 1983)。

(4) 1954年に土方は美術評論家連盟の初代会長に就任している。美術評論家連盟は国際美術評論家連盟の日本支部であり，土方は美術批評の社会化にも少なからず寄与していた。

(5) 前衛美術の実験場という点において64年に中止に追い込まれた「読売アンデパンダン展」と共通しているが，宇部市の野外彫刻展のその持続性は対比的である。

(6) 美術による社会変革や美術の社会化という理念は，近年世界的に台頭してきたソーシャリー・エンゲイジド・アートと近接する。ソーシャリー・エンゲイジド・アートについては以下参照（アート＆ソサエティ研究センター SEA 研究会編 2018)。

(7) 公共空間に設置された野外彫刻の中で，メンテナンスが行き届かず放置されたもの，視覚的に町の景観を損なうもの，町の文脈とは無関係なものなどは市民からのクレームを招き，日本ではしばしば「彫刻公害」と呼ばれた。

(8) 野外芸術の野ざらしとメンテナンスの問題は以下の座談会のテーマとなっている（会田・安藤・椹木・黒瀬 2016)。

## 文献

会田誠・安藤礼二・椹木野衣・黒瀬陽平，2016，「野ざらしと外地――戦後日本美術再考のために」『ゲンロン 3』ゲンロン：80-107。

相原邦彦，1991，「宇部市と現代日本彫刻展」『現代日本の野外彫刻』講談社，147-152。

アート＆ソサイエティ研究センター SEA 研究会編，2018，『ソーシャリー・エンゲイジド・アートの系譜・理論・実践――芸術の社会的転回をめぐって』フィルムアート社。

藤井匡，2016，『公共空間の美術』阿部出版。

藤嶋俊會，2015，「文化としての野外彫刻を考える――そもそもは野外彫刻から始まった」松尾豊著『パブリックアートの展開と到達点』水曜社，221-236。

古村えり子，2005，「『闘う主婦』の誕生――日本炭鉱主婦協議会の活動から」『北海道教育大学紀要 教育科学編』55(2)：187-201。

弦田平八郎，1993，「宇部の野外彫刻30年の歩み」『宇部の彫刻』宇部市，8-12。

グリーンバーグ，クレメント，2005，藤枝晃雄監訳『グリーンバーグ批評選集』勁草書房。

Guilbaut, Serge, 1983, *How New York Stole the Idea of Modern Art : Abstract Expressionism, Freedom, and the Cold War*, The University of Chicago Press.

土方定一，1949，「三つのレアリズム」『アトリヱ』268：5，45-47。

土方定一，1953，『ヨーロッパの現代美術』毎日新聞社。

土方定一，［1960］1992，「彫刻―都市・建築―共通した理想像がほしい」『土方定一　美術批評　1946-1980』形文社，299-301。

土方定一，［1961］1992，「建築と彫刻・絵画の融合――都市づくり密接に」『土方定一　美術批評　1946-1980』形文社，360-363。

土方定一，1963，「第１回全国彫刻コンクール応募展について」『第１回全国彫刻コンクール応募展』(https://www.tokiwapark.jp/museum/essay/1_1/hijikata1963.html　閲覧日 2019.1.19)。

土方定一，［1975］1992，「人間存在としての彫刻　宇部市の野外彫刻展――疎外環境化へ強い批判」『土方定一　美術批評　1946-1980』形文社，602-605。

土方定一，1977，『土方定一著作集８　近代日本の画家論Ⅲ』平凡社。

土方定一，［1980］1992，「週言　やまめ庵」『土方定一　美術批評　1946-1980』形文社，626-627。

土方定一，1981，『土方定一　追想』土方定一追悼刊行会。

土方定一，1981，『土方定一　遺稿』土方定一追悼刊行会。

北村由雄，1983，『現代画壇・美術記者の眼――1960-1983』現代企画室。

工藤安代，2008，『パブリック・アート政策――芸術の公共性とアメリカ文化政策の変遷』勁草書房。

熊倉純子，2014，『アートプロジェクト――芸術と共創する社会』水曜社。

峰恭介，1981，「美術の社会化――土方定一の死と功績」『みずゑ』912：118-119。

向井良吉，1961，「彫刻都市への試み――宇部市野外彫刻展」『芸術新潮』9：73-76。

中村義一，1981，『日本近代美術論争史』求龍堂。

中ザワヒデキ，2014，『現代美術史日本篇 1945-2014』アートダイバー。

小田原のどか，2018，「空の台座――公共空間の女性裸体像をめぐって」『彫刻１』トポフィル：400-450。

酒井忠康，2016，『芸術の海をゆく人――回想の土方定一』みすず書房。

酒井忠康＋米倉守監修，1991，『現代日本の野外彫刻』講談社。
柴田葵「日本野外彫刻の歴史」ウェブサイト『彫刻回帰線』初版掲載2008年７月１日（http://aoishibata.la.coocan.jp/3-1-OASinJapan.html　閲覧日 2019.1.19）。
新集社編，1993，『宇部の彫刻』宇部市。
竹田直樹，1993，『パブリック・アート入門――自治体の彫刻設置を考える』公人の友社。
竹田直樹，2002，「宇部市における彫刻設置事業の開始」『ランドスケープ研究』65(3)：259-267。
武居利史，2017，「画家・新海覚雄と戦後社会運動――《真の独立を戦いとろう》までの道」『大原社会問題研究所雑誌』705：44-56。
田中修二，2018，『近代日本彫刻史』国書刊行会。
上田芳江，1953，「ルポルタージュ炭婦協　静かな炭坑をゆく――山口」『中央公論』２：103-105。
上田芳江，1957，『ルーマニア紀行――日本母親代表として』国土社。
上田芳江・山崎盛司，1971，『緑で郊外から街がよみがえるまで――宇部市緑化20年の記録』カンデラ書館。
上田芳江，1972，『歴史の宇部――戦前・戦後50年』カンデラ書館。
上田芳江編，1979，『ふるさとの想い出　写真集　明治大正昭和宇部』国書刊行会。
上田芳江，1983，「花と緑と彫刻」田村明・森啓編『文化行政とまちづくり』時事通信社，84-89。
柳生不二雄，1984，「彫刻のあるまちづくり＝宇部市――燼灰のまちに，みどりと花と彫刻を，その三〇年の歴史から」『三彩』５：108-115。

Column

## ディスカバー・ジャパンの神話を超えて，地域映画の美学を構想する

佐々木友輔

なぜ地域映画はどれも似たり寄ったりに見えてしまうのか。

2000年代初頭のフィルムコミッション設立ブームを背景として，全国の地方自治体や地域コミュニティが観光促進や地域活性化を目的とした映画製作に取り組むようになった。2010年には吉本興業による映画製作支援プロジェクト「地域発信型映画」がスタートし，2019年現在も各地で続々と新作が発表されている。テレビ局や大手映画会社が主導するエンタメ大作と，小規模で作家主義的なインディーズ作品という二極化が進行する現在，日本で映画を撮るための「第三の道」として，私もまた地域映画という枠組みに関心を持っていた。

しかし各地の地域映画を見ていくうち，期待は失望に変わっていった。その土地に固有な風土や文化を題材とし，固有な風景や人びとが撮られているはずなのに，完成作品はどれもこれも既視感のある，紋切り型の物語をなぞるばかりなのだ。あなたも見覚えがあるだろう。都会に疲れて帰郷した若者が，温かい家族や地域住民に迎えられて故郷の素晴らしさに気づくとともに，失いかけていた自分自身を取り戻す物語。あるいは「ここには何もない」と卑下する地域住民たちが，外部の視点を持つ旅人の来訪をきっかけにして，自分たちの暮らす土地の魅力を再発見する物語……。

ヒーローズ・ジャーニー（英雄の旅）と呼ばれる神話の物語類型がハリウッド映画の脚本術に取り入れられているのは有名な話だが，地域映画に特有な物語類型は別の意味での神話，すなわち「ディスカバー・ジャパン」という神話をなぞっているといえるだろう。

ディスカバー・ジャパンとは，1970年から日本国有鉄道が国内旅行を促進するために展開したキャンペーンの名称である。副題は「美しい日本と私」。高度経済成長に伴い，日本の文化や風景，ライフスタイルが激変するなかで，失われつつある古きよき故郷（ふるさと）の再評価（「美しい日本」の再発見）と，観光者による自分探しの旅（「私」の再発見）を結びつけるアイデアが人々の心を掴み，その後の地域振興や観光振興のあり方にも多大な影響を与えた。

注目すべきは，ディスカバー・ジャパンが提示する風景の匿名性である。特に初期のポスターでは，具体的な地名を記して特定の観光地を紹介するのではなく，「日本のどこか」というほかない，抽象的であいまいな風景が選ばれている。要するに，旅先はどこでもよいのだ。ここで再発見されるべき故郷とは，現実にあなたや私が生まれ育った固有の土地のことではなく，メディアが用意した「故郷らしさ」のイメージのことである。ディスカバー・ジャパンの神話とは，あらゆる地域を均質に故郷化する装置であり，どのような地域映画の脚本にも応用できる柔軟性を持つが，引き換えに，その映画がその地域で撮られなければならない根拠や必然性を奪い去ってしまう。かけがえのないはずの風景を，交換可能な風景に変えてし

まうのである。

では，どうすればよいのか。地域映画は所詮広告であって芸術ではない，映画ではないと突き放す立場もあるだろう。あるいは均質であろうが交換可能であろうが，地域映画が現実に観光促進や地域活性化に役立つならそれでいいじゃないかという立場もあるだろう。しかし私は一人の映像作家として，別の道を模索したいと考えている。

さしあたり，地域映画の「地域」という語を，ある特定の空間を占めることになったもの（者，物）たちの出会いの偶然性と一回性の呼び名として再定義することから始めたい。日本において「地域」や「ローカル」という語が用いられる際には，都市（＝東京）に対する地方，中央に対する周縁といったニュアンスが含まれがちだが，そうした用法を続けるうちは，まなざしを向ける都市と向けられる地方という非対称性から逃れられないからだ。

定義の確認を済ませたら，早速撮り始めよう。

あなたと私の出会いは言うまでもなく，人類史上初めての出来事である。この事実を厳密に突き詰めていけば必ず，従来の映画制作のスタイルでは表象し得ない余剰が見つかるはずだ。それを些細なものと決めつけて捨象してしまってはいけない。そうかといって，表象不可能なもの，不可侵なものとして神秘化してしまうのもよくない。私たちの出会いを，そこから立ち上がる地域を，既存の映画の枠組みに当てはめるのではなく，むしろこちらのかたちに沿うように映画の枠組みを作り替えるのだ。それでも収まり切らぬなら，枠組み自体をぶち壊して「これも映画だ」と強弁すればいい。映画が地域を再発見するのではなく，地域が新しい映画を発見するのだ。

ディスカバー・ジャパンの神話を超えて，私たちの手で作り出す，私たちの地域の神話。たとえ「現在」を知るものがみな死に絶えてしまっても，あなたと生きた記憶は映画制作の一スタイルとして未来に継承される。誰かによって模倣され，活用され，批判され，応用され，やがて乗り越えられていくだろう。

これが私の構想する地域映画の美学である。理想論かもしれない。しかし理想のない映画など，はじめから撮る必要ないのだ。

### 文献

『ディスカバー，ディスカバー・ジャパン　「遠く」へ行きたい』展覧会図録，2014，東京ステーションギャラリー。

増淵敏之，2018，『ローカルコンテンツと地域再生――観光創出から産業振興へ』水曜社。

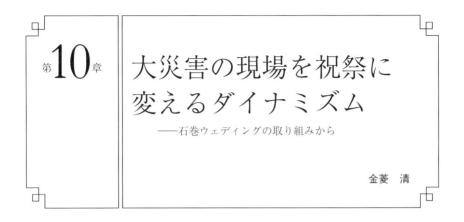

# 第10章 大災害の現場を祝祭に変えるダイナミズム
## ——石巻ウェディングの取り組みから

金菱　清

## 1　このまま死にたくない

東日本大震災後になぜか若者が集まる街がある。宮城県で第二位の人口を有する石巻市である。そこには若者を引き付ける魅力がある。嶋脇佑もそのうちの一人である。震災以前は，自分の欲求より常に周りの期待に応えようとしながら生きてきて，自分というものがまったくなかった。中学卒業後は美容学校への進学を志望していたが，親の意向もあり高専に進学する。卒業後に就職したが仕事はつまらなく，生きている感じはまったくしなかったと振り返る。

そんな嶋脇は2011年３月11日を故郷の福島県で迎えることになる。「このまま死にたくない」という思いを抱えたまま，当時勤めていた通信会社で復旧の仕事に携わるうち，もっと自分を活かしたいという思いを強く持つようになった。会社は結局自分たちを守ってくれないとわかったこともあり，勤めていた会社を退職する。

東京や仙台などを移住先に考えていろいろ調べていると，世界的に名だたるグローバル IT 企業が石巻で次の世代を育てていることを知る。そして縁もゆかりもない石巻市に住まいと職とを求めて移住してきた。石巻市には，大きな喪失と再生の物語があちらこちらにあった。石巻という地域は，他の被災地と異なって，いわば「余白のある街」だった。市街地まで津波が来たものの，街全体を飲み込むことはなかった。すべてが被災しなかったために，外部からきた人間と内部の人間が混在する街になったのである。

余白のある街石巻市で嶋脇は，押し殺していた自分の欲求を少しずつ解放していく。趣味のダンスの映像を撮影しているうち，チームを組んで人を巻き込んでいく面白さを痛感する。石巻市には，美容師や花屋や写真家，洋服屋など20〜30代の若くてユニークな人材が移り住み始めていた。そうした移住者のなかからある女性が，石巻ウェディングという「地域」を主体とした結婚式スタイルを立ち上げたのである。

個人の喪失と再生の物語は街の喪失と再生に重ね合わされる。個人と街の経験が結びつき，創造の場が生み出される。その舞台が石巻だった。「毎回ふたを開けてみないとわからない感がある。ここでしかない。毎回違う」と嶋脇がいう結婚式とはどんなものか。本章では，石巻ウェディングの取り組みを通して，大震災後に地域ぐるみで被災地を祝祭に変えてきた現場のダイナミズム，そしてその意義について考えたい。

## 2　石巻ウェディングという問い

結婚式を地域や住まいで行ったのはずいぶん昔のことで，いまや結婚式場で挙げることが通例になっている。定型化された，パッケージ化された結婚式のスタイルによるブライダル方式が市場を席捲している状況にある。

それに対して，石巻ウェディングは独自な路線をとる。そもそもはサークル的な雰囲気から始まった。石巻ウェディングを始め，同名の会社の代表である豊島栄美は，東京でまさにパッケージ化されたスタイルの結婚式場に勤めていた。震災をきっかけにして出身地である石巻市に戻ってきた。街には津波で流された家や店舗によってできた空き地が広がっていた。街中どんよりと気持ちが沈んでいるなかでも結婚式場があればほっこりすることができるかもしれないとぼんやり思い描いていた。ところが振り返ってみると，結婚式どころかかつては誕生日プレゼントも石巻市内で買っていたのに，いつしかみんな仙台市まで買い物に行くようになっていたことに気づく。もともと石巻が嫌で半ば逃げるように出てきたのに，それほど嫌がっていた石巻を舞台に，嶋脇のような若者が自由闊達に活躍する姿を目にする。

豊島が石巻ウェディングをプロデュースするようになったきっかけは，若者の活躍という刺激のほかに，結婚式に呼ばれることが多くなると，石巻市出身の新郎新婦なのに式場はなぜか仙台だというのに気付いたことだった。そもそも結婚式を挙げない石巻の若者も増えていた。こうして石巻ウェディングをスタートすることを決めた。

一昔前の石巻の結婚式は，30人規模で料亭での食事会という人が多かったけれども，市内にホテルが建ち始めるとそこで，その後，仙台市内の結婚式場でやることが多くなった。ところが，震災を境に，再び少人数でおいしいものを楽しむような式にしたいという人が増えてきていた。

そうした式を選ぶ人に聞いてみると，費用の問題であったり，自分らしい結婚式ができなかったりというのが理由であった。式を挙げない若者のなかには，新郎新婦が雛壇にあげられるような格式ばった結婚式はイメージできないという人もいた。これを聞いて豊島は結婚式場でのプランナー経験を活かしつつ，石巻で働く若者を上手くつなげられれば，新郎新婦がほんとうにやりたいと望む披露宴が演出できるのではないかと考え，2015年11月に石巻ウェディングを始めた。

ほんとうに自分なりの結婚式をやりたいという新郎新婦には豊島からも要求を出す。要望だからといってなんでも請けたりはしない。場合によっては，石巻ではなくてもいいというような要望であれば，仙台などのブライダル会社を紹介している。体裁を繕うだけの結婚式は排除される。

新郎新婦がまず「強い思いを持つ」こと，そして「感謝を伝えたい」と思わなければ，式はほかでもできると伝える。二人の思いが詰まっていなければ，その結婚式は失敗すると覚悟することが大事であると伝える。

そのため豊島は，事前のヒアリングを最大限に重要視する。当初はこれを軽く考えていたと豊島は振り返る。結婚式に対する思いを２時間弱聞くだけで見積もりを出していたが，いまでは１回２～３時間のヒアリングを３回以上はするという。思いを込めた結婚式を実現するためには，その人のルーツとなっている地域や，人間関係を把握しなければならないと気づかされたからである。豊島が東京のブライダル会社に勤めていたころ，プランナーが次々とバーンアウトによって離職していくのを目の当たりにしてきた。とにかくたくさんの結婚式をこなす上に，新郎新婦からの一方的で時には無茶な要求が多く，関係が作れずギクシャクして体調を壊していくのである。

そこで石巻ウェディングでは，お茶を飲みながらじっくり気軽に話す機会を設け，場合によっては新郎新婦の両親にも会って話を聞くことがある。例えば新郎新婦が石巻でのボランティア活動で出会い，その活動を通じて知った地元の魅力を伝えるような結婚式を挙げたいと考えているが，どうしても資金が足りないといった場合，石巻ウェディングはそのことを両親に伝え援助してほしいと相談したりする。この際，新郎新婦とパートナーシップを強く結んで理解を深めていることが，両親への説得力につながるのである。

まるで地域調査やフィールドワークのようにというと，結婚式から離れるように思うかもしれないが，背景を深く把握することはまさに同じである。式を挙げる場所探しのために，車で新郎新婦に石巻中を案内することさえある。そうして，移住してきた思い出の場所であったり，屋根もないような野外であったり，廃屋の社寺であったり，二人にあった場所を選び出す。

ただし，当事者に寄り添うからと言って，決して新郎新婦の思いだけが先行してはならない。例えば，「新郎新婦はアニメが好きで趣味が合うからといって，結婚式でもそのキャラクターの食器を揃えたとする。それで当人は満足したとして，自分の祖父母をはじめとする参列者に対して感謝を伝えたことになるのであろうか」と疑問を呈する。ともすれば結婚する若者は，自分一人の力で生きていると勘違いする。けれども，たとえ自分で稼いでいるとしても，生まれてからずっと自分一人で生きてきたわけではない。誰かのお世話になりながら成長したのだと忘れてしまうことがある。そのことを再認識できる場が結婚式なのだと豊島は考えている。

結婚式の主人公はもちろん新郎新婦であるが，それ以上に式への参加者全員も主人公でなければならないと石巻ウェディングは考えている。つまり，全員が主人公という考えにもとづいて，「物語」が作り込まれていく。すべて完全オーダーメイド結婚式なのである。

こうした考えに即して，みんなが盛り上がることのできる舞台装置を練り上げていく。式次第が決まった結婚式ではなく，ライヴ感覚で式が進んでいくので，その場で何が起こるのか，どんな映像が撮れるのかわからない，というワクワク感がある。映像撮影担当の嶋脇は，「(当日自分たちが渡るのが）どんな綱なのかわからない，今回渡れないかもしれない。ジャングルの方が，おお，(突然飛んでくる）あの鳥見ろよみたいな，心が動く瞬間がある。それを集めてみると心が動かせる映像になる。あまりにも用意されすぎると（映像が）無機質になる」と，手伝いを頼まれて撮った石巻ウェディングとは別の結婚式と比べていう。新郎新婦側には，スケジュールはあるけれども予定通りには進まないことがあるので覚悟してほしいと前もって伝える。予定よりも時間が押しているときは，式が盛り上がっている証拠で，そのままの流れで式を延長させることもある。あらかじめ定められた時間と空間から逸脱することもよしとするのが石巻ウェディングの特徴である。

## 3　欠損が生み出す「地域」の巻き込み

では，東京や仙台などで行われる一般的な結婚式と石巻ウェディングはどこが異なるのか。違いは石巻ウェディングが前者に比べて何もかも「欠損」しているということにある。だがこのウィークポイントは逆に強みにつながっている。どういうことか。新郎新婦には，石巻ウェディングではほかのブライダル会社と同じようなサービスは提供できないため，本人たちの負担が大きいことがはじめの段階で伝えられる。ノウハウはあるが資金はないので，スタッフにも専属の人はいない。それぞれ花屋や写真家といった本職を持つ人がプロデュース時に手助けするスタイルである。東京と地方都市である石巻の違いについて，東京では電話１本やメール１通ですべて注文したり準備したりできるのに対し，石巻という「地域」で結婚式を挙げるにあたっては要望が叶えられないことも多い。

だいたいの結婚式場では，手作りのリングピロー（結婚指輪を置くクッション）などの小物以外の持ち込みを禁止している（私自身の場合も，いろんな制約があったことを思い出す）。つまり，持ち込みには追加オプションという形で料金を加算していくのである。よく言えば余分なことがそぎ落とされているので，思わぬハプニングが避けやすく，式の流れを管理しやすい。その結果，利益をあげることができる。しかし，石巻ウェディングの場合，そもそもそれほどの設備を用意することはできない。しかもカップルが挙げたいような式をするというスタイルを取れば，少人数では必然的にその要望すべてに応えることはできない。プロデュース担当者は結婚式専属のスタッフではなく，それぞれ本業を抱えており，人手は足りない。この足りないという欠損を補うために，何でも持ち込んでよいことにしている。いや，持ち込まなければそもそも成立しなくなる。そして，そのことをオリジナルな特徴として称揚している。

この欠損が，意外に盛り上がりをもたらす。というのも，新郎新婦がまず招待状を工夫することから始まり，ほかにも手作りの作業を伴う場合がある。これもしたい，あれもしなければという感じで，自分たちが主体性を発揮できる場を結果的に作り出し，欠損が「物語」の完成度をあげることにつながっていく。関わる業者との関係性も見えるかたちにする。普通であれば，裏方である業者の顔は見えづらい。ウェディングケーキを作る人やフラワーアレンジ担当者を知らずに式の当日を迎えることがほとんどであるが，石巻ウェディングでは関わる全員の顔が新郎新婦に伝わることを大切にしている。映像にしても，二人のことを知らずに撮っているのと，二人のことを十分知ってから撮るのとでは，気持ちに差がでる。

**図 10－1**　船で入港してくる参列者
出所：松本真理子氏撮影

## 4 「場所性」と贈与返礼を伴った結婚式

石巻ウェディングの特徴のひとつとして，地域という具体的な場所性が重要になってくる。そのことを豊島は次のようにいっている。

> そこでなければならない。みんなウェディングがあれば（外に）でてくる。自然とその地域の人達と顔見知りになってくる。最初は嫌な思いをしている人も（当然ながら）いてる。騒がしくしないでとか自分たち関係ないしと思っているけれども，当日みんな（外に出て式を）見に来てくれる。はじめ遠巻きでみている。中で参加している人が○○さんもみていったらという具合に，地域の人達も一緒になってお祝いできるウェディングになっている。あまりよくない風に思っていた人たちも携帯でとっていい子だみたいな。また（この地域でウェディングを）やって，みたいな。そこでやる意味というのがあって，全然関係ない，思いのない人たちがその場所でやっても仕方がないけれども，そこに思いがあって伝えたいものがあれば，その人たちに思いが届いて一緒になって祝福してもらえる。地域と一緒になって作らせてもらっている感覚です。（豊島栄美へのインタビュー　2018年8月3日）

結婚式は，新郎新婦だけでなく，当初は想定されていなかった地域の人も巻き込んでいく。例えば次のようなことが起こった。新郎新婦が石巻の雄勝地域のお寺を式の場所に選んだとき，そこが結婚式場ではないため当初はケータリングが提案されたが，お寺の人との打ち合わせが進むうちに，雄勝地域の漁師さんが，ちゃんちゃん焼きを振る舞いたいとか，アサリ汁を提供したいとか申し出てくれて，それは面白いとなった。普通の結婚式ではしないだろうことが，石巻ウェディングではむしろ推奨される。地域ぐるみで関わることができる仕掛けが創造的に生まれるのである。どこにでもある結婚式会場という「空間」ではなく，新郎新婦の要望にもとづくことで「場所」性を持つようになる。

石巻市の牡鹿半島にある狐崎浜という集落で行われたウェディングはなかでもきわめて独自なものであった。新郎新婦が狐のお面を被って，狐崎浜の狐にちなんで文字通りの“狐の嫁入り”を行ったのである。狐崎浜は石巻市の中心街から車で小一時間かかる。新郎新婦は狐崎浜の集落にある神社で披露宴を挙げたいと願っていた。お世話になっていた集落の人たちに感謝を伝えたいのと同時に，どのような土地へと嫁いでいくのかを家族や親戚に知ってほしかったからである。

狐崎浜の神社のことを調べてみると，ルーツは宮城県岩沼にある竹駒神社で，そこは日本三大稲荷のひとつにも数えられており，しかも新婦の母方が氏子総代を務めていることがわかった。その分霊が狐崎浜や隣の侍浜の神社だったとわかり，ひとかたならぬ縁をおぼえた。集落の高齢住民に昔の結婚式の話を聞いていると，道路がなかった時代は結婚式の際に家財道具を船に積んで渡ってきたというエピソードがあった。そこで自分たちの結婚式が伝承のツールになればよいと感じ新郎新婦はそれを再現した（図10－1）。

結婚式の招待状も巻物にして，狐崎浜の由来や地域の歴史が伝わるような読み物にした。式当日新婦は船で集落までやってきて，新郎新婦を含む参列者が全員狐のお面をつけて神社までの道を歩いた（図10－2）。まさに狐に抓まれたような式が執り行われたのである。この提案を聞いた豊島代表ははじめから「それはちょっと…」といって断るのでなく，むしろ当人たちには強い意志が

**図10－2**　手作りのお面を被る狐の嫁入り
出所：石巻ウェディング提供

あり，「場所」への思いが込められていたので，「面白い！やろう！！」と即断したという。

狐崎浜の伝統料理をレシピ本にまとめ，結婚式当日には実際に料理してもらっただけでなく，そのレシピ本のほかに狐のお面そして石巻こけしという地場産品を引き出物としたのである。地産地生（消は結婚式では忌み嫌われるのでこのように呼んでいる）の考え方である。

このように地域がまるごと結婚式に巻き込まれていく。船での嫁入りの際，地元漁師に船を出してくるよう頼んだところ，お願いしたわけでもないのに，船は大漁旗を風になびかせながら颯爽と港に入ってきた。お刺身の差し入れが地元からあったりなど，地域ぐるみで祝意を表した結婚式となった。

結婚式では，参列者はお客さん扱いで，「借りてきた猫」状態になることも少なくない。しかし，この石巻ウェディングでは単なるお客さんではない。

石巻ウェディングでは準備段階からお客さんも参加して一緒に式を作る感覚を味わうことになる。石巻ウェディングのスタッフも，街の物産を探したり，土地の歴史を調べたり，古老を尋ねて昔の結婚式の様子を聞いたりするところから始めるのである。

アートにはすでにあるものに手を加えて改変する方法もある。アートには，社会に対する批判とオルタナティブな社会の可能性の提示という特徴がある。その反面，アートは新奇性ゆえに受け入れられないということがある。結果的に，無視されることも多い。

それに対して，石巻ウェディングは，新奇な式を提案されても物語を作り込むことで，新郎新婦を含めた参加者すべてから満足感や感謝を引き出す。

> やるからには，うちら（スタッフ）も含めて新郎新婦が自己満足になるような結婚式は絶対やりたくない。来てもらえる人たちに，とくにお父さんお母さん，おじいちゃんおばあちゃん，いままでお世話になった人たちに本当にありがとう，家族のお蔭でこんなに立派に成長しました。これから幸せになります。これからもよろしくお願いしますって伝えられるウェディングにしたいって。（豊島栄美へのインタビュー　2018年８月３日）

新郎新婦の結婚へ至るエピソードを聞きながら「物語」を作っていくのだが，二人の思いだけが先行していきやすい。そのときには原点に立ち戻って，二人が伝えたいことは何なのかという再確認していく。安易に流行りに乗るような妥協はしない。再帰的な振り返りのプロセスが組み込まれている。アートではなく商売なので，新郎新婦が伝えたいことがきちんと届くかどうかという問題について常に意識づけられている。石巻ウェディングで結婚式をする新郎新婦は，地域で多くの出会いがあり恩恵を受けてきたと感じている。しかし，ボランティア活動以外でそれを伝える機会がないという葛藤を抱えている場合が少なくない。石巻ウェディングの結婚式スタイルは，感謝を伝えるひとつの大きな機会なのである。

社会学者の岸政彦は，アートの再帰的な自己言及の性質について，次のようにいう。アートの「凡庸さや稚拙さを批判しようとも，その批判は，アートの世界を取り囲む壁によって，社会的規範が解体されたときの同化主義的な一般市民の苛立ちとして翻訳してしまう。したがって，内部から見れば，成功なのだ。それはとにかく，秩序を揺るがせることに成功したのである。このことがまた，外部の人間を苛つかせることになる」（岸 2016：131）。つまり，既存の社会的規範にショックを与えて，それへの反応があると，それすらも芸術とし

**図 10－3**　石巻市街にある common-ship 橋通りでの結婚式

出所：石巻ウェディング提供

て機能するということである。

革新的でクリエイティブな結婚式のスタイルにもかかわらず，それが決して逸脱しない理由は，結婚式だからである。アートは，地域活性化などの名目があったとしても伝わりにくい。それに対して石巻ウェディングは，一種の通過儀礼である結婚式という「祝祭」の場である。それは集団のエネルギーを動かす。

例えば，石巻市の長面（ながつら）地区の廃寺で行われた結婚式では，いつのまにか参加者が，まるでグリム童話の小人のように，勝手に仕事を進めるということがあった。廃寺周辺の道草を誰かが刈り取ると，別の誰かが集められた雑草をいつの間にか片付けていたり，水たまりのため歩いて通れないところが砂利で埋められてあったり，物を置いているとブルーシートがかけられていたりする。自分がやったとは住民の誰も言い出さない。周辺の住民までも巻き込むエネルギーが石巻ウェディングにはある。

## 5　労働の価値転換と大震災という問いかけ

大震災後にスタートした石巻ウェディングは，地域にとってどのような意味を持つのだろうか。価値観の変化をもたらしたのだろうか。

石巻ウェディング関係者は，不思議なほどお金のことを気にしていない。労働における価値観に変革を起こしているようにもみえる。もともと，なぜ若者が結婚式をしないのかということを予備調査した上で，お金がかけられない人を対象としているために，会社の儲けは二の次にされる。代表である豊島自身，20代にはお金を稼ぐことに奔走した。

ところが，東京や仙台ではなく，石巻という地域で事業に携わる中で，金銭や速度，効率や成果よりも，生活における労働と余暇の区分けの不分明さが重要となった。アートプロジェクトにおける労働について，協働との関係から調べた兼松芽永は，「稼ぎ」と「かせぎ」を区別して興味深い論を展開している（兼松 2018：115）。「稼ぎ」とは文字通り，働いてお金を得ることを意味する。他方，「かせぎ」とは金銭や報酬を伴わない作業を指す。楽しみや生き甲斐に近く，そのため外在的指標は必要としない。「かせぎ」は次のステップに進むため，自分に問いかけてよかったかどうかを自分自身で反復し，自身や互いをねぎらい，為すことを区切り，価値づけるものだからである（同：119）。

稼ぎとは異なる「かせぎ」概念からあらためて石巻ウェディングの取り組みをみてみると，興味深いことがわかる。石巻ウェディングでの結婚式はボランティアや無償労働ではないので，もちろん金銭的報酬がある。しかし，近代的な労働観からは明らかに外れている部分がある。それを代表の豊島は次のように述べている。

> この数年ですけど，お金じゃないなあということに気づかされた。お金がないと何もできないけれども，お金といっている時期は何もできていない。お金貰わないとやらないというスタンスだった。お金ありきの時って何もできなかったけど，お金が後からついてくるようになったら，創造力ももっとでてくるし，もっと柔軟に動けるし，より完成度の高いものができるようになった。（豊島栄美へのインタビュー　2018年８月３日）

豊島自身，お金が大事でないと思っているわけではなく給料をもらうことも

**図 10－4**　雪が積もったトヤケ森山でのスタッフと新郎新婦

出所：石巻ウェディング提供

幸せで価値あることと考えていた。社会人になって，20代ではたくさんお金を稼いで遊んでいた。ところが30代を過ぎてお金以外の価値を考えた。それまでは自分の生きている時間をすべて時給換算し，司会したらいくら打ち合わせしたらいくらと，計算しながら生きてきた。乗り気でない講演会の司会も金額次第で引き受けた。

そして，震災を経て石巻ウェディングに携わるなかで，稼ぎからかせぎへと価値観ががらりと変わったのである。人生の中でいまが一番早く時間が過ぎていくけれども，生き方としては一番楽だという。というのも自分を裏切った生き方をしていないからである。その一方で会社勤めに戻りたいと思うときもある。しかし会社勤めで楽なのはお金のやりくりだけであって，気持ちの面では楽でなかったとすぐに気持ちをきりかえるという。いまでも会社勤めのブライダルプランナーであったら，新郎新婦や地域に対して何も提案できないだろうし，時間に縛られることも多いだろう。「月々のお給料をもらう生活を続けていたら，いまのような個性的なウェディングはできていない」と振り返っている。そんな彼女はいつも貯金ゼロだという。得られた利益をすべて地域に還元しているからだという。例えばお世話になっている着物屋さんで，稼いだ以上にお金を使う。すると不思議にお金がまわるのだという。

石巻ウェディングは独創的でともすればまわりを置き去りにする可能性も

持っているが，絶妙なバランスで上手く抑制されている。というのも結婚式という事業に対する責任感があるためである。豊島たちは新郎新婦との関わりを一過性のものだと考えていない。新郎新婦は子どもができれば豊島たちに見せにくるくらい密な関係を築き始めている。そして，結婚式を催行したことで地域に迷惑をかけないように細心の注意を払っている。結婚式という１日だけのつきあいではなく，より長いパースペクティブで家族と地域が密な関わり合いを結ぶことができるようにしている。細やかな根回しや関係作りを必要とするため，現在のところ結婚式はひと月に１組しか手がけられない。それだけ全力投球で「物語」を親身になって完成させていくのである。

石巻ウェディングは式を創り込んでいく過程において地域を巻き込んでいくのだが，それぞれの結婚式は地域の住民にとって，新しくありながらも地域にとってどこか懐かしいものと受け止められていることに気づかされる。

いま現在の結婚式は，どちらかといえば若者世代に即したものになっていて上の世代は置いてきぼりであった。ところが，石巻ウェディングの結婚式は，若者世代・年長世代両方から受け入れられやすい。若者世代にしてみればスタイルが斬新で親近感を持つことができる。年長世代にしてみれば，自分たちの世代が経験したようなコミュニティ総出スタイルが踏襲されていることに懐かしさを覚えることができる。世代を超えて共有することに成功しているといえる。

地域で催行される結婚式は，圧倒的に非日常（ハレ）の行事である。石巻のように津波でコミュニティが破壊されて気持ちが沈み込んでいるところではハレの行事がその気持ちを少しなりとも高めてくれる効果をもつだろう。

同時にそれは，日常（ケ）を再確認することにつながる。地域に流れる日常の時間とは大震災以降の日常であり，かつての日常とは異なる。津波による破壊であったり，災害危険区域指定であったり，過疎化のよりいっそうの促進であったり，コミュニティの消失や分断を経験した日常である。その日常にあって，結婚式は記憶を喚起したり，コミュニティにおける感情的結びつきを再確認したりする機会になっている。すなわち結婚式が，ワクワクするような高揚感とは裏腹に，地域住民としての存在証明を感じさせる側面も持つ。

石巻ウェディングはさらに，「喪」の意味も持ち合わせている。というのも，結婚アルバムを作るために撮る写真では，流された生家跡地で家族の遺影を持って写真を撮ってほしいという要望が多い。知らない人からすればお葬式のような風景にも見えるという。

石巻ウェディングから見えるのは，大震災という大きな破局的経験を経てでてきた普遍的思想であると思われる。お金やクレジットカードは震災時には何の役にも立たなかった。地域は，震災があっても人々を孤立化させず支えあう場であることがあらためて確認されるようになった。

結婚式にふたつとして同じものがないことを，石巻ウェディングほどストレートに表している事業は他にないだろう。大災害の現場を祝祭に変えるダイナミズムは，被災の経験を薄めるのではなく，むしろその経験の先に地域が開かれていくという逆説性を教えてくれる。

### 文献

藤田直哉，2016，『地域アート――美学／制度／日本』堀之内出版。

兼松芽永，2018，「アートプロジェクトをめぐる協働のかたち――地域活動と大地の芸術祭サポート活動のあいだ」白川昌生・杉田敦編『芸術と労働』水声社，91-128。

北川フラム，2015，『ひらく美術――地域と人間のつながりを取り戻す』筑摩書房。

北田暁大・神野真吾・竹田恵子（社会の芸術フォーラム運営委員会）編，2016，『社会の芸術／芸術という社会――社会とアートの関係，その再創造に向けて』フィルムアート社。

岸政彦，2016，「欲望と正義――山の両側からトンネルを掘る」北田暁大・神野真吾・竹田恵子（社会の芸術フォーラム運営委員会）編『社会の芸術／芸術という社会――社会とアートの関係，その再創造に向けて』フィルムアート社，127-141。

熊倉純子監修，2014，『アートプロジェクト――芸術と共創する社会』水曜社。

白川昌生・杉田敦編，2018，『芸術と労働』水声社。

吉澤弥生，2011，『芸術は社会を変えるか？――文化生産の社会学からの接近』青弓社。

*Column*

## クリエイティブリユースを軸に据えた活動から見えてくること

大月ヒロ子

日本は今，じりじりと縮退を続けている。日々の暮らしに気を取られて忘れがちだが，いったん国外の状況を見た上で，日本に目を戻すと，その縮退の様は見事なまでに明らかである。それにもかかわらず，利那的な消費は続いている。3年ほど前の2016年，兵庫県にある西日本最大の古着集積所を案内してもらった。目の前の巨大な倉庫には，屋根に届かんばかりの服の丘ができていた。それはもう，服という概念を超えた，圧倒的な地層のようなものだった。日本の古着の再利用率は世界の中でも特に低い。8～9割が再活用されるヨーロッパの国々とは大きな違いがある。日本の津々浦々の古い蔵の中のタンスや，クローゼットには，忘れ去られた着物や洋服や仕立てられなかった布がどのくらい眠っているのだろう。

私は2013年より倉敷市の西の端にある小さな港町玉島で，コミュニティから出てくる廃材・端材や使われなくなったスペースを，人のふたつのそうぞう力（創造力／想像力）を使って新たな活かし方を模索する実験室 IDEA R LAB（イデアアール　ラボ，以下 LAB）を運営している。眠っていた布や服たちも，しばしば LAB に持ち込まれる。閉店した家具屋さんからは，婚礼用の貸衣装である豪華な刺繍入りの打ち掛けをいただいたことさえある。婚礼家具とセットでそういった衣装が利用されていたことなど，それまではまったく知らなかった。町の歴史や産業，人の暮らしにまつわるあれこれが，こういったモノのやり取りの中で明らかになっていく。不要になったモノが，新たにコミュニティの人と人を結び付けてくれる瞬間だ。町のことを深く知り，人々が長きにわたって守ってきた技術や伝統に初めて触れる瞬間でもある。自分が生まれ育った町のことが，今更ながらに，じわじわとわかってくるのはこのうえなく楽しい。

40～50年ほど前であれば，布でも，編物でも，傷んだりサイズが合わなくなれば，解かれ，仕立て直され，あるいは，染め直され，糸が細れば本数を増やして編み直された。いよいよ使えなくなってきても，当て布をしたり繕ったり，大丈夫な部分を別の場所で生かしたりと，モノとの付き合いは長きにわたっていた。要らなくなったモノを，自身や他者の手と頭を使いながら，ときめくモノに生まれ変わらせる暮らしの知恵は，何より，生活に彩りを与えていた。さらに，手を動かしながらおしゃべりをすることでコミュニケーションが育まれた。あるいは無心に手を動かすことで，気持ちが浄化されたりもしただろう。古着の集積所を回った際に聞いた話では，最近の古着には袖を通された形跡のないものも含まれているという。ファストファッションや，通販で手軽に手に入れ，イメージに合わなければ捨ててしまう。そんな状況が生まれている。ワイシャツなど洗濯をしないで一度着たら捨ててしまう人もいると聞く。モノとの付き合いが短く，人間の手や思いが入る隙間もない状況が生まれている。人の手が置き去りにされがちな現代の生活の中では，ゆるいおしゃべりで培うつながりも育たず，かつては，そこで消化していたモヤモヤと辛い気持ちの捨て場もなくなっているのではないかと思う。

LAB ではモノとそれを持ち込んでくださった人の声に耳を傾けながら，ひとつひとつ分類・整理して，次の活躍のステージを見つけやすいような工夫をしている。廃材や端材は混ぜこぜだとゴミにしか見えないが，丁寧に分類をしていくと，ある時点で素敵な素材に変化する瞬間がある。分類とはひとつの解釈でもあるし，さまざまなカテゴライズが可能な自由で魅力的な世界でもある。この分類・整理のワークショップを経験すると，モノに対する見方がガラリと変わるのも面白い。

LAB が運営するマテリアルライブラリーというスペースは，何の説明がなくても廃材・端材の魅力が一目でわかるように，廃棄プラスチックケース製の壁面収納棚や古ダンスを使った収納台にモノを並べている。私たちの身の回りにある不要物が，こんなにもカラフルで不思議な魅力に満ち溢れていることに，気づいて欲しいからだ。ここに来ると，大人も子どもも，知らず知らずのうちに，自分のお気に入りを探し始める。そして，それで何を作ろうかと考える。生活の中のどこかで見た記憶のあるモノが，いつもと違ってキラリと光って見えるとき，また，日々の暮らしの中では目にすることもない，はじめて見る魅力的なゴミに心動かされるとき，人は自然に手と頭を使って何かをしようと思い始める。

LAB では人の手や思いが生き生きと動き出すためのきっかけ作りや実験を，廃棄されるモノや場所を使ってこれからも続けていこうと思っている。ミヒャエル・エンデはヨーゼフ・ボイスとの『芸術と政治をめぐる対話』の中で「私に言わせれば，創造的であるということは，要するに人間的であるということにほかならない」と発言している。まさにその人間的な生活を取り戻させる力が，実に皮肉なようだが，私たちが見限り廃棄しようとするモノや場所にはあると確信しているからだ。

▲ マテリアルライブラリーの壁面収納に入った廃材

第11章

# 暮らしのなかで創造される漁師
## ——千葉県鴨川市定置網漁の現場から

村田周祐

## 1 現場からの問い

漁場と漁村は一対の関係にある。その関係に光を当てるために，千葉県鴨川市の漁村とそこにある定置網漁師集団を事例に，暮らしのなかにある社会的しくみを描き出すことを本章の目的としたい。ここで注目するのは，ひとつが漁村が社会変動に対応していく社会的しくみであり，もうひとつが漁師を仕立てあげていく社会的しくみである。それらは結果として，現代において海と共に生きる人々の「アート（術・技巧）」を浮き彫りとするであろう。

現在，沿岸漁業の衰退や後継者不足などの問題解決に向けた法律・政策の整備や行政支援が活発化している。その切り札として，地元漁民に沿岸域の利活用を優遇してきたこれまでの漁業法が70年ぶりに大幅改訂された。沿岸域を利用するアクターの多様化と流動化は，沿岸漁業を活性化させ後継者不足の解決に結び付くというのである。本章はこの理念を現実の実態から捉え直していく。

本章が取り上げる房総半島の太平洋沿いにある「大浦（おおうら）」と呼ばれる漁村の実態は多くを教えてくれる。大浦は東京近郊という地理的条件ゆえに戦後すぐから人口流出と後継者不足に悩まされ続けてきたが，1990年代から移住サーファーの受け入れや，東日本大震災以降の都会からの移住者の受け入れを漁業振興につなげてきた。現在では，大浦は多くの若者が沿岸漁業に従事する「成功例」としてメディアでも取り上げられるほどである。

大浦において「漁業者」の多様化と流動化が後継者不足問題を解決した「事実」は，確かに確認できる。ところが，彼らの日常に目を凝らすと，大浦の人々を突き動かしているもうひとつの「事実」の存在に気づく。例えばそれは，移住者であるかどうかに関わらずすべての「漁業者」へ投げかけられる「漁師になるには時間がかかる」だとか，「あいつは生まれつきの漁師」だとか，「あいつは漁師じゃねえ」といった言動である。つまり，大浦には「漁業者（漁業に従事しているか否か）」とは異なる「漁師」という評価軸が存在し，それによって人々が突き動かされているのである。では，大浦の人々がいう「漁師」とは，一体どのような論理に基づいているのであろうか。本章は，この現場からの問いを手がかりに，漁場と漁村の関係に光を当てていきたい。その上で，近年の漁業法改定の論理を相対化するもうひとつの方向性について考察していきたい。

## 2　事例地の概要

### 大浦の歴史的経緯

外房の海辺は，近世初期から黒潮の流れに乗ってやってくる関西漁民による旅漁とその漁民の定住化によって発達してきた。千葉県鴨川市も「鴨川」という地名が示すように，関西漁民らが定住した大浦という漁村が発展した街であるとされている。現在の鴨川市は，漁業を中心とした南東海岸部の大浦，その他の海岸部は観光業を中心とした市街地，農業を中心とした中山間地から形成されている。

四季を通じて黒潮が北上してくる大浦沖合には，沿岸漁業に適した大陸棚が広がっている。戦前までの大浦は数戸の資本家を中心とした社会構造を持つ半農半漁の漁村であった。1967年の鴨川新港建設，1991年の大型架橋鴨川マリーンブリッジ建設など，戦後の漁業インフラの整備によって鮮魚の大漁出荷が可能となった現在では，大浦の裏山にあった棚田は姿を消し，専業漁業者と賃労働者が混住する地域となっている[(1)]。大浦の漁家によって構成される鴨川市漁業協同組合（正組合員519名，準組合員766名，以後，鴨川漁協）は2008年の総水揚量約１万6,000トン，総水揚げ金額約30億円を誇る県下有数の沿岸漁業の中心的存在である。その中核を担うのが，二艘まき網漁の３船団（１船団あたり船員約40名）と，定置網漁の１船団（１船団あたり船員約30名）である。こうした分業的協同漁撈を中核とした沿岸漁業は1990年代まで外房地方に多く見られたが，現在は大浦のみとなっている。

移住者の受け皿となっている鴨川漁協定置部（以後は地元での呼び名に倣いテイチと表記）の場合，1988年におけるテイチの船員は計38名で平均年齢57.3歳（最高年齢75歳）であったが，2018年６月時点では計27名で平均年齢は41.3歳（最高年齢55歳，最低年齢21歳）と船員の若返りが進んでいる。

鴨川市は，特急列車で東京駅まで約２時間，1997年の東京湾アクアライン開通後は車で品川まで約１時間30分のところに位置する。戦前から，鴨川市は年間を通じて温暖な東京近郊の保養地や観光地として開発されてきた。1970年に開業し，いまでも毎年約90万人を集客する鴨川シーワールドを中核とした観光業は現在の鴨川市の基幹産業のひとつとなっている。また，1960年代に米兵らによって発見されたサーフポイント「KAMOGAWA」は，日本におけるサーフィン発祥の地のひとつであり，休日平日季節を問わず年間約20万人ものサーファーが首都圏からを中心に押し寄せてくる。関東近郊には湘南や大洗など多くのサーフポイントがあるが，東京近郊，街の眼前にあるサーフポイント，年中温暖な水温，ダブルサイズの波などの諸条件が揃う鴨川には移住してくるサーファーがあとをたたない。

さらに，近年の鴨川市の基幹産業となっているのが医療である。1948年に鴨川市に発足した亀田総合病院は，1985年に救急救命センターの指定を受けるなど千葉県南部における中枢医療機関となっている。こうして，漁業・観光・医療という基幹産業を土台に持ち，「医療の充実」，「職場の供給」，「温暖な気候」，「東京近郊」という条件も揃った鴨川市には，「田舎暮らし」や「サーフィン」を目的とした移住者が多い。

しかし同時に，東京近郊という地理的条件は鴨川市および大浦に急激な観光開発と人口流出を経験させてもきた。1990年には「リゾート法」に基づく開発計画をめぐって，「波」を嫌う漁民と「波」を好むサーファーの間で，双方が候補者を擁立する市長選が争われた。「波」や「海」の見え方の違いに起因する漁民とサーファーの空間定義の相違は，時間を積み重ねることで風化されることなくすれ違ったまま，現在も両者は緊張関係にあり続けている。にもかかわらず，大浦の人々は1998年から移住してくるサーファーを受け入れテイチに招き入れてきた。その背景の詳細については別稿（村田 2017）に譲るが，決して合意形成によって利害関係を乗り越え，相互理解ができあがったことが背景にあるわけではない。大浦の地域生活を保障するテイチを維持強化していこうとする論理の延長線上に移住してくるサーファーの受け入れは位置づいている。

### 大浦の社会構造

大浦は行政区分としては，千葉県鴨川市貝渚（かいすか）（2,027人，900世帯，2015年国勢調査）の一部と磯村（いそむら）（111人，48世帯，2015年国勢調査）にまたがっており，行政区分は複雑に入り組み，大浦に暮らす者ですら貝渚と磯村の区分を明確に把握していない。にもかかわらず，大浦住民が「大浦」と呼ぶ地域は実在する。

私たちが，「地域のつながり」を思い浮かべるとき，まず頭に浮かぶのは町内会や部落会といった地域自治会であろう。しかし大浦の場合，大浦自治会は存在するものの回覧板を回す行政の末端組織でしかない。さらに，農山村のほとんどにみられる年一度の総会（村寄り合い）もなければ，老人会，壮年団，青年団といった性別年序集団も存在しない。竹内利美は，漁村生活の社会的特性は，漁港や漁船の性能ないし規模などの「漁撈の手段」に規定された「漁組（漁撈労働の組織）のままに多様化・個別化せざるをえない」ことを指摘している（竹内 1991）[(2)]。確かに，大浦の住民組織は大きく「陸者（オカモン）」と「漁師」に分かれている。例えば，火事が発生したとき，海上にいる漁師は駆けつけることができないため，オカモンの家とその成員で消防団が組織されている[(3)]。そして，漁家とその成員は「かけ網」「定置」「海女」「海士」「アグリ（二艘まき網漁)」「小型船」ごとに「漁組」を組織し，さらに漁家の女性らは「婦人部」を組織している。それらを統括する組織として鴨川漁協がある。鴨川漁協はそれぞれの「漁組」から役員を選出して意思決定する運営がなされている[(4)]。大浦の共同作業は，この消防団と漁組によって担われている。他方で，大浦全戸が加入する組織としては祭礼・神事を担う土地の氏神を祭る八雲神社の氏子組織があり，八雲神社氏子総代代表が自動的に自治会長を兼任するしきたりとなっている。要するに，大浦において自治会は行政組織に対応するための形式的な組織でしかなく，実質としては氏子組織・消防団・漁組によって地域共同生活の持続性が担われている。

## 3　緩衝空間としてのテイチ

多くの漁村が存続の岐路に直面する現在，どのようにして大浦は生き残ってきたのであろうか。その答えを漁場という「生産基盤」の豊かさに求めることは可能であろう。あるいは，都市部から過疎地への移住・定住が活発化していることに注目する田園回帰論が述べるように，「移住者との相互作用」「移住者の視点からの価値創出」に求めることも可能であろう。実際に，2019年現在のテイチの乗組員は約6割（27名中16名）が鴨川市外からの移住者となっている。移住者を受け入れるなかで，テイチは「休日」や「定年」などの制度を整備し「時代に応じた働きやすい環境」を整えてきた[(5)]。こうした「鳥の目」から大浦の生き残りを理解することの必要性を重々承知した上で，本章ではあえて「虫の目」に徹することで，大浦が個別具体的な歴史的変遷のなかで培ってきた，社会変動に対応する「社会的しくみ」に光を当てていきたい（鳥越編 1989）。

### 人口移動への対応

社会変動に対応する社会的しくみに注目する上で，大浦において重要なのがテイチという漁組の存在である。古老らによれば，大正5年の創業から戦後ごろまで，テイチは「船を持てない人が働く場」であり，船を持てない漁家の次三男といった余剰労働力の受け皿であった。つまり，定置網漁は若者の流出を阻止し，地域生活を再編していくことを模索するなかで大浦に導入されたのである。現在でも，テイチは大浦の漁家全戸を株主とする鴨川漁協によって経営されている。

「大浦共有の働く場」としてはじまったテイチは，高度経済成長期に入ると経済成長のために放浪を余儀なくされる人々を受け入れてきた。例えば，1977年の200海里水域制限の設定によって遠洋漁業が衰退したために移動を強いられた者，都会や沖合漁業から出戻りしてきた者，定年退職後の再就職先を探す者など，大浦に関わる人々がなんらかの事情で働く場を必要とした際，テイチは彼らを受け入れ続けてきた。

近年のサーファーの受け入れや都会からの移住者の受け入れもその延長線上にある。「波」を求めて移住してくる者，田園回帰の潮流に乗って「都会ではないどこか」を求めて移住してくる者[(6)]，背景はそれぞれではあるが共通点もある。それは大浦の側が望んだり頼んだりしたのではなく，ネットの情報サイトを通じて向こうから勝手にやってくることである[(7)]。ツテなく突然やってくる「異質」な彼らを受け入れる緩衝空間として，現在のテイチは大浦に位置づいている。

大浦には，テイチに１年間以上乗船すれば，その者に漁業権を購入する権利を与え，その者を漁師仲間として迎え入れる（他の漁組への参入を許可する）しくみがある。最低１年の乗船を義務付ける取り決めは，元々大浦の船団間における乗組員の引き抜きを防止するためのローカルルールであったが，現在では移住者の受け入れに効果を発揮している。というのも，新規漁業就労者の約３分の１が１年以内に退職する現実があるからである。すなわちテイチとは，大浦の人々と移住者が互いを見極めるための緩衝空間として存立しているのである。

近年の田園回帰論は「移住者の視点」ばかりを重視し，移住者を受け入れる地域の創意工夫を看過するきらいがある。しかしながら，移住者の受け入れを個別具体的な歴史的展開のなかに位置付け直してみると，もうひとつの姿が現れてくる。大浦の人々は，テイチを緩衝空間に再編することで，政策や時流が産み出す人口移動に対応してきたこれまでと同様に，近年の移住者の受け入れにも対応しているのである。

### 市場への対応

海産物は保存が難しく主食にはなりえないため，迅速な交換を不可欠とする。元来，漁村とは海産物をあらゆる手段で交換することによって暮らしを成り立たせてきた聚落社会なのである。農村とは異なり，漁村とは都市同様に「生活をしていくに必要な物資を自給する力」に乏しく「他の人から物を得なければ」ならない（鈴木 1969：286）。漁村には市場原理が深く根ざし，変動し続ける市場に対応する社会的しくみが機能不全となった漁村は淘汰されてきた。その点，大浦は市場の変動に対応する緩衝空間としてもテイチを再編し続けてきた。

特定の魚種をねらう「攻めの漁法」とは異なり，典型的な「待ちの漁法」である定置網漁は，多種多様な魚種を漁獲する。一攫千金を望むことはできないが，市場への安定供給を可能とする漁法である。そのため，鴨川港には南房総各地から魚を買い付ける流通業者が集まってくる。「鴨川に行けば魚があるから」と流通業者が集まる結果，鴨川港の魚価は高値で安定してきた。「サバで食ってけるのは鴨川ぐらいだよ」と声が聞かれるように，年を追うごとに装備や体力の都合で水揚げが少なくなった個人船であっても，サバのようなどこでもよくとれる魚種で一定程度の収入を得られるのが大浦の現在である。

現在のテイチは，全長２km 近くもある網を「自力で網を張り建てられる」技術と設備を持った関東一の規模を誇る定置網漁集団になることで安定供給を可能にしている。それは1987年から随時，将来有望な若手漁師を定置網漁の先進地である北陸へと「留学」させ先進技術を学ばせてきた結果である。近年では，網の目を粗くすることで潮の被害や漁獲量を減らす一方で，船上選別機の開発・船上活き締めなど魚の扱いを高度化させ，①漁具被害の防止，②作業の省力化，③水揚物の付加価値の向上を実現している（坂本 2010）。こうした蓄積の上に，質が良く高値の魚の供給が可能となっている。

**図11－1**　神社のしめ縄を結うテイチ船員
出所：著者撮影

全国有数の規模と技術を誇る漁撈集団であるテイチの存在は，大浦の人々の家計を下支えするに留まらず，組合経営から港湾整備まで大浦全体の経済基盤ともなっている。例えば，漁港利用料として鴨川漁協に支払う水揚げ手数料は，他の漁組が４％であるのに対して，大浦全体の所有であるテイチは10％である。また，テイチの年間売上が５億円を超えると株主である大浦の漁家全戸へ配当が支払われることになっている。ただし，配当の内容が配当金か株増資かおよびその比率はその年の鴨川漁協の経営状況によって異なる。過去数回，テイチの配当として実施された組合員旅行は，酒盛りでの欠かせぬ思い出話である。

現在，大浦にとってテイチとは単なる伝統地場産業ではない。各戸の家計を支えたり大浦全体の経済的基盤を形成したりするだけでなく，気まぐれな市場に対応するための緩衝空間としても位置づいているのである。[(8)]

## 生活課題への対応

テイチの通常業務には漁撈以外の仕事が非常に多い。例えば，毎年７月に海水浴場に遊泳区域を示すロープ張りは，市役所から鴨川漁協へ依頼され，テイチが通常業務として行っている。ほかにも，港湾の清掃や水難救助もテイチの仕事である。さらにテイチに特徴的なことは，大浦の氏神である八雲神社，海上安全の神である馬頭観音，豊漁の神である山住様，ならびに大黒講，天神講のしめ縄の作成と奉納，参道の補修・清掃といった宮管理のような大浦に関わる「神様ごと」の多くがテイチの通常業務なのである（図11－1）。これらの「神様ごと」はもともと氏子らが担っていたが，少子高齢化によって難しくなり，現在ではテイチが大浦の象徴である神事の中心的な担い手になっている（詳細は村田 2017）。大浦の人々にとってテイチとは，外部からの社会変動だけではなく，大浦内部で生じるさまざまな生活課題に対応するための社会的しくみでもある。

大浦の人々は，大浦内外の社会変動を受け止める緩衝空間へとテイチを再編することで，政策や市場といった大きな社会変動から大浦内の些細な生活課題にまで対応し，大浦の暮らしを創り続けきたのである。テイチが大浦の暮らしから切り離された，利潤を追求するだけの「漁業」となってしまえば，テイチはテイチではなくなるのである。テイチは大浦の暮らしを下支えするのみならず，暮らしを創り続けていくための「社会的しくみ」を内包した存在なのである。

ここまで，陸におけるテイチの役割と機能についてみてきたが，次に海上へと目を向けてみたい。

## 4　漁師を仕立てあげる

### 船員配置と漁撈技術

テイチの操業は，主に３隻の漁船の連携作業で進められる（図11－2）。定置網の脇に固定された運搬船に向かって，本船が漁網を手繰り寄せながら接近していく。全体の流れを見回しつつ操業補助を行う伝馬船には船頭と「オモテ回り」と呼ばれる補助員が乗船する。また，「トモ」や「オモテ」と呼ばれる役割は２本のロープを巧みに緩めたり締めたりしながら本船を運搬船に向かって接近させ，横波に耐えられるように本船を固定しなくてはならない。なおかつ同時に漁網を底から引き上げる作業も行うため「信頼ある船員」が配置される。そして，新人は漁網を手繰り寄せる作業に専念する本船の「胴回り」に配属さ

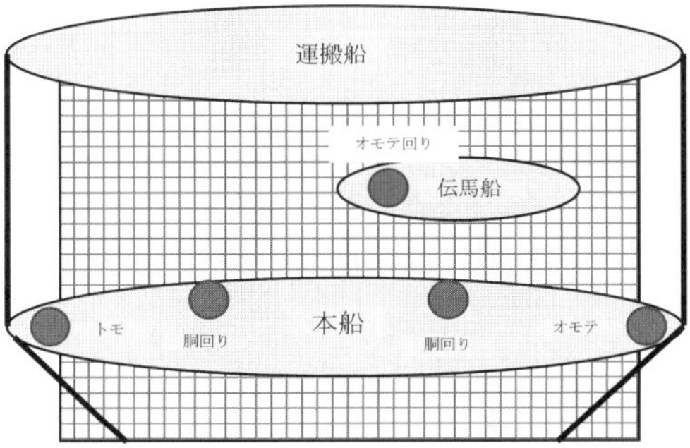


**図 11－2**　操業時における船と役割の配置図

出所：著者作成

れることが常であり，それ以外の役割に配置されることは決してない。特徴的なのは，新人は胴回りをベテラン漁師とペアで担うことである。新人とベテランがペアを組む理由は，ベテランが手取り足取り作業手順や技術を教え込むためではない。胴回りは作業が単純で中断可能な役割だからである。海は刻々と変化し続ける，そのため網が絡むことや魚の種類が変わることも常である。その場その場の状況に応じて船上での準備も変化するし，想定外のトラブルも生じる。例えば，氷漬けすると商品価値の落ちるイカ類が多くかかれば水を入れた容器が大量に必要となるし，活魚で出荷する真鯛が多くかかれば散気装置の準備が必要となる。大きなうねりで船が揺れれば，トモとオモテは配置された２名では手が回らなくなる場合がある。しかも，約１時間の操業中も常に状況は変化し続け，次を予測することは不可能である。そのため，状況の変化に臨機応変に対応できる万能で優秀なベテラン船員を胴回りに配置し，状況に応じて彼が持ち場を離れて対応できるようにしているのである。つまり，単純で中断可能な役割だからこそ，有能なベテランと新人が配属されることになるのである。とはいえ，結果的に新人は有能なベテラン漁師の技術や行動を目の当たりにすることができ，それによって船上の技術や秩序を身体化させていく。

### 共食とおかず分け

新人にとって食事の時間は重要である。早朝４時や５時といった暗がりに出

**表11－1**　テイチのある一日

| | |
|---|---|
| 5：00 | 納屋に集合 |
| 5：30 | 出港 |
| 6：00 | 操業開始 |
| 7：30 | 帰港→仕分け作業 |
| 8：30 | 朝食（仕分け作業をしながら港周辺で） |
| 10：00 | 仕分け作業終了→納屋に戻り休憩 |
| 10：45 | 陸仕事（網補修，船に積み込み，港湾清掃） |
| 12：00 | 納屋で昼飯→おかず分け→解散 |

出所：著者作成

港するテイチでは朝食を共にし，作業が昼を超えるときは納屋で昼食も共にする（表11－1）。その食事で新人は，テイチで捕れた旬の獲物を食することになる。海や漁とは接点のない生活を送ってきた都会からの移住者の多くが，この毎日の食事を通じて知らず知らずのうちに旬・料理法・鮮度によって異なる魚の味を覚えていく。

テイチの食事で仕立て上げられた漁師の味覚は，「おかず分け」という行為を通じて，移住者らを漁師として社会的に認知させていく。おかず分けとは，漁獲物を船員らに分ける行為を呼ぶ。漁獲量が多く値がつかない魚，つまりは「旬」の魚を皆で分けあう行為である（図11－3）。おかず分けは週に複数回あり，自宅では消費しきれないため多くの場合は近所などに「おすそ分け」される。ただしそれは一般的なおすそ分けとは異なり，季節や鮮度に合わせた料理法や味付けのノウハウも教えてくれる「漁師からのおすそ分け」として期待されている。この漁師からのおすそ分けを通じて，移住者らは周囲から漁師として見られ，それを自ら身体化していく。さらに言うならば，船員らが漁師として承認されていくプロセスを見越して船頭はおかず分けを行っている。

### 人知の及ばない世界

大浦では，一般的な生活規範からはかけ離れた言動をする人物を「いい漁師」と呼ぶ場面に出くわすことがある。ここでは特徴的な一人の漁師を紹介しよう。彼は，月給を受け取ると，待っていましたといわんばかりにパチンコへ

**図11－3**　おかず分けの様子

出所：著者撮影

“貯金”しにいく。それに飽き足らず，フィリピンパブに繰り出してお気に入りの店員はもちろん，たまたま居合わせた客にまでおごりはじめる。毎月，それをお金の続く限り繰り返し，早朝の集合に寝坊することもある。船頭は彼を起こすために船員の一人を自宅もしくはフィリピンパブに迎えに行かせ，テイチの納屋に連れてくる。彼はバツ悪そうに皆が集合している納屋に顔を出す。出港が遅れたにもかかわらず，他の船員らは怒る様子もなく，ニヤニヤと笑いながら「昨晩はどうだった」と彼をからかう。そうした日々を数日過ごして，彼は月給のほとんどを使い切ってしまうのである。当然のごとく生活は苦しくなり，翌月の給料の前借りを船頭に懇願するも断られ，月のほとんどを“質素”に暮らす日々を送ることを懲りることなく繰り返している。こうした彼の生活ぶりは，一般的な「社会人」としての価値観に照らし合わせれば非難されても当然であろう。しかし，寝坊した彼を迎え入れる納屋の船員らと同様に，大浦の多くの人は苦笑しつつも「彼はいい漁師だ」と評価するのである[(9)]。ある漁師は次のように語る。

あいつは，魚（≒給料）を自分の力で獲ったって思ってないの。そうじゃなくて，天からお恵みを授かったって心の底から感じられる人なんだ

よ。その思いが分かりやすく態度に出ちゃうだけ。いい漁師（やつ）だよ。（2016年６月フィールドノートより）

この語りからうかがえるのは，一見すると破天荒に見える彼の言動の奥に「人知の及ばない世界を心の底から信じる人間観」を周囲は見ているということである。そうした人間観を体現しているがゆえに，彼は「いい漁師」とされるのである。こうした漁師の世界観や人間観は，調査のためにテイチに通う著者に対しても投げかけられる。

また来たか。元気してんのか。お，そういえば，まえに乗ったときは，イシダイが4,000枚くらい入ったな。8,000枚の時もあったな。（2018年９月フィールドノートより）

ムラちゃんが来たから，潮速くなっちまったよ。どうしてくれんの？（2019年６月フィールドノートより）

毎回驚くのだが，彼らは前に私が乗船した日の漁獲を微に入り細に入り覚えているのである。私が乗船した日が大漁であれば「また来いよ」と声をかけられるが，不漁であれば声をかけられることはない。その「事実」に気づいてから，定置網漁船に乗船するときには「どうか漁獲がたくさんありますように」と願をかけるようになった。私の乗船と不漁が，彼らのなかで限りなくイコールに近くとなったとき，私の乗船は彼らの望まない出来事へと移行してしまうからである。しかし，それは私の力が及ばない出来事であり，出来ることは祈ることぐらいである。確かに，私の乗船と漁の善し悪しの相関関係を「科学知」によって否定し，まったくの無関係であると言い切ることも可能であろう。しかし，長い付き合いのなかで，彼らと近いところから世界を見るようになればなるほど，互いの関係を切り離せない世界が私の身体にも染み込んでくるのである。

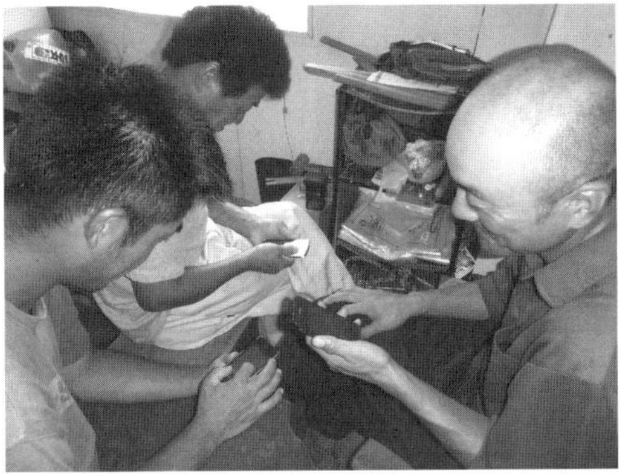

**図11－4**　シケ待ちでスマホゲームに興じる船員

出所：著者撮影

### 期待の遮断

台風が到来する９～10月の約２ヶ月間，テイチは網を完全に陸揚げする。それ以外の10ヶ月の漁期であっても，海が時化たり，潮が速かったりすれば操業はしない。無理に操業して，一式数億円する網を切ったり痛めたりするようなことはしない。そのため，テイチの毎日において，最も多くの時間を割くのが陸上と海上における「網の管理」である。また，「シケ待ち」をして海が穏やかになるのを待つ機会も非常に多く，来る日も来る日もシケ待ちが続くことは珍しくない（図11－4）。徹頭徹尾「待ちの漁法」であるテイチは，自然に逆らうことはなく，ただ従うことしかできない。人知の及ぶ範囲といえば，海の機嫌をみながらの網の管理だけであり，網に魚が入るか否かに人知は及ばないのである。テイチとは，自然に根本を握られた空間なのである。船員らは自然に根本を握られた日々のなかで「人知の及ばない世界」の存在を身体化させていく。人知の及ばない世界が染み込んだ身体は，日々の漁獲には一喜一憂しなくなる。

操業も終盤に差し掛かり，二段箱に魚が追い込まれていく。水泡が底の方から大量に浮き上がってくる。網の底に大量のアジがいるサインだ。こ

**図11－5**　海上での網の補修

出所：著者撮影

こ数日のアジの値は高い。期待を言葉にしたかったのだろうか，日ごろから可愛がってくれるベテラン漁師Ｉ氏に声をかけた。

（村田）「宝箱空けるみたいでワクワクしますね。アジですかね。」

すると，いつもは温和なＩ氏の顔が強張った。

（Ｉ氏）「そんなこと口に出すんじゃねーよ」と強く吐き捨て，私のヘルメットを強く叩いたのである。なぜか，私はＩ氏を激怒させてしまった。

（2010年10月フィールドノートより）

当時の私は，テイチのフィールドワークをはじめて間もなかった。いまからすれば，テイチの場における「おきて」に無頓着であった。その日その日の漁獲高に一喜一憂したところで，魚が入るか否かは自然にゆだねる以外の術はない。テイチの側にできることは海の恵みを受け取る準備を整えることしかないのだから。網に少しでも損傷があれば，そこから網のなかの恵みは瞬く間に消えてなくなる。うねりの激しい海上であろうが，何時間を費やそうが，テイチにおいて網の補修は最優先である（図11－5）。一喜一憂することなく狩猟に挑む者たちの構えを人類学者の菅原和孝は「期待の遮断」と呼ぶ（菅原 2015）。「人知の及ばない世界」への期待は詮ないことである。とはいえ，人間は欲深い生き物で，どうしても期待を抱いてしまう。そのためか，乗船年数を重ねた漁師ほどそれぞれに独自の「期待の遮断」の「構え」を整える術をもっている（村田 2018）。

### 僥倖の世界

人知の及ばない世界を内在化した漁師の身体は，僥倖の世界を可視化させていく。自分の思うようには物事は進まないという世界観は，逆説的に日常にちりばめられた些細な僥倖を浮き彫りにしていく。ここではフィールドノートから２つのエピソードを紹介したい。

• 一匹の魚（2017年５月フィールドノートより）

二段箱が引き上げられ魚たちが窒息しはじめると，船上の空気がそれまでから一変する。「積極的なあきらめ」とも呼べるモードに皆が入っていくからだ。捲りモッコで掬い上げた瞬間から魚の鮮度は一気に落ちていく。魚は捲りモッコから船上選別機を通して魚倉に向かう。魚は最後の力を振り絞って跳ね回り，甲板上に次々にこぼれ落ちていく。テイチに乗って間もない新人と一緒に，私は必死になって甲板上の魚を拾い集めていた。しかし，相当な高級魚でないかぎり，誰も甲板上の魚に目もくれない。甲板上の魚に関心を向ける余裕はないというよりも，それらを積極的にあきらめて，魚倉の魚の鮮度管理に全力を注いでいるのだ。

船上への水揚げ作業が終わると，帰港しながら甲板上の整理整頓がはじまる。ここではじめて甲板上の魚が魚倉に放り込まれることになる。踏まれて傷んだもの，売れない魚は海に投げ込まれていく。その作業をしていると，時折，魚倉に入ることも甲板上に打ち上げられることもなく，偶然にも水たまりで生き残った魚に出くわすことがある（図11－6）。私も含めて新人の多くが，その魚を掴み魚倉に放り込む。一円でも金になればと思うし，獲った魚を魚倉に入れることに何も疑問を感じなかったからである。しかしある日，気付いたのである。ベテランの漁師らは，「お前はラッキーなやつだな」と声をかけて，偶然にも生き残った魚は海に帰している

**図11－6**　船上で生き残った一匹の魚
出所：著者撮影

ことに。

• スーパーの売り場（2015年8月フィールドノートより）

その日は，仕事終わりにペットボトルや缶コーヒーを買いにスーパーマーケットに出かけるというのでついていくことにした。漁場から帰港の際に飲んでいる飲料水は，テイチで購入するわけではなく，船員個人が自主的に差し入れているようだ。ペットボトルや缶コーヒーの段ボールを抱えてレジに並んでいると，一人の漁師が同じ列に並んでいる高校生に声をかけた。近所に住む子らしい。おもむろに，その漁師は彼の持っているアイスクリームとお菓子を無造作に取り上げ「ラッキーなやつだな」と声をかけて支払ってしまった。高校生はさほど驚くこともなく，笑顔でのみ応えて去っていった。

## 最大限の準備をして僥倖を待つ

人知の及ばない世界は，漁師に「期待の遮断」という構えと，僥倖の世界を可視化させる。漁獲に期待することなく，いまできる最大限の準備を黙々とこなし，僥倖が訪れることをただただ待ち続けるのである。準備が整わず，網に穴が開いていれば，せっかく降り注いだ僥倖はこぼれ落ちていく。天からの恵みが訪れたならば，それを漏らすことなく十二分に頂こうというのである。

「最大限の準備をして僥倖を待つ」という態度は，日々の暮らしの場である大浦の「神様ごと」を粗末にする態度を許さなくなっていく。自然という人知の及ばない世界に根本を握られていると悟った漁師は，自然を象徴する神を祭ったり祈ったりするようになる。そして知らぬ間に，船員らは，自分が暮らす地域の神事をめぐる活動や，祭事をめぐる踊り・太鼓・笛などの練習へ参加し，気づけば清掃や見回りといった住民活動の担い手へと仕立てあげられていく。そうやって，移住してきたサーファーも，都会ではないどこかを目指した移住者も「漁師」そして大浦（氏子組織）の担い手になっていく。大浦では，「最大限の準備をして僥倖を待つ」という世界観を徹底的に身につけた者を「漁師」と呼ぶ。

## 5　暮らしのなかにある漁民の創造性

本章では，現代における漁場と漁村の関係に光を当て，大浦の人々の具体的な営みに目をこらし，耳を傾けてきた。大浦に暮らす人々からすれば，大浦で暮らし続けていくためには，当然ながら目の前の海を持続的に利用せざるを得ないわけで，そのための社会的しくみを創造してきた。本章で描出した大浦の暮らしのなかにある社会的しくみは大きく２つある。ひとつは，本来は生産組織であるテイチという漁組を，大浦内外の社会変動を受け止め，皆で共に生きるための「緩衝空間」に組み直していくという社会的しくみである。もうひとつは，サーファーや都会からの移住者に代表される人たちを漁業と漁村の担い手としての「漁師」に仕立て上げていくという社会的しくみである。このふたつの社会的しくみが，本章で描き出した漁場と漁村を一対とする大浦の暮らしのなかにある漁民の現代的なアート（術・技巧）であり，創造性（クリエイティビティ）である。

大浦の人々から教えられるのは，海は自然（じねん）でしかなく，あるがままなのだという自然の本質である（内山 2007）。そして，その海はそこの漁村と共にあるなかではじめて漁場として立ち現れるのである。漁村とは，海を漁場へと仕立てあげ続ける術・技巧・創造性の集積地なのである。それほどまでに，漁場と漁村は個別具体的な暮らしのなかでも一対として存立しているのである。

漁場と漁村が切り離せない一対の関係にあるという主張は，新しいものではない。[10] しかし，いまこの時代にこそ「漁場と漁村は一対の関係にある」ことを論じる必要があるだろう。2018年11月6日に70年ぶりの漁業法改訂が閣議決定され，漁場と漁村のありかたが問われているからである。漁業法改訂の大枠は次のようである。養殖用漁業権の免許を地元漁民（漁協）の合意なしに知事が企業に直接与えること，ならびに地元漁民（漁協）に優先的に与えられた定置漁業権の免許を知事の裁量で企業に直接与えることを可能とした。私は企業が漁に参入することに疑問を呈しているのではない。主食とはなり得ない海産物は保存が難しく換金を必然とする。そのため，昔から市場原理は漁村に深く根を下ろし，地元漁業者による企業化や，地域内外からの企業参入は当然のことであった。しかし，短期的な効率性・生産性を優先するため漁場に対する漁村の発言力を縮小させたり，限りある海の資源管理や持続的利用に果たしてきた漁村の役割を軽視したり，両者の関係を遠ざけていくことを政策的に推し進める事態は未だかつてない。本章は，漁場を漁村から遠ざけていく現代的潮流への疑問からはじまっている。

近年の漁業法の改訂や田園回帰という潮流は，農山漁村や第一次産業に対して社会的・政策的関心が高まってきた証であろう。農山漁村や第一次産業へ関心が高まることそれ自体は歓迎すべきである。その上で，私たちには気を付けなければならないことがある。それは，関心を語る語り口に潜む，「人と自然」「生産と生活」を切り離していく思考である。例えば，自然から切り離された「漁業者」，生活から切り離された「漁獲高」，それらを評価軸とする語り口である。近代とは，「人と自然」や「生産と生活」を切り分けることで生産力を増大させてきた時代といえよう。近年の漁業法の改訂や新しい森林経営管理法の施行は，その潮流を加速させようとしている。

いまの私たちには,「人と自然」や「生産と生活」の関係が見えにくくなったことで，その自然から持続的に糧を得る経験や術・技巧も見えにくくなっている。いまいちど私たちは,「そこで暮らす」という視点に立ち戻り,「人と自然」や「生産と生活」の関係を考え直していく必要がある。そのためにも，自然を糧にしていく人々の経験と術・技巧，その創造性に学び，取り込んでいく政策や学問が求められている。

注

⑴　大浦をめぐる生活史，開発史，サーフィンとの関係については村田（2014）を参照。

⑵　日本の漁村や漁業に関わる歴史・民俗研究を多く残した桜田勝徳は，漁村のなりたちについて「漁村地元の自然条件を利用した漁獲の方法が季節的にくりかえされて，釣り職の村・網職の村，その他というように漁法上の特色をもった漁村ができ上った」と述べている（桜田 1959)。

⑶　大浦には２つの消防団がある。その仕事内容は消防活動から祭りの交通整理まで多岐にわたるが，消防設備の点検と消防車のタンク内の水の入れ替えを目的に集まる２週間に１度の定例会が主な活動である。定例会後の飲み会，月数回の消防出動に対する消防署からの支払金を積み立て実施する年一度の旅行が楽しみだという。

⑷　2019年６月現在，鴨川漁協の理事は，アグリ３船団からひとりずつの計３名，海士，かけ網，小型船，江見地区，太海地区から１名ずつ，合計８名が選出される。テイチは鴨川漁協の傘下組織のため理事を出すことができない。

⑸　テイチは2003年に70歳の定年制を取り入れ，新陳代謝を促進させ若者が働きやすい環境を整えている。また，2014年からは築地の休業日前日は魚価が下がるため休日としている。それ以前は，毎朝いったん納屋に集合し海が時化れば休みとしていた。しかし「休日の予定を計画できない」との船員の声を受け止めるかたちであらかじめ休日を設定することになった。

⑹　アグリと呼ばれる二艘まき網漁の集団も外部からの移住者との緩衝空間として同様の機能を果たしている。定置網漁や二艘まき網漁といった分業的協同漁撈は集団漁法である。それが意味するところは，身ひとつで参入できる漁法という点にある。そのため漁業にかかわりを持たない移住者と大浦のあいだを取り持つ緩衝空間になってきた。

⑺　一般社団法人全国漁業就業者確保育成センターが運営するサイト「漁師.jp」が

最も著名である（http://www.ryoushi.jp/）。

(8)「社会のリズムと自然のリズムの調整」という視点で理解すると，網会社や魚屋との関係はテイチのみならず大浦全体の経済的安定に大きな役割を果たしている。そのほかにも，テイチやその船員を取り巻くさまざまなアクター（出入り業者，家族，恋人，呑み屋）との関係を理解する補助線として「社会のリズムと自然のリズムの調整」は有効な視座であろう。

(9)「木を見て森を見ず」とことわざを体現するような価値観が大浦にはある。他者の一面などの細部にこだわることで，総体としての人間性を見失うような「人の見方」をする者は大浦では評価されない。古くから「流れ者」を受け入れ続けてきた寛容さの根源がここに感じられる。これについては，別の論考で詳しく論じたい。

(10)　武田尚子は瀬戸内漁民の移民送出母村が漁業との関係の中で変化していく歴史を見事に描き出している（武田 2002）。佐藤利明は東北各地の海辺の街や村を事例に住民組織が漁業との関係の中で生成されてきた事実を示している（佐藤 2007）。山尾・島らは，漁村や沿岸漁業の役割機能が分断された存在ではないことを多面的機能という視点から論じている（山尾・島編 2009）。

## 文献


村田周祐，2014，「地域空間のスポーツ利用をめぐる軋轢と合意――生活基準の関係にもとづく漁師とサーファーの共存」『ソシオロジ』59(2)：3-20。

村田周祐，2017，『空間紛争としての持続的スポーツツーリズム――持続的開発が語らない地域の生活誌』新曜社。

村田周祐，2018，「書評に応えて」『ソシオロジ』63(1)：97-101。

菅原和孝，2015，『狩り狩られる経験の現象学――ブッシュマンの感応と変身』京都大学学術出版会。

坂本年壱，2010，「コツコツ積み上げた定置網漁業の技術」『海洋水産エンジニアリング』2010年７月号：24。

桜田勝徳，1959，「漁業」『日本民俗学大系 5　漁業と民俗』平凡社，98-99。

佐藤利明，2007，『地域社会再編の社会学――東北の地域開発と地域活性化』南窓社。

鈴木栄太郎，1969，『都市社会学原理』未来社。

武田尚子，2002，『マニラへ渡った瀬戸内漁民――移民送出母村の変容』御茶の水書房。

竹内利美，1991，『漁業と村落　竹内利美著作集２』名著出版。

鳥越皓之編，1989，『環境問題の社会理論――生活環境主義の立場から』御茶の水書房。

内山節，2007，『日本人はなぜキツネにだまされなくなったのか』講談社現代新書。
山尾政博・島秀典編，2009，『日本の漁村・水産業の多面的機能』北斗書房。

*Column*

### 考えられなかったけど本当になる話

谷　茂則

平成の時代が終わり，令和の世の中が始まった。世の移ろいとともに価値観は変わり，何かとんでもなく大きな時代の変化が訪れるのではないかと感じていた。私自身も，家業の本格的な世代交代を控え，次の時代のあり方を暗中模索し，必死に日々を過ごしていた。

私の家業は奈良県の林業家だ。奈良県の北西都市域にある西和地域の里山林と世界史上稀に見る森林管理システムで有名な吉野林業地に広大な山林を所有している。事業に関わった当初は，林業家として林業の課題を解決するために，一直線に動いていた。林業の優良事例を探し，それを真似ることで課題は解決すると信じていた。私立文系大学出身の私が，ショベルカーに乗って急峻な山林に作業道を開設し，チェンソーで立木を伐採して，大量の丸太を載せた2トンダンプトラックで作業道の急な坂を走るのは，大きなチャレンジだった。その結果，林業会社として，最低限の体裁を整えることができた。だが，そう思ったのも束の間，林業が長期にわたる構造的な不況下にあり，産業維持の為に国から降りてくる造林補助金がなければどんなに努力しても事業維持は容易でないことに気付いた。

「このまま皆と同じように真面目に真摯に林業に取り組んでも，未来は開けないのではないか」という不安に苛まれた私は，思いつく限りの新しいチャレンジを始めていた。都会の山林で林業家とクリエイターがコラボレーションして行ったイベントは，誰も訪れなかった名もなき雑木林に数千人の人が訪れるというイノベーティブな結末をもたらした。林業事業の生産物である丸太の販売先を創るために始めた薪ボイラー販売事業は，販売した薪ボイラーを温泉ごと自ら管理するという温泉施設管理事業への進出に至った。丸太市場だけだった私たちの顧客は，年間数万人が訪れる観光客に広がった。林業で管理している山林で福祉の取り組みとの協働が始まり，そこに企業の参加も決まった。新たな森林管理者を育成する取り組みは，過疎化対策の為の地域自治体との協働体制を創り出した。暗中模索の取り組みは，クリエイティブなコラボレーションを生み出し，想像もしなかった現実をもたらす。想像できるイメージが鮮明であればあるほど，表現がクリエイティブであればあるほど世に受け入れられ溶け込んでいくという経験をした。

吉野林業の研究者から教わった吉野林業の成立過程の物語は，山間部の村人のコミュニティが，裏山の自然資本を徹底的に利用しながら，千利休のような当時のクリエイターの影響を受け，江戸幕府の経済対策である酒づくりに関係するなど町の需要に積極的にコミットメントを取り，300年にもなる杉・桧の人工林を創り出す循環サイクルを築き上げ，そこから産出された丸太から出来る街並みをも創りあげ豊かな山間集落を作り上げるという壮大な物語だった。自然と人間が調和して社会を創ること。現在の社会がやるべきことを私たちの先人たちはすでにやり遂げていたのだ。さらに，そのシステムを300年も維持しつづけてきた。

吉野林業の先人たちが作り上げた吉野林業システムの凄みに触れて，私の夢は，そんな先人たちに負けないくらい大きくなった。現代版の吉野林業システムを創りたい。そして，自然に向き合い，よりそって生きていくことのできる社会を創り，未来の世代につなげていく。山間部では，人々が幸せに生活を送りながら，森林資源を最大限に生かすシステムを創り上げる。都市部では，山間部から供給される自然によって生み出される木材を始めとした資源を最大限に受け入れる人材を育成し，その人々が生きていく社会のシステムを創りあげることにチャレンジしていく。山間部と都市部が協働してそれぞれの地域でシステムを創り，システムをさらに循環的に連動させる。この連環型のシステムを創ることで初めて森と人とがよりそって生きていく社会が出来る。

近い将来，そんな社会を創ることを目的に，そんなチャレンジを世界に発信するイベントを開催したい。世界最古の木造建築物である法隆寺があり，里山利活用システムを築きあげた地域と，世界最高峰の森林林業システムである吉野林業を築き上げた地域が連携して行うイベント「法隆寺フォレストロニカ」。町中では，アートあり，音楽ありのイベントが開催される。町には森からの産物を最大限に生かす人がいて，町並みには木がふんだんに使われ，森からの産物を最大限に利用できるエネルギーインフラも整っている。森林では，町と連動しながら森づくりが行われている様子を見てもらう。作業道などの森林内のインフラは，自然の法則に則って作られ，森林資源が循環的に育てられている様子を感じることができる。林業で作られた森の中では，子どもが遊び，大人はゆっくりとした時間を過ごしている。法隆寺にゆかりの人物である聖徳太子が「和を以て貴しとなす」と説いたが，自然と人間が和しながら生きていく社会のモデルケースを見せるのだ。

そんな社会の構築は，未来の世代に対しての最大のプレゼントになるだろう。化石燃料に依存し，自然との分断がはげしい社会の中では，メインストリームにはなりにくいかもしれないが，小さなチャレンジを大きく積み上げていくことが，未来の幸せな循環型の持続可能な社会の創造につながると信じて活動していこうと思っている。

▲奈良県王寺町「陽楽の森」にて

# 第12章 アートを活かした大学の地域づくり・人づくり

野田邦弘・竹内　潔

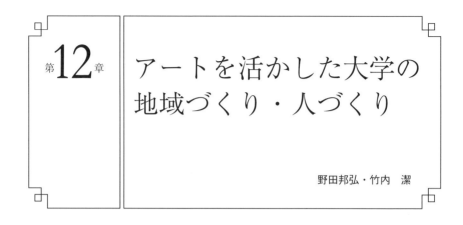

## 1　鳥取大学の改革とアートプロジェクトの取り組み

### 鳥取大学地域学部の誕生とその理念

本章では，鳥取大学地域学部が，芸術文化の創造性を活かしながら，地域を志向した教育・研究・実践活動をどのように展開しているかを紹介しその成果や課題について考察する(1)。

国立大学は2004年度法人化されたが，その際鳥取大学は旧教育学部を廃して「地域学部」を設立した(2)（その背景には少子化を迎えるなかで教員養成機能を縮小しようとする国の政策があった）。地域学部のコンセプトは，「地域をつくりあげている諸要素（社会・文化・自然）に関する幅広い知識を修得し，それらを相互に関連づけて理解する高度な思考力を養成し」地域のさまざまな公共的課題を探求するための知的好奇心を養い，「批判的判断力，創造的表現力，コミュニケーション力を発揮して」「地域社会の課題解決にたずさわる実践力を磨き」「高い倫理観と責任感をもって地域社会の再生・持続的発展に貢献できる人材の養成を目指」す，となっている(3)。

このコンセプトを実現するため，2019年現在地域学部には，1学科（地域学科）3コース（地域創造コース，人間形成コース，国際地域文化コース）が設置されている。さらに，これら3コースの中から8名の教員が兼任する附属芸術文化センターがあり，「文化政策論」「アートマネジメント論」「文化施設マネジメント論」「創造地域論」「ダンスと多文化コミュニティ」など理論研究から地域志向の実践的科目まで多彩な教育プログラムを提供している。このように鳥取大学地域学部の地域志向には特に芸術文化の創造性の果たす役割を重視し，それを活用するという視点が導入されている。

### 地域での取り組み事例

筆者（野田）は，横浜市職員として文化事業の企画制作，文化施設建設，文化政策形成などひろく文化政策に関わったが，その経験と知見が現在の専門性を形成している。その間，内部の行政職員だけで仕事を完結するのではなく，事業を通して出会った知的好奇心にあふれる多くの若者（民，官を問わず）とも一緒に仕事をしてきた。彼ら／彼女らとともに行政職員として文化の仕事に携われたことには心から感謝している。まさに，「地域の文化は役所がつくるのではなく市民がつくるもの。役所は裏方としてそれをお手伝いするだけ」という原則を大切にしてきた。その考えは，筆者の教育・研究・実践活動のコアを形成したといえる（野田 2019）。

筆者が横浜市で最後に担当した仕事のひとつが，クリエイティブシティ・ヨコハマと呼ばれる新しい都心再生の取り組みだった。横浜市は1980年代から新都心「みなとみらい21」の開発を行っているが，その影響で旧市街地である関内地区のオフィスの空洞化が進み始めていた。地価が下がり，歴史的建築物が解体されてマンション建設が始まった。景観を重視したまちづくりを進めてきた横浜市にとって，その顔とも言うべき関内の変化は，市役所内に危機感を生じさせた。クリエイティブシティ・ヨコハマのねらいは，関内地区にある空きオフィスや使われていない倉庫をアトリエなどのクリエイティブスペースにリノベーションし，アーティストなどクリエイティブな人材を呼び込み，まちに賑わいを創出するというのであった。

クリエイティブシティ・ヨコハマを牽引したのが，使われなくなった旧第一銀行と旧富士銀行を拠点に展開されたアートプロジェクト「BankART 1929」

であった。[4] BankART 1929 は，アーティスト・イン・レジデンスや展覧会などさまざまなイベントを開催し，全国・海外のアーティストから関心を呼び，次々とアーティストが関内地区に集まってきた。そのため空きオフィスは次第に減少し，周辺の空きビルでも同様のプロジェクトが次々に誕生し，関内地区をアートで地域を再生するという当初の目的を達成した（野田 2008)。

## 2　アートプロジェクト「ホスピテイル」

### フィギュアミュージアムに生まれ変わった旧明倫小学校

筆者は2005年に鳥取大学に着任するとすぐに鳥取で BankART 1929 と同様の取り組みができないかと考え，その候補地調査を行うため，鳥取大学地域学部附属芸術文化センターの五島朋子とともに，鳥取県の予算[5]を使った県内の空きスペースの調査を行った。[6] 県内の30ヶ所程度で廃校などの空きスペースの現況を調査し，その活用の可能性を探った。調査のなかで出会ったのが倉吉市の旧明倫小学校と鳥取市のまちなかにある旧横田医院（図 12－1）である。

鳥取大学地域学部の必修科目「地域調査実習[7]」（現在は地域調査プロジェクト）は特定の地域に入り，テーマを決めて地域住民の協力のもとに地域の課題解決に取り組むフィールドワーク型授業であるが，野田研究室では長柄裕美，榎木久薫とともに2006年から2008年にわたって倉吉をフィールドに実習に取り組んだ。倉吉の歴史や文化的特性を調査研究する一方，地元でまちづくりに取り組む方々との交流も重ねていった。

このなかで前述の旧明倫小学校校舎を活用したアートプロジェクトに取り組んだ。坂本鹿名夫が設計し1955年に竣工した明倫小学校は現存する最古の円形校舎建築として，そのデザインのユニークさもあり卒業生や地域住民の誇りであった。しかし老朽化のため2006年新校舎へ移転し，旧校舎は廃校になっていた。旧校舎はその後一時的にオフィスなどとして活用されたものの，市は校舎を解体する方針を決定した。

そこでわれわれは，校舎の保存活用へと市に方針変更をせまるため，校舎を活用したアーティスト・イン・レジデンスに地域調査実習として取り組みアートプロデューサー小田井真美とアーティスト中村絵美とのコンビで旧明倫小学校の教室をアトリエとして作品制作を行った。それ以外にも鳥取大学と地域のまちづくりNPO「明倫NEXT100」が力を合わせて取り組んだ大学生と地域住民の協働によるこの取り組みは地域にも反響を生み出し，校舎の保存活動運動を活性化することにもつながった。

その後明倫NEXT100による校舎の保存活用に向けた署名活動が行われ，約7,000人が賛同した結果，倉吉市も解体方針を撤回し保存活用へと舵を切った。こうして明倫NEXT100が中心となって「円形劇場くらよしフィギュアミュージアム」を2018年4月にオープンさせた[(8)]。また，使われていないスペースを活用したアーティスト・イン・レジデンスを地域住民が主体となって行うという手法は，2012年から始まる鳥取県の「暮らしとアートとコノサキ計画」や「鳥取藝住祭[(9)]」などを通じて県全体に広がりを見せることになる。

### 旧病院を活用したアートプロジェクト

野田研究室と榎木研究室では，2009年度より地域調査実習のフィールドを倉吉市から鳥取市に移した。そして，鳥取市で2011年に始めたのがアートプロジェクト「ホスピテイル」である。同プロジェクトにはその後鳥取大学に赴任した小泉元宏も研究室の学生とともに立ち上げ時から参加していた。鳥取市のまちなかの旧横田医院を会場に，招聘アーティストの作品制作・展示，レクチャー，ブックカフェ，など多彩なプログラムを提供している。ディレクターは立ち上げ以来，鳥取県立博物館主任学芸員の赤井あずみが担っている[(10)]。

「ホスピテイル」とは「後期ラテン語で『来客のための大きな館』という意味を表わし，外来者を迎え入れるhost，宿泊施設のhotelや病院を表わすhospital，またもてなしを意味するhospitalityの語源とも言われています。この場所が現代のまれびと（客人／異人）としてのアーティストを迎え入れ，さらにはアーティストがアートをもって地域の人々を迎え入れる，新たな『館』となることを願い，名付けられ」た[(11)]。

**図 12－1**　旧横田医院
出所：筆者（野田）撮影

2012年のオープニングにはアート関係者だけではなく，地域住民や当時の市長も駆けつけた。オープニング事業（15日間）に来場した563人について調査を行った結果，来場者は女性が男性を上回っており，20代・30代が60％であった。また，12％は県外から参加した。

ホスピテイルは，鳥取大学の予算と鳥取県の予算さらに鳥取市中心市街地活性化協議会の援助を受けながら運営している。2018年度は以下のようなプログラムを実施した。

①アーティスト・イン・レジデンス（振付家の山下残，サウンド・アーティストの mamoru，アーティストの地主麻衣子）と関連イベント
②はじめてのアートプロジェクト・トークシリーズ（アイセア・バルセニーラ，山本高之，太下義之，下田展久，小田井真美，かないみき）
③すみおれ図書室（月１回開館する図書室カフェ）
④発掘！家庭に眠っていた８ミリフィルム公開鑑賞会
⑤コミュニティ・ガーデンプロジェクト「niwaco の庭づくり」である。

2013年からはホスピテイルのすぐ近くの廃旅館（元遊郭）をホスピテイル参加アーティストのレジデンス兼コワーキングスペースとしてリノベーションし，

活動範囲が点から線へと広がった[12]。これらの活動を通して県外・海外のアーティストなど創造的人材[13]に鳥取に関心を持ってもらい，交流人口や移住人口を増やすことを目指して活動している。

## 3　地域を知り，地域で実践するアートマネジメント講座

### 鳥取大学地域学部附属芸術文化センターの新体制と文化庁事業申請

鳥取大学地域学部が現在の１学科３コース体制となったのは2017年度のことであった。この年，地域学部附属芸術文化センターも，改組時に採用された教員が加わって新たなスタートを切った[14]。この新体制の下，それまでのセンターの教育・研究・実践の蓄積を活かしつつ，これをさらに発展させていくため，同年秋に文化庁の「大学における文化芸術推進事業」に応募し，独自のアートマネジメント講座を企画することとなった。

文化庁の「大学における文化芸術推進事業」は，大学が主体となって「多彩な芸術文化活動を支える高度な専門性を有したアートマネジメント（文化芸術経営）人材」を養成するカリキュラムの開発を国が支援するというもので，特に「実践的能力の向上」に重点がおかれ，「芸術系大学等による公演・展示等の企画・開催も含めた実践的なカリキュラムの開発・実施」が期待されている[15]。

鳥取大学地域学部附属芸術文化センターは，2013年度に，この事業の前身の「大学を活用した文化芸術推進事業」の採択を受けて「地域主権時代の公共劇場を担うアートマネジメント人材育成事業」を実施した実績がある[16]。また，それ以前にも，2011年度には鳥取県との連携により「大人のための藝術大學」と銘打って，音楽・美術・演劇・ダンスなど，幅広い芸術分野の教員が所属する同センターの特色を生かした一般向けの講座を行っていた[17]。2017年度の申請は，これらの実績を踏まえ，その後新たに加わった教員の専門や実践活動を活用しようとするものであった。

申請の内容は，2018年度から2020年度の３年間を想定し，連続講座による座学と音楽・ダンス・ビジュアルアーツなどの事業の企画運営の現場での実践的

な学習を組み合わせて受講できる構成とし，３年目には受講生自身による企画を講座に組み込むことができるようなカリキュラムの提案であった。

申請事業名は「地域資源を顕在化させるアートマネジメント人材育成事業」とし，多彩な芸術ジャンルを用意して実践的に学べるようにしたということにとどまらず，地域学部の附属機関として「地域」を常に意識してきた実績を十分に活かすことにも力を入れた。「地域」を意識するというのは，地域の芸術文化資源によりそい，地域の人々や地域で活動するアーティストとともに実践し，地域における芸術文化の意義や役割について考えることといえよう。

鳥取のように文化的に「条件不利」とも言える地方圏では，評価の定まった作品やアーティストを大都市から招聘するだけでは本当の意味での地域の発展にはつながらないのではないか。そうではなく，地域にある資源を活かし，そこにある潜在的な価値をいかに顕在化させることができるかが問われている。同センターは申請時点でそのような課題意識を提示し，そのような思考とスキルをもった人材の育成を図ることとしたのである。

## アートマネジメント講座の内容――初年度

初年度となる2018年度は，申請額から減額を受けたものの無事に採択され，専任のコーディネーター１名を雇用して，「地域を知り，地域で実践するアートマネジメント講座」と題する４回の連続講座と５つの実践活動を実施した。[18]

連続講座は，2018年10月から月１回，社会人の受講も意識して19時から21時に開講された。会場は，2017年10月に鳥取大学のキャンパス内に新たに開設され，ワークショップ型の講座に適した設備をそろえたコミュニティ・デザイン・ラボ（収容人数約40名）を利用し，各回とも30名超の受講者が集まって議論を交わした（図12－2）。

この講座の初回では「文化芸術基本法」の制定（改正）をはじめとする文化政策やアートマネジメントをめぐる日本の動向を概観した。その後の３回は，国内の地方都市で地域に根差して特徴的な取り組みを行っている事例（「ヨーグルトサミット」[19]を成功させた茨城県小美玉市，工場でのアートプロジェクト[20]などに取り

**図 12－2**　受講者同士の意見交換の様子

出所：筆者（竹内）撮影

組む青森県八戸市）や芸術文化以外の切り口からの地域課題へのアプローチの取り組み（「認知症になっても安心して暮らせるまちづくり」を目指して全国を縦断する「RUN 伴」[21] など）について，当事者から話を聞いた。これらの講座で共通して語られていたのは，異なる価値観を持つ多様な主体が共有できる「価値」を探り当て，あるいは紡ぎだすための工夫であった。

５つの実践活動の内容は，①アーティストとともに鳥取をリサーチしながら10日間を過ごして創作の原初段階を体感するプログラム，②即興音楽とダンスのワークショップファシリテーター養成講座，③コンテンポラリー・ダンサーのアーティスト・イン・レジデンスによる作品創造・上演の企画運営，④1960～70年代の鳥取の前衛芸術を再評価した展覧会の企画運営，⑤小規模オペラ作品のアウトリーチ事業の企画運営，であった。このうち①は，前述のアートプロジェクト「ホスピテイル」のプログラムのひとつでもあり，旧横田医院や廃旅館（元遊郭）を拠点に実施された。それ以外の活動も，いずれも担当教員がコーディネーター役もしくは自ら出演者としてかかわり，これまでの活動の中で見出した地域の芸術文化資源（歴史的な建造物，過去の芸術集団の活動，特色ある文化施設，地域で活躍するアーティスト・演奏家たちなど）を活かし，新たな発想と関心で取り組む活動に，受講生を巻き込もうとするものだった。

受講対象は，「文化芸術を活用したまちづくりに関心のある文化活動者，文化施設職員，NPO スタッフ，行政職員および当該分野での起業を志向する学生など」としており，実際に集まった受講者も，当初想定した範囲を網羅する属性の人たちが集まり，学生と社会人が入り乱れて議論や実践活動を行う姿が見られた。これらの受講者の中で，４回の連続講座のうち３回以上に参加し，かつ実践編の活動のいずれかに参加した人には，修了証を発行した。全体として実践的な内容であったものの，その成果をすぐ発揮できるような環境にある受講生ばかりとは考えられない。カリキュラム開発を目指す３年間の文化庁の補助事業が終了した後に，修了者同士，あるいは彼らから広がるネットワークから，地域に何か小さな変化を起こしたり，身近で起きている小さな変化を捉えて暮らしを豊かにしたりする取り組みが生まれてくることが期待される。

### アートマネジメント講座の展開と「地域学」

２年目となる2019年度は，初年度から基本的な枠組みと「地域を知り，地域で実践するアートマネジメント講座」という名称を踏襲しつつ，連続講座を５回，実践活動を６つと内容を充実させて実施している[(22)]。なお，事業実施にあたり，１年目と同様にコーディネーター１名を雇用している。

連続講座の初回は，表現の自由に関する議論を含む文化政策やアートマネジメントをめぐる近年の動向を概観し，受講者同士の議論も行った。その後，社会課題（高齢化・人口減少など）を踏まえた芸術文化活動のあり方について，国内外の実践家を招いて学び，終盤２回の講座では，立場の異なる多様な主体のコミュニケーションを可能にするファシリテーションの専門家を招き，受講生自身が芸術文化事業の企画を立て，それを受講生同士で評価しあうというワークショップ形式の講座を予定している。

実践活動では，１年目の５つの活動を再編した４つの活動に加え，鳥取市内の義務教育学校での実践を題材にした「アート系ワークショップの学校教育への導入と分析」についての２回にわたる講座（レクチャー及びワークショップ）と，地域学部の学生とともに，身近な人や地域で芸術活動に関わる人々へのインタビューを行って，記録・表現を行う「地域を語り継ぐメディア・プロジェクト」の２つが新たに加わった。このうち前者は，本書第４章でも紹介された

「鳥の劇場」による鳥取市立鹿野学園における表現ワークショップ導入の事例を交え，これにも深く関わっている青山学院大学の苅宿俊文を講師に招く講座となっている。また後者は，鳥取大学地域学部の複数の教員が，担当するゼミ生を連れ蛸壺化しがちな大学の研究室を出て，第1章で紹介されたゲストハウス「たみ」を拠点に，「うかぶ LLC」を仲介者として物理的にも地域で学ぶ形の合同ゼミを行ってきた実績がその基礎にある。このように，研究・教育活動として地域を対象として，地域に身を置き，地域から学ぼうとしてきた姿勢が，アートマネジメント講座に還元されている。

さらに，2019年度は「カリキュラム開発」の一環として，このアートマネジメント講座を地域学部の教育課程の中に明確に位置付けることとなった。地域学部では全コースの学生を対象とし，1年次には必修科目の「地域学入門」，3年次には同じく必修科目の「地域学総説Ａ」と選択科目の「地域学総説Ｂ」「地域学総説Ｃ」という3科目が置かれている。このうち，「入門」「総説Ａ」は学内外の講師による講義形式の授業として展開され，「総説Ｂ」は基本的に「総説Ａ」と連続する内容で構成される。これに対し「総説Ｃ」は，「総説Ａ」「総説Ｂ」を踏まえつつ，演習・実習形式で実践的な内容で行われることが想定され，2017年の学部改組にあたって新設された科目である。これまで見てきた通り，上述のアートマネジメント講座は実践的内容でそのほとんどが構成され，扱う対象は「アート」が中心であるものの，「地域を知り，地域で実践する」というアプローチは，地域学の理念とも合致している。そのため，2017年度入学生が3年生となった2019年度に，初めて開講されることとなった「地域学総説Ｃ」のプログラムの一つとして，すなわち「地域学」の一角をなすものとして，このアートマネジメント講座が位置付けられることになった。

## 4　クリエイティビティと教育

### 創造経済時代に求められる人材

第3章で述べたように，現代経済は創造経済と捉えるのが正しい。モノの生

**表12－1**　時価総額による世界のトップ10企業（業種）

| 1989年 | | | 2019年 | | |
|---|---|---|---|---|---|
| 1 | NTT | 通信 | 1 | マイクロソフト | IT |
| 2 | 日本興業銀行 | 銀行 | 2 | アップル | IT |
| 3 | 住友銀行 | 銀行 | 3 | アマゾン | IT |
| 4 | 富士銀行 | 銀行 | 4 | グーグル | IT |
| 5 | 第一勧業銀行 | 銀行 | 5 | フェイスブック | IT |
| 6 | IBM | IT | 6 | バークシャーハサウェイ | 投資 |
| 7 | 三菱銀行 | 銀行 | 7 | アリババグループ | IT |
| 8 | エクソンモービル | 石油生産 | 8 | テンセント | IT |
| 9 | 東京電力 | 銀行 | 9 | JP モルガンチェース | 銀行 |
| 10 | ロイヤルダッチシェル | 石油生産 | 10 | エクソンモービル | 石油生産 |

出所：Funalysis より作成

産から知的財産の生産へと産業の主軸が移行してきたためだ。ここで1989年と2019年の時価総額による世界企業トップ10を比較してみる（表12－1）。1989年時点では，バブル景気を背景に日本の銀行が上位を独占していた。現在はトップ10中７社が IT 企業となっている。ちなみに最高位の日本企業はトヨタ自動車の46位である。[23]

現在世界経済をリードしている IT 産業の興隆は，1990年代以降急速に普及したインターネットなどの IT 技術・サービスが社会各層で実用化され始めたことに起因する。そこでは既存産業の業態が劇的に変化しているが，これを牽引しているのがいわゆる GAFA である。[24]

IT 革命は現在も進行中で，AI（人工知能）や IoT（モノのインターネット）などの新しい IT 技術の社会実装段階を第４次産業革命と捉える見方もある。[25]いずれにしても，今後の創造経済を IT 技術が牽引していくことは間違いないと思われる。そこで大きな付加価値を創出するのが，IT 技術を使った新サービスの創出や社会課題の解決である。単純化すれば，IT × X の X の部分を考案することである。

このような産業構造の変化は，社会の有り様を一変すると同時に，求められる人物像も大きく変わってくる。従来の製造業時代は，規格化された製品を大量に生産・販売することが中心だったため，消費者の嗜好をマスでとらえる

「マーケティング」に基づく生産・販売戦略を使用しており，そこで求められる人材はマーケットの動向を「科学的に」分析したり，それにもとづく経営方針を立案できたりする人材であった。そこで最も重要な要素はサイエンスであった[26]。

しかし，脱工業化した現在の創造経済の時代では，消費者の「ニーズ」を把握することではなく，先回りしてニーズを「創造」することが求められる。ビッグデータの活用などのテクノロジーの発達がそれを可能とした。そこで求められる人材には，サイエンスの素養にプラスしてクリエイティブ（アート）の素養が求められるようになった。IT 技術を活用して前例のない新しいサービスやその提供方法を開発する創造的能力が求められるのである。

### VUCA の時代と学校教育

山口周は，価値創出の源泉が「問題を解決し，モノを作り出す能力」から「問題を発見し，意味を創出する能力」へとシフトしていると述べている。言いかえると現代社会で求められる能力は「問題解決」能力から「問題設定」能力へ変化してきたということである。正しい問題設定をするためには「世界はこうあるべきだ」「人間はこうあるべき」といった構想力＝ビジョンが必要となる。そして，構想力を養うために必要なのは，MBA といった問題解決型学習ではなく，自分自身が考えをつくり出すためのリベラルアーツであるという（山口 2019）。イギリスではオックスフォード大学やケンブリッジ大学など将来のイギリスのリーダーを養成するエリート大学では，哲学，心理学，歴史学といったリベラルアーツ教育を重視している。将来前例のない問題に遭遇したとき，自分の頭で正しい解決策を考えつくためには，リベラルアーツが重要だからである。

しかし一方で，STEM 教育[27]志向はますます強まっている。文部科学省は2015年に国立大学法人に対して人文社会系学部の廃止勧告を行い大きな議論をまきおこしたが[28]，このように行政，企業など一般に人文社会系の学問やリベラルアーツへの評価は日本では低いものとなっているのが現実である。1991年に大学審議会は「大学設置基準の大綱化」を答申した。文部科学省はこの答申をうけて大学設置基準を改正し，教養科目の必修単位数を撤廃したため，国立大学の教養部の廃止が進んだ。

ではなぜリベラルアーツ教育が重要なのだろうか。現代社会を象徴する言葉に「VUCA」がある。不安定（Volatile），不確実（Uncertain），複雑（Complex），曖昧（Ambiguous）という意味で，現代のカオス化した先の読めない経済環境のことを指して使用される。もともとはアメリカの軍事用語[(29)]として使用されていたのがビジネスの世界に転用されたものである。VUCA の時代にあっては，これまでの経験や将来予測は無価値化する。そこでは何より，前例にとらわれない，オリジナルでクリエイティブなアイデアが求められる。そのためには，ものごとを抽象化・普遍化して構造的に理解する哲学的素養，人々の精神現象を科学的に分析する心理学の素養，先人の経験を現代に活かすための歴史学の素養などリベラルアーツの知識やセンスが必要である。そこでは何より脱領域的で学際的に自ら考え，アイデアを生み出すクリエイティビティが最も重要な能力になる。

現在の学校というシステムは人の持つ創造性を殺しているとケン・ロビンソンは言っている。現在の教育制度や教育内容＝学校というシステムは，標準化・画一化といった工業の原則に則って作られているため，そのアウトプット（卒業生）は，画一的な非創造的で没個性的になる傾向がある（Robinson 2017）。この傾向は特に日本で顕著である。アドビ社が2017年に行った先進５ヶ国の12歳から18歳までのＺ世代の自己認識を比較したところ，日本では自分のことを「創造的」だと思う生徒の比率が最も低かった（表12－2）。

「自分には創造性がない」と考える背景には，創造性への誤解が存在する。多くの人は，創造性は芸術家など一部の人にしか備わっていないと考えている。しかし最近の研究によれば，創造性は大なり小なりすべての人に元来備わっている，というのが定説である。創造性を教えることはできないが，創造性を育てることはできる。したがって創造性を育てる教育のあり方へ現在の学校制度を切り替えていく必要がある。1997年に政権についたイギリスのブレア首相は，

**表 12－2　Z 世代生徒の自己認識**

| | アメリカ | | イギリス | | ドイツ | | オーストラリア | | 日本 | |
|---|---|---|---|---|---|---|---|---|---|---|
| 1 | 頭が良い | 63% | 努力家 | 50% | 少し怠け者 | 45% | 創造的 | 46% | はずかしがり | 33% |
| 2 | 創造的 | 47% | 協調性がある | 42% | 創造的 | 44% | 協調性がある | 44% | 少し怠け者 | 33% |
| 3 | 努力家 | 47% | 社交的 | 40% | 外交的 | 42% | 頭が良い | 43% | 協調性がある | 30% |
| 4 | 協調性がある | 42% | 頭が良い | 39% | 頭が良い | 40% | 社交的 | 42% | 好奇心旺盛 | 22% |
| 5 | 好奇心旺盛 | 39% | 創造的 | 37% | 協調性がある | 40% | 好奇心旺盛 | 37% | 社交的 | 18% |
| 6 | | | | | | | | | 創造的 | 8％ |

出所：https://www.adobe.com/jp/news-room/news/201706/20170629-japan-gen-z.html（2019年10月11日確認）

教育を最重要視した。創造性を育むための教育改革を進める指針として，ケン・ロビンソンが座長を務めた委員会報告の「All Our Future」をとりまとめた（National Advisory Committee on Creative and Cultural Education 1999）。

### 創造性を育む教育

ソニー生命保険が行った中高生のなりたい職業調査で，中学生男子の１位は「YouTuber などの動画投稿者」（30%）である[(30)]。10年前一体誰が中学生男子のなりたい職業のトップがユーチューバーになると予測できたであろうか。そもそも YouTube 日本語版のスタートは2007年である。このようにテクノロジーの進化は新しい職業を創出するため，将来どのような仕事が生まれてくるか予測することはできない。キャシー・デビッドソンは「現在の小学校の児童の約３分の２が，現在は存在しない職業に就くことになる」と予言している（Davidson 2011）。一方で，AI をはじめとしたコンピュータ技術の発達は仕事を人間から奪うと言われている。アメリカにおいて将来47%の仕事が AI などコンピュータに置きかえられるという研究が衝撃を与えている（Frey and Osborne 2013）。このような AIなどによる雇用喪失のなかで，人の仕事として残ると考えられているのが，「マネジメント」「ホスピタリティ」「クリエイティブ」である。このうちホスピタリティは低賃金労働へマネジメントとクリエイティブは高賃金労働へと再編されることになる（井上 2016）。つまり，予測できない将来に向けて，クリエイティブな才能を鍛えて，新しいアイデア，文化様式，サービス，商品などの価値創出を行う能力が重要となる。製造業の時代20世紀は，「生産性」が重要な指標だったが，創造経済の時代21世紀には主役が「生産性」から「創造性」に交代する。

チクセントミハイは，創造的な人物は相反する２側面を共有するとし，次の10の特質をあげている（Csikszentmihalyi 1996＝2016）。

① 高い身体的エネルギーと物静かさ
② 頭脳明晰で単純
③ 遊び心（無責任）と自制心（責任）
④ 想像・空想と現実感覚
⑤ 外向性と内向性
⑥ 謙虚さと傲慢さ
⑦ 男性の女性性と女性の男性性
⑧ 伝統保守と反逆・因習打破
⑨ 情熱と客観性
⑩ 苦悩・苦痛と楽しさ

VUCA の時代将来予測は困難である。どのような将来が来ようとも，その新しい環境に適応して生きていくためには創造的な能力を身に付けることは必須となる。「未来を予測する一番の方法はそれを発明すること」（アラン・ケイ）だ。

### 注

⑴　本章は，１節，２節，４節を野田が，３節を竹内が執筆した。
⑵　1999年に教育学部が教育地域科学部へと改組され，さらに2004年に地域学部へと移行した。
⑶　鳥取大学地域学部公式サイト（http://www.rs.tottori-u.ac.jp/faculty/idea/index.html　2019年10月５日確認）。
⑷　後に日本郵船ビルに場所を変更し活動を継続し，2019年４月からは，同ビルを撤退し，都心部の４ヶ所（BankART Station, BankART SILK, BankART Home,

R16）に活動拠点を移した。

⑸　2005年度に創設されたばかりの「鳥取県の高等教育機関『知の財産』活用推進事業」に提案，採択された。本事業は，鳥取県における地域課題の解決策を「知の拠点」である県内高等教育機関から提案し，県の施策への活用を図ることを目的として創設された。

⑹　１年目は「鳥取県における芸術文化を通じた空間資源の利活用に関する調査研究」（2006年）として五島が，２年目は「鳥取県におけるオールタナティブスペースを活用した文化創造拠点形成に向けた調査研究」（2007年）として，野田が主導した。

⑺　学部改組後は「地域調査プロジェクト」と科目名が変更になった。

⑻　海洋堂，グッドスマイルカンパニー，米子ガイナックスの３社が運営に協力している。

⑼「暮らしとアートとコノサキ計画」は，2014年度，2015年度は「鳥取藝住祭」へとバージョンアップして開催された。鳥取藝住祭は216年度から規模は縮小したが，各地の取り組みへの県の支援は継続されている。

⑽　鳥取県立博物館学芸員であった赤井は，ホスピテイルの開始時点ではフリーのキュレーターとして活動しており，その後同館学芸員として再就職した。

⑾「ホスピテイル」（http://hospitale-tottori.org/about/　2019年10月７日確認）。

⑿「ことめや」（http://cotomeya.weebly.com　2019年10月７日確認）。

⒀　新たな価値創造を行う人々。アーティスト，デザイナー，シェフなど，さまざまな分野に存在する。

⒁　2019年度現在の所属教員は，五島朋子（アートマネジメント。本書第４章執筆），西岡千秋（声楽・指揮），川井田祥子（創造都市・創造地域論。本書第６章執筆），鈴木慎一（音楽教育学），筒井宏樹（芸術学・絵画。本書第９章執筆），竹内潔（文化政策論。本書第５章，第12章執筆），木野彩子（ダンス・身体表現。本書コラム執筆）佐々木友輔（視覚メディア表現。本書コラム執筆）の８名。

⒂「平成31年度大学における文化芸術推進事業の募集について」（http://www.bunka.go.jp/shinsei_boshu/kobo/1410617.html　2019年10月22日確認）。

⒃　音楽，声楽，アートマネジメントの教員が担当し，鳥取県文化振興財団と連携した研修プログラム，イギリスの演出家と共同制作するオペラ作品の上演，公立文化施設の音楽プログラムや資金調達に関する連続講座などを開講した。

⒄　芸術文化センター教員が企画した事業提案に対し，鳥取県文化観光局文化政策課（2011年当時）が予算措置し，鳥取県からの鳥取大学への受託事業として実施したものである。鳥取県中部の倉吉市を会場に，芸術文化センター教員のほかゲスト講

師を招き，全９講座を２日間の集中講座として開講し，合計84名の社会人が受講した。

(18)　事業の詳細は，ホームページに掲載されている。「地域を知り，地域で実践するアートマネジメント講座2019」（http://www.rs.tottori-u.ac.jp/artculturecenter/artmanagement2018/index.html）。

(19)　「第１回全国ヨーグルトサミット in 小美玉」（https://www.city.omitama.lg.jp/omitama/　2019年10月22日確認）。

なお，小美玉市の取り組みについては本書第５章でも紹介している。

(20)　「八戸工場大学」（https://www.8kojyodaigaku.com/　2019年10月22日確認）。

(21)　「RUN 伴（ランとも）　非日常の体験が，認知症の人々の日常を変える」（https://runtomo.org/　2019年10月22日確認）。

(22)　事業の詳細は，ホームページに掲載されている。「地域を知り，地域で実践するアートマネジメント講座2019」（http://www.rs.tottori-u.ac.jp/artculturecenter/artmanagement2019/）

(23)　Funalysis より（https://www.funalysis.net/economy-times-are-changing-world-top-20-companies-by-market-capitalization-in-1989-and-2019　2019年10月８日確認）。

(24)　そこでは「勝者総取り（Winner takes all）」という創造経済の負の側面が働くため，各分野で生き残るのはユニコーン企業１社になる。

(25)　ドイツ政府が唱える Industry 4.0 など。

(26)　サイエンスを基礎とする経営学修士号 MBA 志願者は，アメリカにおいてここ数年減少傾向にある。

(27)　Science, Technology, Engineering and Mathematics（科学・技術・工学・数学）の教育分野。

(28)　文部科学省通知「国立大学法人等の組織及び業務全般の見直しについて」（2015年）。

(29)　従来の戦争は国対国の戦いを意味していたが，1990年代以降のアルカイダとの戦争は，それまでの戦争の定義を塗り替えるものだ。この新しい戦争の形態を称して使用されるようになったのが VUCA である。

(30)　「キャリコネニュース」（https://news.careerconnection.jp/?p=76406　2019年10月11日確認）。ちなみに２位以下は「プロｅスポーツプレイヤー」（23％），「ゲームクリエイター」（19％），「IT エンジニア・プログラマー」（16％），「社長などの会社経営者・起業家」（14％）となっている。

## 文献


Csikszentmihalyi, Mihaily, 1996, *Creativity : Flow and the Psycology of Discovery and Innovation*, Harper Perennia（＝2016，浅川希洋志訳『クリエイティビティ――フロー体験と創造性の心理学』世界思想社）

Davidson, Cathy N.. 2011, *Now You See It : How Technology and Brain Science Will Transform Schools and Business for the 21st Century*, Penguin Books.

Frey, C. B. and Osborne, M. A., 2013, *The Future of Employment : How Susceptible are Jobs to Computerisation?*（Oxford Martin Programme on Technology and Employment Oxford Martin School, University of Oxford）

井上智洋，2016，『人工知能と経済の未来』文藝春秋。

National Advisory Committee on Creative and Cultural Education, 1999, *All Our Futures : Creativity, Culture and Education*, Report to the Secretery of State for Education and Employment : http://sirkenrobinson.com/pdf/allourfutures.pdf.

野田邦弘，2008，『創造都市・横浜の戦略――クリエイティブシティへの挑戦』学芸出版社。

野田邦弘，2014，『文化政策の展開――アーツ・マネジメントと創造都市』学芸出版社。

野田邦弘，2019，「人口減少時代の地域づくり――創造都市・創造農村の時代」『日本の科学者』2019年９月号。

Robinson, Ken, 2017, *Out of our Minds The Power of Being Creative - third edition*, capstone.（＝2018，尼子千津子訳『パワー・オブ・クリエイティビティ――個性と才能を思いっきり引き出そう！』日経 BP 社。）

山口周，2019，『ニュータープの時代――新時代を生き抜く 24 の思考・行動様式』ダイヤモンド社。

柳原邦光・光多長温・家中茂・中野誠編著，2011，『地域学入門――〈つながり〉をとりもどす』ミネルヴァ書房。

*Column*

## アート・プロジェクト“HOSPITALE”

赤井あずみ

HOSPITALE は,「来客を迎える大きな館」という意味のラテン語から名付けた。「客」とは，そこに立つ人にとって常に変わり得るものである。鳥取という地域に住む人にとってみれば，アーティストたちは「客」であるし，アーティストにとっては，作品を見にくる来場者が「客」となる。自らがどこに立ち，どのような視点を持つかについては，世界のあり様と同じように流動的である。主客が常に移り替わり，互いが互いを迎え入れあう場所になること，かつてのこの建物が病院（hospital）として機能し，この街の記憶に刻まれた場所であったことに，この名前は由来している。

もうひとつ，2011年に起こった大惨事――東日本大震災と福島原子力発電所爆発事故がこのプロジェクトの構想の背景にあったことに触れておきたい。2012年3月，つまり震災からちょうど1年後にスタートした HOSPITALE 事業は，そのときの筆者の個人的な問い――これからの社会をいかに自分たちの手でつくり上げていくか，社会に対していま自分は何を為すことができるか――をベースとせざるを得なかった。近代の社会システムが目の前で崩れ，虚構性を顕わにしたこれら一連の出来事は，あまりにも残酷な現実であった。いかに地に足を着けず，あらゆる物事を人任せにし，霧か泡のような暮らしをしてきたのかを思い知り，途方に暮れたのは筆者だけではないだろう。ささやかすぎるかもしれないが，社会へコミットメントするために意思を示し，小さくともアクションを起こすこと，「アート」を通じてその道筋を開くことが，そのとき，どうしても必要なように思われた。美術館やギャラリーといった，エスタブリッシュされたシステムとは別の何か――それこそがアート・プロジェクトがアート・プロジェクトたる所以でもある――を,「手づくり」することが，内的／思考的にも外的／物理的にも要求された条件であった。なお，外的／物理的条件というのは，元病院の建築のことだけではない。当初 HOSPITALE 事業は，鳥取大学地域学部の「文化を通じたまちづくり」という実践授業の一環と位置づけられていたため，まったく「アート」に触れたことのない学生たちが関わり，協働してつくることが趣旨のひとつであり，また予算もごく限られていたことから，プロフェッショナルに発注する余裕はほぼなかった。

前置きが長くなったが，2019年の現在で7年目を迎えることとなったこのプロジェクトは,「手づくり」のよさを最大限に生かして運営してきた。あらかじめ設定された目標や計画を滞りなく遂行することに主眼をおくのではなく,「いまここ」で出来ること，やりたいこと，やらなければならないこと（「やるといいこと」ではない）に取り組み，実験と実践を重ねながら，常に変化し続けた。その結果，現時点では6つの柱を軸に活動を展開している。アーティスト・イン・レジデンス・プログラムでは，年間1～2組の芸術家を招聘し，滞在制作と館内に設けたギャラリー・スペースでの作品の発表を行っている。ヴィジュアル・アーティスト，作曲家や振付家・ダンサーなどジャンルは多様であるが，既存のシステムを相対化し，社会に対する批評性と未来の可能性を予見させる若手から中堅の作家たちが失敗を恐れず，チャレンジする場として機能してきた。また，国内外のアート・プロジェクトの実践者や文化政策の研究者たちによるパブリック・トークを年間に５～６回開催することで，プロジェクトの位置づけを確認すると同時に，オルタナティヴな活動のネットワークをつくることを試みている。こうした大文字の「アート」を中心に据えたプログラムに加え，生活文化全般の中にある創造性とコミュニティの力を耕すプログラムとして，読まなくなったけれども捨てられない本を集めた「すみおれ図書室」(2013～)，８mm フィルムによるホームムービーの収集・保存・活用プロジェクト（2016～）という地域の歴史と記憶のアーカイヴ・プロジェクト，およびアーティスト・ユニット「生意気」によるコミュニティ・ガーデンづくり（2014～）を実施している。

日本という小さな国の，さらに小さな鳥取という街で行われる小さなプロジェクトではあるが，それは私を魅了し続ける。おそらくそれは「手づくり」であることと関係している。「手づくり」の本質とは，ユニークネスにあると思う。その他大勢のなかの誰かではなく，他の誰でもないあなたの思想，体験，身体，技術，生活，時間，価値がそこに現れる。個々の唯一性，ユニークネスこそ，いまここを信じ行動するための最大の指針なのではないか。そしてこのユニークネスの集合体が，アート・プロジェクトや社会や鳥取という地域を形づくっている。個が個のままで存在し，それぞれを尊重し合う世界は理想郷では決してなく，あなたとわたしの間にすでに在る。

▲野村誠によるライヴ・パフォーマンス風景（2013）

# あとがき

編者の一人，家中は，「はしがき」で言及している「限界芸術」を論じた鶴見俊輔さんから，次のようなお話を聞いたことがある（国立民族学博物館「柳宗悦と民芸運動の研究」2002年）。

鶴見さんは17才のときにボストンにいて，アーナンダ・クーマラスワミというスリランカ出身の美術史家の講演を聞きにいった。そこで深く感銘をうけたのは，芸術家という特別な人はいなくて，一人一人のなかに芸術家がいるという話であった。それがすなわち小乗仏教，ブッダの教えなのだという。もう一つ鶴見さんから聞いたのは，民藝運動が提唱される以前，千葉県我孫子に柳宗悦や志賀直哉，バーナード・リーチたちが住んでおり，そこでは日々たくさんの会話が交わされたに違いないということであった。記録には残されていない，その膨大な会話の蓄積のうえに民藝の思想が育まれたことに，研究は届かなくてはいけないと。

この２つのことは，私が「地域学」を構想するときの土台となっている。クリエイティビティは，芸術家や専門研究者だけのものではなく，日々の暮らしの中で人々によって発揮されている。また，人々が相互に語りあい支えあう日々の蓄積を通じて，クリエイティビティの拠りどころが形成される。鳥取大学地域学部は，そのような一人一人のクリエイティビティの発揮を促し支える拠点を目指して開設された（2004年）といってよい。そのことからまた，地域学は，当初からいまでいう「超学際/トランスディシプリナリー」な学問の実践を指向していたといえる。

本書のもととなった「地域とクリエイティビティ研究会」は，2015年秋から月１回ペースで始まった。2015年10月11月の記録には，野田，小泉，五島，筒井，仲野，家中の６人の名前がみえる。そこには，次のようなキーワードが並んでいる。

人が生きること自体がアートである。資本主義がいよいよ終わる。いき場所がない。格差が生まれ，戦争が起こり，TPPなどが伝統的なものを壊していく。資本主義が終わった後，アートは何をするのか。アートマネジメント概論や文化政策論で歴史的な流れや概論的なまとめはあるが，市民の動きからみた本は書かれていない。実践についての紹介はあるとしても，それが行政や社会的企業とどうかかわっているのか書いていない。「生きていく技」からみる。クリエイティビティから既存のものを組み替えていける。全体像を出すのではなくて，場面場面で楽しく変えていくプロセスが重要である。最終的な形はなく，絶えずアップデートしていく。
東京や制度化されたところと遠いからこそ，鳥取には，枠組みにとらわれずに，市民主体でアーティストと一緒にやるおもしろさがある。周辺に焦点を当てていく。「トットリノススメ」とか，自分のやっていることを，自分のコントロールできるところでやっていくという共通性がある。大山でもそのようなことが起きている。それはアートといえるかどうかわからないが，クリエティビティがある。劇場とかつくってきたが，うまく機能していない。それをいまのこのような動きの中で位置づけたらどうなるか。鑑賞するだけの芸術を変えていく。変えていく力を働かせるにはどうしたらよいか。

そして，2017年5月の研究会の記録には，野田，小泉，五島，筒井，家中に加えて，川井田，竹内，稲津，村田の名前が並ぶ（地域学部は2017年に改組して1学科3コースとなり，それを機に新たな教員が加わった）。

大学，美術館，自治体，国家などの役割が変わってきている。知を生産する権力をもっているというのが解体していっている。では，新しい時代における役割は何なのか。市民のなかにある知を媒介することに意味がある。

さまざまなものの考え方，自然を利用する技法，体系化する技法など，それらの知をどのように掛け合わせることができるか。既存のアートがジェントリフィケーションの道具としてつかわれてしまう。経済的寄与ができるアートやアーティストが創造都市や創造階級といわれ，それ以外が排除されてしまう。クリエイティビティをどこからみるかで，かなり違う。施策の側からみてクリエイティビティといっても，その対象となる人たちにとってはどうなのか。「近代的僻地」が興味深い。中央と地方ということだけでなく，都市にもある。被災地であったり，戦争で焦土となった後の闇市の空間とか，誰にもありえることとして。

本書はこのような議論のなかから，そして地域学部の講義「地域学入門」「地域学総説」のなかから生まれた。本書のコラムは，これらの講義やゼミで，そして現場で実践をともにすることを通じて，本書の構想に共感して下さった方々に執筆を依頼し，お引き受けいただいた。

鳥取大学地域学部では，地域学に関する概説書をこれまで6冊出版している。そのうち本書は，『地域政策入門』（2008年），『地域学入門』（2011年），『新版地域政策入門』（2019年）に引き続き，ミネルヴァ書房から出版する4冊目の本である。いずれも編集部涌井格氏のお世話になった。地域学部における地域学の実践を，こうして支えていただいてきたことに深く感謝する。

私たちの同志，仲野誠氏は2016年に急逝したが，氏とともに語りあった地域学の構想が新たにまた一つ形になったことを，関係する方々にご報告差し上げたい。

2019年12月

編者一同

# さくいん

（＊は人名）

## さ　行

## た　行

## な　行



## は　行

《執筆者紹介》（執筆順，＊は編著者）

**＊小泉元宏**（こいずみ・もとひろ） **第1章**

1981年　長野県出身
2011年　東京藝術大学大学院音楽研究科博士後期課程修了，博士（学術）
現　在　立教大学社会学部現代文化学科准教授
専　門　社会学，文化研究
主　著　“Governance with a Creative Citizenry : Art Projects for Convivial Society in Japanese Cities”, M. Douglass, R. Garbaye, K. C. Ho eds., *The Rise of Progressive Cities East and West,* Singapore : Springer, 2018.
“Connecting with Society and People through ‘Art Projects’ in an Era of Personalization”, Y. Cabannes, M. Douglass, R. Padawangi eds., *Cities in Asia by and for the People,* Amsterdam : Amsterdam University Press, 2018.

**＊家中　茂**（やなか・しげる） **第2章**

1954年　東京都墨田区出身
2000年　関西学院大学大学院社会学研究科博士課程後期課程単位取得満期退学，博士（文学）
現　在　鳥取大学地域学部特任教授
専　門　村落社会学，環境社会学，コモンズ論
主　著　『新版地域政策入門』（共編著）ミネルヴァ書房，2019年。
『地域学入門』（共編著）ミネルヴァ書房，2011年。

**＊野田邦弘**（のだ・くにひろ） **第3章，第12章**

1951年　福岡県福岡市出身
1976年　早稲田大学政治経済学部政治学科卒業
現　在　鳥取大学地域学部特命教授
専　門　文化政策論，創造都市論
主　著　『文化政策の展開』学芸出版社，2014年。
『創造都市横浜の戦略』学芸出版社，2008年。

**五島朋子**（ごとう・ともこ） **第4章**

2001年　九州芸術工科大学（現九州大学）大学院芸術工学研究科博士後期課程単位取得満期退学
現　在　鳥取大学地域学部地域学科国際地域文化コース教授
専　門　アートマネジメント，地域演劇

**＊竹内　潔**（たけうち・きよし）**第5章，第12章**

1980年　茨城県牛久市出身
2013年　政策研究大学院大学政策研究科文化政策プログラム修了
現　在　鳥取大学地域学部地域学科地域創造コース准教授
専　門　文化政策論
主　著　『社会教育の施設論――社会教育の空間的展開を考える』（共著）学文社，2015年。
「財政支出に着目した自治体文化芸術政策の実証研究――文化庁資料及び茨城県の事例を通じて」『日本地域政策研究』第12号，2014年。

**川井田祥子**（かわいだ・さちこ）**第6章**

2012年　大阪市立大学大学院創造都市研究科博士（後期）課程修了，博士（創造都市）
現　在　鳥取大学地域学部地域学科国際地域文化コース教授
専　門　文化経済学，創造都市論

**長津結一郎**（ながつ・ゆういちろう）**第7章**

1985年　北海道札幌市出身
2013年　東京藝術大学大学院音楽研究科博士後期課程修了，博士（学術）
現　在　九州大学大学院芸術工学研究院助教
専　門　文化政策論，アートマネジメント

**稲津秀樹**（いなづ・ひでき）**第8章**

1984年　兵庫県神戸市出身
2012年　関西学院大学大学院社会学研究科博士課程後期課程単位取得満期退学，博士（社会学）
現　在　鳥取大学地域学部地域学科地域創造コース准教授
専　門　社会学，カルチュラル・スタディーズ

**筒井宏樹**（つつい・ひろき）**第9章**

1978年　愛知県名古屋市出身
2013年　愛知県立芸術大学大学院美術研究科博士後期課程修了，博士（美術）
現　在　鳥取大学地域学部地域学科国際地域文化コース准教授
専　門　近現代美術史

**金菱　清**（かねびし・きよし）**第10章**

1975年　大阪府池田市出身
2003年　関西学院大学大学院社会学研究科博士課程後期課程単位取得満期退学，博士（社会学）
現　在　関西学院大学社会学部教授
専　門　災害社会学，環境社会学

村田周祐（むらた・しゅうすけ） **第11章**

1977年　広島県広島市出身
2012年　筑波大学大学院人間総合科学研究科博士後期課程修了，博士（学術）
現　在　鳥取大学地域学部地域学科地域創造コース教授
専　門　村落社会学，人と自然の関係論（農・林・漁・スポーツ）

**《コラム執筆者》**（執筆順）

蛇谷りえ（じゃたに・りえ）

1984年　大阪府大阪市出身
　　　　うかぶ LLC 共同代表，アート・デザインに関する企画・マネジメント業務
著　書　『まちのゲストハウス考』（共著）学芸出版社，2017年。
H　P　「UKABU.LLC」http://ukabullc.com/

木野彩子（きの・さいこ）

ダンサー，振付家，鳥取大学地域学部地域学科国際地域文化コース講師
H　P　https://saikokino.jimdo.com
作　品　「Edge」「箱女」「IchI」「Amanogawa プロジェクト」「Mobius」「死者の書再読」「ダンスハ 體育ナリ？」など
DVD　Dance Potlatch

大下志穂（おおした・しほ）

1975年　鳥取県米子市淀江町出身
　　　　こっちの大山研究所 所長
H　P　「イトナミ ダイセン藝術祭」https://www.itonamidaisenartfestival.com

姜　侖秀（カン・ユンス）

1978年　韓国ソウル市出身
　　　　インターナショナル・シェアハウス・照ラス代表，株式会社ふ代表
作　品　映画「やまぶき」主演2020年
　　　　芸術祭「いちはら人生劇場」アートディレクター2014年
演　劇　「If Only」演出・出演2012年など
H　P　www.iterasu.org, www.tabibito-shokudo.jp

吉田雄一郎（よしだ・ゆういちろう）

1979年　兵庫県朝来市出身
　　　　城崎国際アートセンタープログラム・ディレクター
H　P　「城崎国際アートセンター」http://kiac.jp

福井恒美（ふくい・つねみ）

1957年　鳥取県倉吉市出身
　　　　任意団体　リアルマック
　　　　移住者支援・サポート，地域コミュニティの再生と創造，空き家・空き店舗の利活用，IJU 大學（地域大学の運営）
受　賞　環境省グッドライフアワード環境社会イノベーション賞（2018年），「カーゴマルシェ」に対して鳥取県知事環境杯優良賞（2018年），「リアルマック」に対して総務大臣賞ふるさとづくり大賞（2019年）

本間　公（ほんま・あきら）

1975年　鳥取県鳥取市出身
　　　　合同会社工作社
H　P　http://www.kousaku-sha.com/

三谷　昇（みたに・のぼる）

1953年　鳥取県倉吉市出身
現　在　在日朝鮮学生美術展山陰地区実行委員会共同世話人，鳥取県人権尊重の社会づくり協議会委員

佐々木友輔（ささき・ともすけ）

1985年　兵庫県神戸市出身
　　　　映像作家，鳥取大学地域学部地域学科国際地域文化コース講師
作　品　映画『土瀝青 asphalt』2013年，映画『コールヒストリー』2019年
H　P　「qspds996」http://qspds996.com

大月ヒロ子（おおつき・ひろこ）

1956年　岡山県倉敷市（旧玉島市）出身
　　　　有限会社イデア代表取締役，IDEA R LAB 代表
著　書　『クリエイティブリユース――廃材と循環するモノ・コト・ヒト』Millegraph. 2013年，『じぶんでつくろう　こどものしゅげい』福音館書店，2013年。
H　P　「IDEA R LAB」http://www.idea-r-lab.jp

谷　茂則（たに・しげのり）

1975年　奈良県王寺町出身
谷林業株式会社取締役，一般社団法人大和森林管理協会理事
「次世代林業家から見た森林」『森づくりフォーラム特集号――森をめぐる活用のこれから　森から人へ・人から森へ』No. 2，2019年
「十四代目林業家ドタバタイノベーション奮闘記」『さとびごころ』（26号／2016年～連載）
「山と今日から始まる物語」『さとびごころ』（37号／2019年～連載）

赤井あずみ（あかい・あずみ）

1975年　鳥取県米子市出身
キュレーター，HOSPITALE プログラムディレクター，鳥取県立博物館美術振興課主任学芸員
H　P　「HOSPITALE」http://hospitale-tottori.org/

アートがひらく地域のこれから
——クリエイティビティを生かす社会へ——

2020年３月31日　初版第１刷発行　〈検印省略〉
2021年２月10日　初版第２刷発行

定価はカバーに
表示しています

編著者　野田邦弘
　　　　小泉元宏
　　　　竹内潔
　　　　家中茂

発行者　杉田啓三

印刷者　坂本喜杏

発行所　株式会社　ミネルヴァ書房
607-8494　京都市山科区日ノ岡堤谷町１
電話代表　(075)581-5191
振替口座　01020-0-8076

©野田・小泉・竹内・家中ほか，2020
冨山房インターナショナル・藤沢製本

ISBN 978-4-623-08800-3
Printed in Japan

新版地域政策入門　家中　茂ほか編著　A5判三〇四頁

地域学入門　柳原邦光ほか編著　A5判三三二頁

よくわかる環境社会学　鳥越皓之・帯谷博明編著　B5判二二〇頁

環境社会学の考え方　足立重和・金菱　清編著　A5判二五八頁

食と農の社会学　桝潟俊子・谷口吉光・立川雅司編著　A5判三二八頁

ミネルヴァ書房

http://www.minervashobo.co.jp/